甘肃特有民族传统体育研究

吕永忠　李鹏飞　著

蘭州大學出版社
LANZHOU UNIVERSITY PRESS

图书在版编目（CIP）数据

甘肃特有民族传统体育研究 / 吕永忠，李鹏飞著
. -- 兰州 : 兰州大学出版社，2021.6
ISBN 978-7-311-06004-6

Ⅰ. ①甘… Ⅱ. ①吕… ②李… Ⅲ. ①民族形式体育
—研究—甘肃 Ⅳ. ①G852.9

中国版本图书馆CIP数据核字(2021)第114730号

责任编辑　王颢瑾
封面设计　汪如祥

书　　名　甘肃特有民族传统体育研究
作　　者　吕永忠　李鹏飞　著
出版发行　兰州大学出版社　(地址:兰州市天水南路222号　730000)
电　　话　0931-8912613(总编办公室)　0931-8617156(营销中心)
　　　　　0931-8914298(读者服务部)
网　　址　http://press.lzu.edu.cn
电子信箱　press@lzu.edu.cn
印　　刷　西安日报社印务中心
开　　本　710 mm×1020 mm　1/16
印　　张　11.75
字　　数　194千
版　　次　2021年6月第1版
印　　次　2021年6月第1次印刷
书　　号　ISBN 978-7-311-06004-6
定　　价　29.00元

序 言

甘肃地处我国西北部，位于黄河上游，是人类历史发展中的一个重要地区。甘肃是中华民族灿烂文化的重要发祥地，境内各种远古文化类型遗存的发现，足以证明早在旧石器时代已有先民在这里休养生息，这些璀璨的文化遗产体现了甘肃具有丰富的体育文化内涵。隋唐以后，独特的地域文化孕育了具有厚重历史继承性和丰富文化内涵的民族体育活动，它是当地各少数民族传统文化的重要组成部分。甘肃自古以来就是一个多民族聚居的地区，其人文特征的独特性决定了甘肃体育的发展离不开少数民族地区体育的发展。

东乡族、裕固族、保安族是甘肃特有民族。这些民族具有悠久的历史和灿烂的文化，其中包括民族体育文化，它根植于各民族的深厚土壤中，是地域文化的宝贵遗产。数千年来，西北地区的民族交往，不仅为甘肃特有民族传统体育的发展奠定了雄厚的思想基础，而且提供了丰富的物质基础和广泛的群众基础。因此，发掘整理甘肃特有民族传统体育，既要看到历史上的甘肃，地处黄土高原，气候寒温兼有，民族交错分布，农牧并重，又要看到当今的甘肃，近现代工业、农业和畜牧业飞速发展，社会制度优化升级。这不仅给民族传统体育的发展提供了良好条件，而且为民族传统体育的发展提供了物质保障，使民族体育文化不断得到弘扬，与现代体育并存。

积极发展甘肃特有民族传统体育，是国家体育发展和甘肃少数民族地区社会发展中不可缺少的重要内容，本书通过对传统体育的全面挖掘与整理，系统介绍了甘肃特有民族（保安族、裕固族、东乡族）的基本概况及其传统体育的历史源流、项目分类、开展现状、健身功能等相关内容，意在对全国民族传统体育研究提供有价值的参考。

本书为甘肃传统体育学术专著，由甘肃省体育科学研究所吕永忠副研究员（第一作者）撰写前言、第二章，甘肃省体育科学研究所李鹏飞助理研究员（第二作者）撰写第一、三章。全书由吕永忠拟定编写提纲，负责全书的统稿。

在本书的编写中，得到临夏州东乡县、积石山保安族东乡族撒拉族自治县、肃南裕固族自治县的相关体育工作者的支持和帮助。同时，宁夏医科大学讲师杜鹏英也为此书做了大量的工作。在此，对以上各位同志表示衷心的感谢。

本书在编写时虽然经过多次讨论、修改，数易其稿，但限于专业水平有限，不足之处在所难免，敬请各位专家、读者批评指正。

吕永忠

2021年5月于兰州

目　录

第一章　少数民族传统体育概述

第一节　民族传统体育基本概念

一、民族

“民族”一词使用范围较广，在不同的语境，其表达的含义也有所不同，通常有广义和狭义之分。广义的“民族”是一个较为宏观的概念，是指一个大的范围或大的时间段内具有某种共同属性的共同体，比如上古时期民族、旧石器时代民族、新石器时代民族、奴隶时期民族、近代时期民族、现代时期民族，或者是某个国家、某个地域的各个民族，比如中华民族、日耳曼民族、德意志民族、阿拉伯民族。狭义的“民族”通常指生活在共同的地域，随着历史的发展逐渐形成自己的语言，并有共同的生活习惯的一个共同群体，比如我国的汉族、藏族、满族、回族等。

“民族”形成的过程其实是一个区域的民众经过时间的推移，逐渐形成共同生活习俗、共同“民族”语言、共同“民族”心理、共同“民族”精神、共同“民族”文化的过程。

中国是世界上疆域最大的国家之一，是统一的多民族国家。各族人民共同劳动、繁衍生息在祖国方圆九百六十万平方公里的美丽富饶的土地上，共同创造了祖国的悠久历史和灿烂文化。

从古代起，我国就是一个由多数民族结合而成的人口众多的国家。在我国的史书上记载着各个时代分布在各个地区的许多民族，特别是许多地方志详细地记载了各民族的经济生产、生活文化、风俗习惯、语言文字等情况。甲骨文中记有和殷人接触的“羌方”“蜀方”等人。从古代保留并传承下来的文字记载看，当时居住在黄河中游平原上的汉族祖先，称为“华夏”族，住在他们的周围的人被称为“北狄”“南蛮”“东夷”“西戎”等，这些都是对当时少数民族的泛称。其实，这些名称都包含着不同族类的人，华夏族也是这些族共同融合而成的。商周以来，就更显示出一个多民族国家的形象。如“成汤革命”和“武王革命”有所谓“万邦”“万方”“友邦”“万姓”“百诸侯”及“庸、蜀、羌、髳、微、卢、彭、濮人”等民族参加。

从史籍所载的我国历史上众多的民族名称来看，如夏至周朝的“九夷”（“畎夷”“于夷”“方夷”“黄夷”“白夷”“赤夷”“玄夷”“风夷”“阳夷”）；居住在黑龙江流域的“肃慎”（以后称“挹娄”“勿吉”“靺鞨”“女真”）；分布在松花江中游平原上的“扶余”，山东半岛东北部的“莱夷”，淮河中下游一带的“徐夷”“淮夷”等民族名称。秦汉前后，北方地区出现匈奴、东胡、乌桓、鲜卑、契丹、室韦、鞑靼、萌古等民族名称；西北地区出现乌孙、丁零、突厥、坚昆、黠戛斯、回纥、布鲁特等民族名称；西南地区出现“西南夷”“濮”“筰都夷”“邛都夷”“昆明夷”“哀牢夷”“僰”“乌蛮”“白蛮”“牂牁蛮”等民族名称。在南方分布在我国长江中下游以南的越人，由于部落众多，又有“百越”（或称“百粤”）之称，如于越、扬越、夷越、夔越，以及秦汉时的闽越、南越、西瓯、骆越和以后的山越等，都是“百越”的一支。此外还有“武陵蛮”（“五溪蛮”）、“板循蛮”、“西原蛮”等民族名称。以上所列各个不同时代的众多不同民族的名称，足以说明我国自古以来就是一个多民族的国家。

我国各民族都是统一的多民族大家庭中的一个平等成员，都是中华民族的一个组成部分。他们都是刻苦耐劳、酷爱自由、富于光荣的革命传统和优秀的历史遗产的民族，各族在历史和文化上虽然发展程度不同，但是互相联系、互相影响，对伟大祖国的缔造和发展，都有重要的贡献。①

中华民族共56个民族：汉族、蒙古族、回族、藏族、维吾尔族、苗族、彝族、壮族、布依族、朝鲜族、满族、侗族、瑶族、白族、土家族、哈尼族、哈萨克族、傣族、黎族、傈僳族、佤族、畲族、高山族、拉祜族、水族、东乡族、纳西族、景颇族、柯尔克孜族、土族、达斡尔族、仫佬族、羌族、布朗族、撒拉族、毛南族、仡佬族、锡伯族、阿昌族、普米族、塔吉克族、怒族、乌孜别克族、俄罗斯族、鄂温克族、德昂族、保安族、裕固族、京族、

①马寅：《中国少数民族常识》，中国青年出版社1984年版，第1–4页

塔塔尔族、独龙族、鄂伦春族、赫哲族、门巴族、珞巴族、基诺族。

二、体育

（一）欧洲“体育”的由来

在欧洲，体育一词为Physical Education，最早出现在16世纪60年代法国著名教育家卢梭的《爱弥尔》一书中，书中描述了爱弥尔对身体进行保养、训练等身体教育的过程。之后，Physical Education在欧洲被广泛使用，通常含有“教育的身体练习”等含义。俄罗斯对体育的解释多为“卫生保健”，德国对体育的解释多为“促进健康和增强体力的身体运动体系”，法国对体育的解释多为“锻炼身体的规律”等含义。

（二）日本“体育”一词的由来

在日本，“体育”一词借鉴了英国、法国、俄国的原生词，现在看来，日本对“体育”一词的解释多为“对身体的教育”，简称为“体教”或“身教”。日文中“体育”一词的含义在不同的历史阶段具有不同的含义，最初的含义是“为了身体的教育”。随着体育的多元化，“体育”逐渐被定义为“以身体的运动为主要形式，以达到保养身体为目的的活动”，这一含义持续到20世纪70年代。后来，这一词被解释得更为精准，并具有三个要素：第一个要素为“通过适当、合理的运动实践”，第二个要素为“促进身体健全发展”，第三个要素为“培养运动能力和健康、安全的生活态度”。

（三）我国“体育”一词的由来

19世纪末，清政府在甲午战争失败后，为了全面了解日本，派出大量学生去日本留学，“体育”一词也在此时被引入中国。在“体育”一词被引入中国之后，创办了如“护西士商体育会”等体育学校和团体，意在让国人习武强身，直至1922年北洋政府颁布新的学制，曾经的体操课由新的名词“体育课”代替，这就标志着“体育”一词在我国被正式使用。

（四）蔡元培对体育的认识

在20世纪80年代，我国相关学者发现我国的体育理论已经支撑不了当时的体育实践，共同掀起了一场影响深远的体育概念大讨论，从此展开了近十年的相关研究，这就不得不提到蔡元培对体育的认识。

由于体育一词的最初含义为“对身体的教育”，蔡元培作为中国近代著名教育家，提出了自己的体育教育思想，即以体武国体育思想。他认为：完全人格，首在体育；有健全之身体，始有健全的精神；军国民主义者，筋骨也，用以自卫；体育最要之事为运动。

蔡元培认为，体育主要是发展军国民体育，这与当时的历史环境不无关系，当时的中国受近邻欺压，蔡元培着眼于中国国家主权防卫和收复，对军国民体育非常看重，他积极倡导“军国民体育”，提出了“教育救国”“美育救国”和“科学救国”的军国民体育思想。

“尚武”思想是军国民教育的重要组成部分。“尚武，即军国民主义也”。蔡元培汲取前人尚武思想，在此基础上提出了军国民体育的新思想，军国民体育吸纳了“军事训练”与“体育教育”的深刻内涵。由于当时的中国十分落后，常常处于被动局面，因此大力提倡军国民体育，其意义在于强身健体、保家卫国。在蔡元培看来，国家的强胜在于部队，部队的强盛在于兵役，而强健的身体是兵役的基础，若部队的整体身体素质低下，则会出现临阵而不能战、战而不能胜的局面。蔡元培的体育思想主要表现为两个方面：一方面是民众体育，另一方面是学校体育。

民众体育主要是“军国民体育”，其意义为“提倡使全体国民进行类似于军事教育以体育训练为主要途径，以达到体格强壮，进而达到保家卫国的效果”。

学校体育指“体育是完全人格之首”。“人格”由四方面因素组成，即“体育”“智育”“德育”“美育”，并且强调对受教育者进行“德、智、体、美”全面教育，以养成健全人格，体育是“完全人格”的重要教育内容。“健全人格”中又有三个方面的含义：第一，身体与心理的健康与发展；第二，个人和群体环境协调发展；第三，德育、智育、体育、美育和世界观教育和谐发展。蔡元培不仅在理论上强调“夫完全人格，首在体育”的重要性，在实践中也是身体力行。在学校体育中，体育不仅有助于提高学生的身体素质，同时还能提高道德品质的发展。在蔡元培体育思想中，同时蕴藏着丰富的道德教育因素。蔡元培认为，体育有助于学生美育的发展，他指出：“体操者，一方以健康为目的，一方实以身体为美的形式之发展。”

蔡元培还从生理学、心理学、卫生学等多方面对体育进行阐述，他鼓励全校学生人人参与体育、积极参与体育，从而全面提升学生体质、心理和社会适应能力，大力提倡“体育与卫生相结合”，既要搞好人体运动，也要注意生活环境卫生。这些理论对学校体育建设具有深远影响，它对现代青少年的指导意义在于有助于促进青少年的生长发育。

（五）我国对体育概念的研究状况

我国近现代对体育概念的研究分三个阶段：第一阶段是20世纪70年代后期至20世纪80年代初期，这一阶段初步确立了体育是教育的一个组成部分。著名体育学家林笑峰在《体育和体育方法》中指出，体育是身体和体质教育的简称，是指施教者对受教育者进行以体育相关知识和体育相关技能来实际锻炼身体的传授过程。这一定义，对于学校体育相关研究具有一定的贡献，该定义将体育教学与运动训练分开。刘秉果于1983年发表的《体育概念应如何确定》一文中，把体育划归为教育的组成部分。第二阶段是20世纪80年代中后期，这个阶段将体育划分为文化的组成部分。在这个阶段比较具有代表性的著作有：1986年的《中国大百科全书·体育》，1988年的《体育概念论》《体育理论》。这三本著作中的主要观点是体育涵盖了竞技运动、身体锻炼和身体娱乐等三个方面。其中，曹湘君在《体育概念论》中指出，体育是指以身体练习为主要手段，以增强人民群众体质、促进人的全面发展同时丰富精神文化为目的的一种主观能动的社会活动，它是社会文化的重要组成部分。这一认识进一步提高了当时的体育学术界对体育一词的认识水平，确立了体育在社会中的地位。第三阶段是20世纪90年代初期至今，这个阶段强调了体育与人的发展和社会发展的统一性。代表著作是1995年高教出版社出版的《体育概论》，书中指出，在人的发展这一层面，注重人的健康的生理状态和心理状态要与社会相适应。这个定义综合了诸多国家的学者在体育的育人机制基础上，给出的相对客观的定义，它将体育纳入教育、文化、社会的范畴之中，将体育直观定义为以身体活动为主要途径，以达到个体身体与心理的健康全面发展，以适应社会发展。

2004年版的体育院校通用教材，将体育一词定义为人类为适应自然和社会环境，以身体练习为基本手段而自觉地改善自我身心和开发自身潜能的社会实践活动。现代体育的含义是一种复杂的社会文化现象，它以身体与智力活动为基本手段，根据人体生长发育、技能形成和机能提高等规律，达到促进全面发育、提高身体素质与全面教育水平、增强体质、提高运动能力、改善生活方式、提高生活质量的一种有意识、有目的、有组织的社会活动。

由以上分析可见，我国体育概念的内涵始终处在不断发展、变化之中。自20世纪80年代以来就出现了体育是教育的组成部分、体育是文化的组成部分、体育是一种社会实践活动等认识。其中，体育是社会实践活动的认识结论，深刻揭示了现时代体育的本质特征，这一认识是我国体育实践发展的必然，也是科学发展观在体育概念研究中的具体体现。现在看来，体育概念是通过体育实践的发展和体育理论的不断探索而发生着改变，体育实践是导致这一概念不断变化的根源，体育概念的发展与体育实践的发展变化呈现有序渐进的变化。①

三、传统体育

民族体育随着各民族及民族文化的发展，体育也经历了形成、传播、融合等文化发展过程，部分体育项目在各民族得到广泛传播。民族体育作为一种具有独特发生发展机制的文化类型，与全世界范围内普遍流行的世界体育有着较大差异，它具有古朴、自然、轻松、和谐及生活气息浓厚、娱乐色彩浓郁等特点，是当今体育不可缺少的组成部分。从概念的隶属关系上看，民族体育作为上位概念，应该包括民族的传统体育和民族的现代体育。

说到传统就不得不与现代相区分，学术界就传统与现代、过去与现在的定义进行了深入研究。所谓传统，就是世代沿袭、世代相传，从历史发展中传承下来，包括延传下来的意识形态，由意识形态而形成的文化、道德，形成的风俗习惯以及行为方式等。

按照"体育"一词的由来可知，体育文化属于文化的范畴。传统文化是指人的意识形态逐渐形成一种认知和习惯，最后演化为一种特质文化，它是观念形态的总体表征，涵盖了人们的文化思想、行为模式、思维方式、伦理道德、风俗习惯、宗教信仰等方面。

传统体育是在古代产生、发展，并保留了较为固定的形式，影响着现在的体育活动。随着时间的推移，传统体育的项目规则或完整保留，或发生流变，项目本身或多或少受到不同时代的影响，并产生相应的变化。中国千百年来所形成的独特文化土壤，养育了中国独特的传统体育，其中涵盖了自然环境、宗教信仰、民俗文化等内容，同时受到经济、政治等影响，具有传承性、习惯性和民俗性，这也是传统体育的重要特征。所以，传统体育也可以借鉴传统一词，从时间、空间、主体上进行粗略划分。

从时间上看，传统体育可以被界定为社会群体所创造出的、能够延传和

① 姜健、孟凡强：《体育概念的辩证逻辑属性》，载《体育文化导刊》2007年第1期。

流变的体育项目，判断一个体育项目是否属于传统体育，不是看其是否已经消失，而是要看其是否具有延续性，只要体育项目能够经过一定时期的传承，就可以被认定为传统体育，即使是在历史上延传了一段时期而消失了，也应该属于传统体育。从空间上来看，传统体育既可以是已经被某个地区、某个民族或某个群体的民众所创造、延传和流变的体育事项，也可以是将要被某个地区、某个民族或某个群体的民众所创造的并且能够延传和流变的体育项目。从主体上看，传统体育项目被民众创造出来，它既可以在创造这一传统体育的民众中进行几代人的延传，也可以被其他地域、民族、群体的民众世代延传。值得注意的是，传统体育在流变的同时必然会发生或多或少的变化，传统并不意味着是消失的或比较陈旧的东西，它是一种发现状态，是对过去的一种传承，传统体育则是将过去优秀的体育项目完好地保存至今并展现给人们，其形式是一种固定的形态，在不断发展变化中保持原有的特征，所以传统体育具有一定的历史传承性，表现出一定的文化底蕴、地方特点和风俗习惯。

综上所述，传统体育是指人类受地理环境、意识形态等因素影响，所创造出的能够经由历史凝聚而传承和流变的一种体育文化活动。

四、我国少数民族传统体育

1996年，我国将体育学列为一级学科，这是当代体育学科体系建设的重要里程碑。1997年，国务院学位委员会和原国家教委在一级学科体育学下设体育人文社会学、运动人体科学、体育教育训练学、民族传统体育学四个二级学科，这标志着我国体育学的进步。1998年，国务院批准的民族传统体育专业方向包括武术、传统体育养生、民族民间体育。“民族传统体育”这一称谓，作为国家认定学科被正式确定下来。

（一）民族传统体育概念梳理

民族传统体育一词是一个组合词，它涵盖了民族与体育两个词汇，由于我国是统一的多民族国家，所以民族传统体育一词使用相当广泛，其内容也丰富多样。这就使得我国民族学和体育学的学者对民族传统体育发展的探究相当关注。近年来，随着国家对民族工作和体育工作的重视，我国的民族传统体育事业发展也在不断壮大。但是，民族传统体育一词一直以来没有准确或达成共识的定义，造成这一现状的主要原因是不同学者对民族传统体育一词的理解各不相同，从而影响了我国民族传统体育的理论建设。目前，不同学者对民族传统体育的定义有着不同的理解。

態志冲指出，中国传统体育是在我国经过长期发展延续至今，并在我国逐渐得到发展的一项体育活动。

熊晓正在研究民族传统体育时提出，民族传统体育是在近代的体育活动还未传入时，我国就已经存在的体育项目。熊晓正将这一时间界定到1840年之前。

龙佩林等学者对民族传统体育进行研究后认为，民族传统体育属于我国部分民间娱乐活动以及民间传统体育项目，这些项目可以被认定为我国近现代体育项目的雏形。它的构成由两部分组成，一部分为汉族传统体育类项目，另一部分为少数民族传统体育项目。

蒋东升通过对民族传统体育的研究，较多地从体育的属性进行归纳与概括。他指出，民族传统体育应该是人们以满足身心的发展，以身体参与运动为基本的方式，为达到发展身体各项素质，同时丰富自身精神文化生活，并且以传承“民族”文化为目的的体育活动，而这些体育项目应该是在我国56个民族中所产生并且得以传承的体育文化的总称。

陈国瑞认为，民族传统体育是具有浓厚的民族色彩与特征的相关传统体育类项目，这些项目是某一个民族或者好几个民族在一定的区域范围之内所开展的体育类项目。

崔建功认为，民族传统体育首先是各民族在历史长河的发展中逐渐产生并形成的，同时通过传承与延续的具有特定民族文化底蕴的体育活动。

根据以上学者对民族传统体育概念的解释可知，对于民族传统体育到底是什么，我国学者还未达成共识，学者们在各自领域对民族传统体育的内涵与外延进行研究，这些研究对于后期民族传统体育的发展起着至关重要的作用。民族传统体育作为人类发展历史的重要组成部分，它的保存与传承对现代体育项目的研究与开发具有重要意义。

现阶段比较流行的现代体育项目很大一部分来源于某个地区或者某个民族的传统体育项目，这些传统体育项目通过发展与创新，成为现阶段被大多数人接受且积极参与的现代体育项目。因此，体育学者们开始积极挖掘并整理具有民族特色的传统体育项目，这对未来体育发展具有深远意义。

在我国历史上，中华民族是在各民族的几次大迁徙过程中，经过不断融合而形成的，56个民族在政治、文化、生活方式等诸方面结成不可分离的血肉联系，为斑斓多姿而又独具特色的民族体育项目的产生与发展提供了社会基础，民族传统体育的最根本特征是体育性、民族性和传统性。

（二）少数民族传统体育概念梳理

我国第一届民族传统体育学术研讨会于1986年8月20日至23日在新疆维吾尔自治区乌鲁木齐市召开，会上许多民族传统体育学者及相关民族人士从自身知识结构出发，经过几天的讨论，认为“少数民族传统体育”的定义应该满足四点基本要求：第一，少数民族传统体育应该是各个少数民族在生产劳动时逐步产生并经过代代传承，保留着民族特征的各项体育活动的总称。第二，少数民族传统体育应该是在古代体育项目的基础上逐渐得以延续，在近代体育形成之前就已经在我国各个民族中存在的体育活动。第三，少数民族传统体育应该是现阶段部分民族地区仍然在开展且参与群体基数较大的体育项目。第四，部分少数民族传统体育是现代竞技项目的雏形，是具有民族特质的人类社会活动。

现阶段，有许多体育活动都是由我国各地区、各民族的传统体育项目演变而来，这些体育活动最终被大众所接受，成为宝贵的体育文化财富。由此可见，各少数民族传统体育的产生及发展，都与其环境、文化、生产方式、生活习惯有着密切的联系。结合上述内容，可以将少数民族传统体育概括为：少数民族在长期的生产实践中，结合本民族的生活环境、生产方式、生活习俗及文化信仰，从而产生的具有浓厚民族色彩和特征，用于休闲娱乐并可以强健体魄的各项活动，它随着社会的发展而发生着流变。

（三）我国少数民族主要传统体育项目

我国少数民族的传统体育活动很多，具有浓郁的民族特点。这些体育活动和民间文娱活动结合在一起，给少数民族节日增添了健康、风趣和活泼的气氛。

摔跤是蒙古、塔塔尔、锡伯、哈萨克、柯尔克孜、彝等民族喜爱的运动项目。蒙古族人民在放牧或耕作之余，就有摔跤取乐的习惯，摔跤在蒙古族地区有广泛的群众基础。在那达慕（蒙古语，“娱乐”或“游戏”的意思）。大会上蒙古族人民要举行大规模的摔跤比赛。在摔跤比赛开始前，双方边舞边唱道：“快些吧，请把你们的摔跤好手选出来，让他们进行比赛吧。”正式摔跤开始，只摔一跤就决定胜负。

彝族人民在一年一度的火把节要举行摔跤比赛，云南路南彝族自治县有“摔跤之乡”的美称。摔跤手都是各村推选出来的勇士，他们头缠青布头巾，腰系红巾，赤膊上阵；双方交手以后，一方把另一方摔倒，并迫使他双肩着地，就算胜利，一般是三战两胜。获胜的勇士不仅给村寨争得了荣誉，而且可以赢得姑娘的爱情。人们纷纷向勇士敬酒，长者给他披红挂彩，无比荣耀。

哈萨克族人民喜爱一种别具风趣的摔跤，摔跤者的双腿要套在麻袋里，然后用绳子把麻袋扎在腰间。摔跤选手只能用上肢进行较量，麻袋里的双腿只能用来保持身体的平衡。这种摔跤妙趣横生，十分逗乐。

赛马，是蒙古、藏、哈萨克、塔塔尔、塔吉克、锡伯、柯尔克孜、苗、白等族在节日里都喜欢进行的活动。在举行赛马时，各族人民还擅长表演各种马术，如倒立马鞍、双刀劈刺、马上射击、跳马等，动作矫健。

马上游戏叼羊是哈萨克、塔吉克及柯尔克孜族喜爱的一种活动。比赛时将一只山羊放在马背上，由一个身强力壮的骑士策马飞驰，参加叼羊的人乘马追赶，经过激烈的争夺之后，由胜利者把抢到的羊送到观众面前受奖。哈萨克族、柯尔克孜族的“姑娘追”也是一种马上游戏。比赛时一对青年男女骑马同往指定地点，途中男方可对女方任意取笑，返程时男方必须纵马急驰，否则被女方追上了，女方可以任意鞭打，男青年不得抗拒，但通常女方也只是轻打几鞭。

塔塔尔族和苗族喜欢在节日里举行爬杆比赛。塔塔尔族在举行比赛时，要在木杆上涂以肥皂，使它滑润，一声口令以后，竞赛者开始向上爬，先到顶点的为优胜者。

爬杆苗族人民又叫爬花杆，多半在正月间举行跳坡（有的地方叫采花山）活动时进行。竖立在广场上的木杆高达四五丈，杆顶挂有葫芦酒和肉，在比赛中谁能爬到杆顶，谁就可以喝酒吃肉。

“达瓦孜”，汉语意思是“高空走绳”，是维吾尔族人民喜爱的传统体育活动。表演者在高达三十多米的木杆周围系上粗绳，绳子呈坡形直通高杆的顶端，他们凭着手握三米多长的横杆保持身体的平衡，在新疆鼓乐的伴奏下，踏着轻快的步伐走绳，直通高杆的顶端。技术娴熟的维吾尔族运动员，在高空走绳时，时而侧身，时而倒退，并可以表演高空坠入、踩碟走绳等惊险动作，整个表演扣人心弦。

斗牛，是苗、侗、彝等族在节庆时举行的体育活动。苗族人斗牛，选择一块中间为平坎四周有山坡的场地举行，四周的山坡成为自然的看台。参观斗牛比赛的群众穿上节日盛装，人山人海，有时多达万人以上。斗牛开始，先用树叶将牛眼遮住，由两个寨子的人分别把牛牵到场地，然后迅速取掉树叶，两牛相遇，怒不可遏，便猛斗起来。这时四周山坡上的群众喝彩助威，欢呼声响彻山谷。获胜的寨子要给牛披红挂银，鸣放鞭炮，吹奏乐曲把牛领回。回寨以后摆庆功宴，给牛饱餐一顿，并给养牛的人发奖。从清代中叶保存下来的一张“苗族斗牛歌舞图”看，苗家斗牛的习俗已有几百年的传统了。

彝族人民在火把节斗牛时，各村寨牵来参加比赛的牛多达几百头，一般是一对对出场比赛，连胜五次的牛算优胜，并给牛主发奖品。

射箭，我国一些擅长骑马的民族，一般也擅长射箭，蒙古、藏、回、锡伯、撒拉，鄂伦春等族都有射箭的传统。民间有“赛马、射箭，胜过过年”的说法，反映群众是非常喜爱这项体育活动的。青海海东区乐都、平安、化隆一带藏、汉、回、撒拉族的射箭活动有悠久的历史。每年春播完毕，春苗露头，农事稍闲的四五月间，各地就陆续摆开赛场，村与村赛，民族与民族赛，十分热闹。在这一带，射箭活动有相当的群众基础，劳动之余甚至夜间，人们都要在“箭头”（射箭指挥）的指导下进行练习。从懂事的小孩子开始，都有自己的弓箭，有的神箭手都是从小弓不离手的射箭爱好者，练就一身过硬的功夫。多年来，撒拉族人民向国家输送了不少优秀的射箭运动员。

藏族人民还有射响箭的传统，响箭与一般的箭相似，箭头上带有几个小洞，当箭射向空中飞行时，空气穿入洞眼发出响声。每逢藏历年或春节藏族人民举行射箭比赛时，藏族群众穿上民族服装参加盛会，获胜的寨子一路上载歌载舞返回村寨，称作“跳箭”，比赛获胜，是全村寨的光荣。

飞绣球，是壮族人民喜爱的活动，在春节期间进行。绣球是一个直径约6厘米的彩球，内装黄豆和沙子。比赛场上竖有三丈高的木竿，竿顶上钉有一块木板，谁能把绣球投进木板中间的圆孔里，谁就是获胜者。这项比赛一般由一男一女做对手参加竞赛。

打秋千，是朝鲜、阿昌和苗族等喜爱的活动。朝鲜族的秋千比赛，评定优胜者有几种方法：一种是以秋千架前方高树上的树叶或花朵为目标，用脚碰着花朵或咬掉花朵者为优胜；一种是在踏板底下拴一根尺绳，测量秋千荡起的高度，高者为胜；再一种是在秋千架前方竖立两根杆子，杆上横拉一根系有铃铛的绳子，荡秋千者以碰铃次数多少定胜负。

苗族人民在庆丰收的赶秋节打秋千，秋千架有十多来高，状如纺车，同时可以由八个人在上面打秋千，所以又叫八人秋千，秋千旋转完全靠人用手推动。凡是上秋千架的，都要会唱苗歌，当秋千突然停止旋转时，谁在最上面，就该谁唱歌，这时架上架下一片歌声、欢呼声和吆喝声，场上充满了欢乐而热烈的气氛。

跳板，是朝鲜族妇女特别喜爱的一项活动。在节假日里，身着彩裙的朝鲜族妇女踏上跳板，在空中表演各种动作，徐徐拂动的飘带和彩裙，伴随着有节奏的踏跳，十分优美。跳板类似跷跷板。妇女们在跳板比赛中，有比赛高度的，以跃起的高度定胜负；有比赛技巧的，表演者在跳板上的各种花样动作，如大转身、跳花环、摘苹果等，以高难动作获胜。

跳骆驼与跳马，是满族人民喜爱的体育活动。跳马要求在马飞驰时，横跃马身；跳骆驼则要求从后面跃过驼峰骑上驼背。每年春耕大忙或秋收过后以及春节前后，满族人民举行跳马或跳骆驼比赛，只有具有娴熟的技术和很好的弹跳力的选手，才有希望获胜。

套马，是鄂温克族擅长的一项体育活动。每年五月下旬欢度“米阔勒”节的时候，优秀的骑手云集比赛场上进行套马比赛。当比赛号令一响，骑手们挥舞着套马杆飞驰追套烈马，这是一场比勇敢、比智慧、比骑技、比套技的活动，谁最先套上烈马，谁就是优胜者。

赛跳跑，是塔塔尔族在节日里举行的活动，参加比赛者在腿上绑上一个小沙袋，口衔一匙子，选内放鸡蛋一枚，口令一下即迅速向目的地跑去，以鸡蛋不落地而最先到达目的地者为优胜。

长跑，居住在台湾雾台地区的鲁凯族，擅长长跑。他们在举行婚礼时，男方的至亲好友簇拥着新郎，成群结伙地跑到女方门口，在门口通过唱山歌通知女方迎娶的人已到，女方唱歌应和以后，娶亲的人进门送礼，然后由新郎背起新娘快步跑到举行婚礼的广场上，绕场两周与乡亲们见面，接受乡亲们的良好祝愿。在饮酒欢庆完毕以后，新郎再背着新娘跑回洞房，整个的婚礼，以跑步开始，以跑步结束。雾台地区有“长跑健将摇篮”的美称，可谓名不虚传。

打松鼠，是苦聪人的一项传统体育活动。松鼠是一种小巧灵敏的动物，很难捉获。在苦聪人地区，小伙子向姑娘求婚时，一定要带上自己捕获的松鼠作为进见的礼物。据说，只有机智灵活的青年才能捕获松鼠，得到姑娘的爱情。传说一个聪明的小伙子为了向姑娘求婚，制作了弓箭来捕捉松鼠，从此，打松鼠成为他们的体育项目之一。

放花炮，每年农历三月三，是侗族人民传统的花炮节，要举行抢花炮的体育活动。花炮是在鞭炮上系一个缠红绸的小环，当花炮冲天而起的时候，各村的健儿们像离弦的箭马上拥上去，夺取小红环。经过紧张的争夺，夺到小红环并冲出重围直奔指挥台的人，就是优胜者。抢花炮有一炮、二炮、三炮，每次抢花炮取三名优胜者。优胜者可将彩绸和彩纸扎成的花炮台带回家，等到第二年花炮节时，再由他们制作一个新的花炮台送到现场。

打陀螺，是瑶族民间的体育活动。陀螺是用坚硬的圆木做成，圆锥形，会旋转，大的陀螺一个有几斤重。每逢过节，大人小孩都聚集在一起分边打陀螺，赢的一边可以轮流回去吃饭，输的一边要一直打到底，不得中途离去。

跳花盆，是白族青少年喜爱的传统跳高活动。比赛开始，由两位姑娘席地而坐，相距一米，她们用腿和脚尖叠成一定的高度，让小伙子跳过去。随着高度的不断升高，两边的姑娘再以拳头为标高，每升高一次，加一拳头高度，以跳得高的为优胜。

霸王鞭，是白族民间体育活动之一。霸王鞭多用竹、木制成，一般长两尺多，分五节眼，每节挂三至五枚铜钱。节日里，人们围成圆圈，在唢呐锣鼓声中，敲起霸王鞭，做各种武术动作。当鞭不断碰击肩、背、腿部时，发出有节奏的响声，动作矫健而富有节奏。

此外，还有滑冰、滑雪、狩猎、登山、武术、划龙舟、游泳等体育活动，在我国少数民族中间都有悠久的传统活动内容，具有民族特点。①

以下简要列举了我国各少数民族的主要体育项目：

蒙古族传统体育项目：射箭、摔跤、赛马等。

回族传统体育项目：爬木城、掼牛、赶木球、掷子等。

藏族传统体育项目：藏跤、赛马、赛牦牛、射箭等。

维吾尔族传统体育项目：打尕尕、叼羊等。

苗族传统体育项目：上刀梯、接龙舞、吹枪、射弩、打禾鸡等。

彝族传统体育项目：舞铃铛、摔跤、顶扁担、顶肩、跳火绳等。

壮族传统体育项目：抢花炮、抛绣球、同心板鞋、踩风车等。

布依族民族传统体育项目：赛马、划龙舟、斗牛、打水枪、抱花腰、摔

①马寅：《中国少数民族常识》，中国青年出版社1984年版，第372–379页。

跤等。

朝鲜族传统体育项目：荡秋千、摔跤、滑冰、跳板等。

满族传统体育项目：赛马、赛船、滑雪、跳马、跳骆驼、采珍珠等。

侗族传统体育项目：抢花炮、多高贝等。

瑶族传统体育项目：射击、放木排、放竹排、踩独木、拳术、剑术、打陀螺、打尺寸、游泳等。

白族传统体育项目：耍海会、赛龙舟、松花会、耍鞭等。

土家族传统体育项目：安石砣、舞龙灯、打飞棒等。

哈尼族传统体育项目：赛球、爬树赛、秋千、摔跤、打陀螺等。

哈萨克族传统体育项目：赛马、马上角力、叼羊、姑娘追等。

傣族传统体育项目：赛马、赛龙舟、武术、秋千、孔雀舞等。

黎族传统体育项目：跳竹竿、射箭、打红等。

傈僳族传统体育项目：荡秋千、砍竹子、射弩、过溜、摔跤、上刀杆、泥弹弓、溜索、游泳等。

佤族传统体育项目：打鸡枞、摔跤、打陀螺、溜索、击石子、射弩、跳竹、怒球等。

畲族传统体育项目：武术、打尺寸、节日登高、盘柴槌等。

高山族传统体育项目：背篓会、刺球、叉鱼、竿球等。

拉祜族传统体育项目：摔跤、甩标枪、丢石头、打陀螺、爬杆、拔腰力、火枪射击、踢架、双人三脚跑、射弩、荡秋千、标杆、武术、拳术、拔河、拉猪、仿牛斗角、搬手、丢包、丢石、穿针、跳芦笙等。

水族传统体育项目：斗牛、赛马、摔跤、杂技等。

纳西族传统体育项目：打秋千、射箭、摔跤、打磨秋、赛马、打靶等。

景颇族传统体育项目：汤碟（标准靶）、爬滑竿等。

柯尔克孜族传统体育项目：摔跤、赛马、叼羊、马上角力、跑马拾银圆、跑马射箭、月下寻物等。

土族传统体育项目：轮子秋、赛马、赛牦牛、武术、 打毛蛋、台毽巴嘎、丢钱、抓子儿、抓羊、解绷绷、罕跃、阿斯陶民间棋类、喇吗跃民间棋类等。

达斡尔族传统体育项目：赛马、角力、摔跤、曲棍球等。

仫佬族传统体育项目：舞草龙、武术、舞龙、斗鸡会等。

羌族传统体育项目：骑射、武术、摔跤、角力、扭棍子、摔跤、溜索等。

布朗族传统体育项目：武术、布朗球、打磨档秋等。

撒拉族传统体育项目：赛马、摔跤、拔腰、蹬棍等。

毛南族传统体育项目：同顶、棋艺、打陀螺、爬杆等。

仡佬族传统体育项目：舞狮、抢花炮、打竹绣球、打磨秋、打篾鸡蛋等。

锡伯族传统体育项目：赛马、举重、射箭、摔跤、游泳、叼羊、踢荡秋千等。

阿昌族传统体育项目：秋千、武术等。

普米族传统体育项目：荡秋千、打靶、赛马等。

塔吉克族传统体育项目：叼羊、马球、马上射箭、赛马等。

怒族传统体育项目：拔腰、溜索、射箭、棋艺等。

乌孜别克族传体育项目：摔跤、赛马、击木等。

俄罗斯族传统体育项目：滑雪、溜冰。

鄂温克族传统体育项目：赛马、射箭、摔跤、滑雪、拔河等。

德昂族传统体育项目：篾弹弓、德昂拳（梅花拳、左拳、四门拳、白昼拳、磙子拳）等。

京族传统体育项目：捉活鸭、摸鸭蛋、跳竹杠、舞花棍、顶头、捉贝、走田、赶狗占窝等（活动多与滨海文化生态环境有关）。

塔塔尔族传统体育项目：赛跳跑、赛马、爬杆等。

第二节　少数民族传统体育的起源

少数民族传统体育是一个内涵丰富、形式多样的文化体系，其起源可归结为生产劳动、军事活动、狩猎生活、宗教活动、娱乐游戏等。

一、生产劳动

我国历史悠久、民族众多，少数民族主要分布在新疆、青海、西藏、四川、甘肃、内蒙古、广西、云南、贵州、宁夏、辽宁、黑龙江、吉林、湖南、湖北、海南等地，其分布呈现出大杂居、小聚居的特点，这些少数民族经过世代繁衍，逐渐创造了具有自身特征且有浓郁民族文化底蕴的民族传统体育项目。这些民族传统体育项目历史悠久，内容与形式丰富多样，风格原始且古朴。

关于民族传统体育产生的背景，要追溯到原始人类在克服自然的过程中逐渐形成的社会活动，长期以来，人类为了满足生存的需要，必须进行生产劳动。远古时期，人类为了适应恶劣的生存环境、改善生活质量，不得不一次又一次克服艰难险阻，在这期间，人类逐渐学会了生存本领，比如先民为了填饱肚子不得不选择捕猎，在猎捕时学会投掷、射箭、游泳、攀登等技能。人类在漫长的斗争中不断用劳动改造自然界，从而产生并发展了跑、跳、投、攀等诸多技能，体育运动就是这样在长期的劳动中孕育着、发展着。由于各地自然环境不同，生产方式也有所不同，由此产生了与生产方式有关的民族传统体育项目，比如赛马、赛骆驼、赛牦牛、赛骡子等民族传统体育项目，往往是从生活在牧区的先民对家畜驯化的过程中产生的。这些民族传统体育项目，也蕴含着民族的精神特质，比如世居青藏高原的藏族、蒙古族、土族等民族，具有粗犷、勇敢、顽强、执着、进取的精神特质。由此可见，劳动生产是体育运动的源泉。劳动实践创造人类社会，并逐步创造了文化教育和体育，没有生产劳动实践就没有体育。

民族传统体育和生产劳动实践有着密切的关系，大多数民族传统体育活动是我国各族人民在适应大自然时的产物，是人们在生产劳动中衍生出来的活动。它涵盖生产、狩猎、渔业、交通、服饰、饮食等方面，贯穿于人类生产劳动实践的全过程。

二、教育活动

体育作为人类历史发展的重要组成部分，是随着人类社会的不断发展而逐渐形成的。体育的教育源自人类在原始社会就把走、跑、跳跃、投掷、攀登等行为作为最基本的生产劳动和日常生活的技能，随着人类的繁衍生息和部落的不断壮大，这些技能就要传授给下一代或者周围的人。这也是人类教学的雏形。

三、宗教祭祀活动

宗教不是一有人类社会就有，而是历史的产物。马克思说：“宗教是在最原始的时代从人们关于自己本身的自然和周围的外部自然的错误的、最原始的观念中产生的。”在原始社会，人类对自然规律的认知不足，适应自然环境的能力较为低下，对自然力量感到不可抗拒和无法理解，比如对自然界的雷鸣电闪、狂风暴雨等感到恐惧，因此，人类对自然力量的无法掌握使得超自然的想象开始产生，这种超自然想象主要表现在人类的精神层面，一是对自然灾害的敬畏，二是祈求避免灾害的发生。为借助这种“超自然力”来应对自然灾难等“不可控的灾难”，人类开始进行一些具有仪式性的活动。在早期的农业生产过程中，普遍存在求雨、敬神、祭祖等习俗，这种习俗随着历史的发展而得以保存下来。我国民族传统体育的形式与宗教祭祀活动存在密切联系。

最早产生的宗教观念之一是万物有灵。人们相信世上万物都有精灵或灵魂。这与人们不懂得自己身体的构造、不理解生和死的区别、不能解释梦中的景象有关。人们在梦中看到了自己和别人，死去的人出现在自己的梦境。这种现象使人觉得不可思议，因而认为肉体之外还有灵魂，灵魂在人死后离开肉体而继续存在，灵魂是不死的。

各民族最普遍流行的原始宗教是自然崇拜。人们崇拜大自然中最有力量的、对生产有积极作用的自然物和自然力，从很早以前就开始了。在人们心目中，水、火、土地、山林、太阳、月亮、雷、雨等都有神，因而被人们当作神圣的东西来崇拜。

例如，水是人和一切生物所不可缺的，自然赢得人们的尊敬。高山族一年举行几次海神祭。佤、景颇等族一年的宗教活动以祭水神为开端，每个村寨都举行隆重的祭祀仪式，祈求水神保佑水流通畅。布朗族所崇信的鬼神中，以水鬼“苦拉”为最大，祭祀时把祭品倒入河中，供“苦拉”享用。火给人光明、温暖，如果掌握不好而发生火灾，又会给人带来祸害，因此人们敬畏火，崇拜火神。鄂伦春族在过年时，客人先向火神叩头，然后向主人拜年，平日进餐时要把一些食物放入篝火里。南方各民族都把住屋中央的火塘看作庄严、神圣的地方，有许多对火塘的禁忌。[①]按照彝族人的观念，人是火造就的，没有火就不会有人，有了火才有了世界，人生下来第一眼看到的是火塘里面的火光，人的一生中都有火的陪伴，人死的时候最后还是交给了火，所以，彝族人的生死存亡都被视作火的作用。因此，彝族人对火充满了敬畏与感激之情。他们敬畏火，火变为祈福免灾的仪式，这时也就逐渐产生

①马寅：《中国少数民族常识》，中国青年出版社1984年版，第419-421页。

了像跳火绳、耍火把等的民族传统体育项目。

图腾崇拜是最古老的宗教形式之一，是发生在氏族公社时期的一种宗教信仰的现象。早期的人类认为某种动物、植物或无生物是自己氏族的祖先，氏族以它命名，它就是氏族的图腾，受到人们崇敬。图腾崇拜在不同的部落和人群中有不同表现形式，有的以自然现象为图腾，有的以某一动物或者植物为图腾。图腾之所以被崇拜，是因为先民们认为在自然界中，总有自己看不到的力量主导着事物的发展，万事万物都有其自身的灵性，他们普遍认为，通过对图腾的崇拜与敬畏，这些图腾会保护自己和自己的部落，随后图腾崇拜也就逐渐演变出特有的部落传统体育文化和后期的民族传统体育文化。

其中，最为重要的就是龙图腾，先民认为龙的力量不可估量，不少文献中也有所记录，如东汉时期的王充在《论衡》中记载，春秋战国时期，鲁国由于常年缺水，大量农作物无法生长，当地的民众就开始模仿龙的形象在水中舞动，求龙降雨。这种以舞龙渡河的仪式在当地求雨的活动被许多民族效仿，逐渐演变为舞龙灯这一民族传统体育活动，该活动一直流传至今。闻一多先生的《端午考》中写道，当时人们为了体现自己“龙子”的身份，经常进行对龙图腾的祭祀活动，其活动形式为：人们乘着刻画成龙形的木船，在水中模仿龙的姿势行渡，龙舟竞渡是祭仪中半宗教半民俗的节目，这就是赛龙舟的起源。还有部分南方沿海地区对蛇图腾的崇拜，也被认为是现在福建地区民族传统体育项目游蛇灯的起源。

还有一些图腾比如“碧秀”，这是藏族人所使用的一种箭，据说这个图腾是为了英雄格萨尔王战胜妖魔而发明的。这种箭的箭头粗大并带有小孔，箭射出后，空气流穿孔内发出悦耳的响声，后来逐渐演变为藏族的民族传统体育项目。

宗教舞蹈是民族传统体育项目的雏形，在早期的祭祀仪式中，常常伴随着一些宗教舞蹈，祭祀活动中的舞蹈具有明显的体育特征。宗教舞蹈为现代体育运动形式和内容的多样化奠定了基础，并赋予其神圣的文化内涵。

由于人们所处的自然环境、社会环境不同，客观上造成了宗教派别的多样化，从而形成了祭祀竞技项目、祭祀运动形式的多样化，部分民族传统体育由宗教修炼活动演变而来。宗教修炼一般为当地人的宗教行为，其中最为典型的就是传统武术项目，比如说八段锦导引法，其练习讲究神与形合。除此之外，还有佛教的少林拳以及道教的武当拳等，这些拳术都讲究宗教修炼方法。

在古代，因寄托民众深厚情意演变而来的体育项目也很多。东汉的经学家、文字学家许慎所著的《说文解字》一书中就记载了“秋千”两字的注解，“秋”表示秋天，秋季往往是秋收的时候，秋千荡得越高，意味着秋收的成果积累得越高，这是典型的老百姓为了达到某种寓意而在生活中产生的体育活动。在《荆楚岁时记》一书中记载了当地群众有关拔河的场景，拔河活动一般都在清明节举行，“拔”就代表手用力拉的意思，而拔河的深层含义就是民众希望当地的农作物能像被拔出来一样长得又快又好，以求来年五谷丰登。在周密所创作的《武林旧事》一书中记载了南宋时期民众流行的一种叫作“斗风筝”的传统体育项目，到了春季，当地民众在西湖之畔进行这种活动，在放风筝时故意放断风筝，意在消除晦气。

四、军事战争

军事战争的现实需要使人们意识到体能和技能的重要性。不少民族传统体育项目就从军事活动和战争中孕育而生。

原始社会中，强健的体魄和机敏的头脑往往可以使一个人在劳动生产与战争搏杀中出类拔萃，从而获得更多生产资料。早期的人类所处的生存环境迫使他们必须拥有捕猎的技能，比如跑、跳、投等技能表现出了一定的体育或者军事技能。

随着社会的不断发展，人类学会了制造生产工具，从而提高了生产力，剩余生产资料出现，剥削和阶级产生，人类逐渐进入奴隶社会。各部落为了生存与利益，开始争夺资源，部落之间开始出现大规模的斗争，这使得军事与体育之间的联系更加紧密。在军事斗争中，强健的体魄、熟练的军事技巧以及先进的战争工具尤为重要，因此，军队非常重视个人的身体素质与军事训练，体育训练自然而然地成为军事训练的重要组成部分。军事活动在很大程度上丰富了古代体育的内容与手段。

在与体育发展的相关文献中，有不少关于军事战争对体育影响的记载。比如，在我国夏代到春秋战国时期，弓箭是战争中的主要武器，射箭成为古代战争中重要的军事技艺之一。在西周时期，射箭是士兵作战的必备技能。福建沿海地区的畲族经常进行赛“海马”运动，这项运动也是从军事战争中衍生出来的民族传统体育活动。明代嘉靖年间，倭寇时常侵扰我国东南沿海地区，但又常常在明军赶到时快速逃走。明军就召集能工巧匠结合当地的地形，设计出一种海滩上快速滑行的“海马”，“海马”类似现在的滑板，也叫滑泥板、溜板。木板长约1米，宽20～30厘米，前面竖两个木把，一人一板，人在滑行时一腿跪在“海马”上，腿不停地在海滩上蹬，两手握住“海马”上的木把。这种运动需要极高的技巧和体力，因此，明军会挑选身体强壮的士兵，在平时训练驾驭“海马”的技术技巧，明军凭借这种战争工具，多次击退倭寇。在倭患消除之后，当地渔民便把战时所用的“海马”作为运输工具，并在此基础上演变出赛“海马”这项传统体育运动。从此，“海马”既是一种军事训练工具，又是一种体育工具。这项运动成为沿海地区年节中一项重要的娱乐活动，也成为流行于闽东霞浦等地畲族的民间传统体育项目。彝族的传统体育项目有不少也是来源于战事，如“哑神舞”“跳水牛”“磨儿秋”“爬油杆”等传统体育项目。在我国牧区，骑马也是由古代骑兵的技能演变而来的民族传统体育项目。

由此可见，军事不仅促进体育内容和方法的发展，还影响了体育的规模。所以说，体育与军事既有联系，又有区别。军事与体育的结合产生了军事体育。军事体育并不是从人类社会出现的时候就有的，而是在氏族的形成和部落的出现之后，由于战争的冲突慢慢演变而来，其中有许多项目也是现代传统体育的雏形。

五、娱乐健身

娱乐健身是人们从事体育活动的最基本、最直接的价值追求，正是出于各式各样的娱乐健身目的，各族人民创造出了不少使他们身心愉悦的民族传统体育活动。相较于从生产劳动、宗教祭祀、军事战争中衍生出的民族传统体育模式，娱乐健身更多的是根植于各民族特有的生产生活方式、风俗习惯等。

民间传统体育活动大多都是当地民众通过自己的聪明才智，结合文娱活动创造出来的，这些活动丰富多彩，其中包括杂技、武术、舞蹈等，这些内容丰富的传统体育项目极大地促进了人们的身心健康。部分文献对此类传统体育有所记载，比如踢毽子，这种运动起源于汉代，盛行于南北朝和隋唐时期，在宋代较为普及，当时的临安城（今浙江省杭州市城区）就有专门制作毽子的店铺以及手艺人。在明代刘侗、于奕正同撰的历史地理著作《帝京景物略·卷二·春场》中就记载了一段关于当时百姓踢毽子的民谣，其中就写道：杨柳儿活，抽陀螺。杨柳儿青，放空钟。杨柳儿死，踢毽子；杨柳发芽儿，打梹儿。从这一民谣所描绘的场景可以看出，踢毽子在古代就已经普及，且参与的民众较多。

关于我国“那达慕”活动的文字记载，最早出现在1225年用畏兀儿蒙文（古蒙古文）铭刻在石崖上的“成吉思汗石碑”中，这一民族传统体育赛事一直流传至今，“那达慕”大会作为蒙古族人民的传统节日，每年农历六月初四举行。在“那达慕”大会上，通常都会举行蒙古族传统体育项目，比如流传已久的著名的“男儿三艺”项目，这“三艺”包括射箭、摔跤、赛马，这些项目都来自游牧民族的生产、生活。

一些体育游戏活动也是传统体育项目的雏形，比如台湾地区的“围虎陷”，广西壮族自治区的仫佬族的“凤凰护蛋”，新疆维吾尔自治区的柯尔克孜族的“老鹰吃仙鹤”……这些体育游戏都是民间儿童借助现实生活中的种种现象，在满足儿童乐趣和健身的同时，由民众自己创造出来的。值得强调的是，体育游戏成为体育项目，还要有更高的属性，那就是通过机体活动提高身体的各项技能，并起到娱乐功效。

六、经济活动的需要

在经济不发达时期，交通不便利，各个村寨之间相隔甚远，所以人们通常都是在农闲时或者节庆时才能相聚在一起，节庆日上举行的活动被固定下来，后来形成传统体育项目，比如流行于黔、湘、桂等地的“抢花炮”，据说在明朝，葛亮村是贵州、广西、湖南商人的交易之地，侗族、苗族、瑶族等民众都过着自给自足的生活，当地商人为实现交易，就想通过一项活动将民众吸引在一起，“抢花炮”活动应运而生。在广西壮族自治区的三江县富禄镇，该活动最为隆重，居住在贵州、广西、湖南毗邻地区的侗族、壮族、瑶族、汉族等民众也都会相聚于富禄镇参加“抢花炮”活动。“抢花炮”这项传统体育赛事也促成了商品交易盛会的形成。

第三节 体育文化传承

人类在进行生产劳动的同时，还承担着繁衍后代的重任，教育是人类传授生活经验，提高后代实践能力的最主要方式。人类在生产生活中的技能逐渐被固定和传承下来，后来演变为传统体育项目。

在我国，少数民族群众大多能歌善舞且擅长骑射，他们在农闲时为了增加生活乐趣，便发明创造出一些民族传统体育项目。有些传统体育项目也使节目更具气氛，甚至有些少数民族地区的传统体育项目与当地青年的择偶息息相关。新疆哈萨克族和柯尔克孜族盛行的“姑娘追”就是一项较为典型的具有繁衍后代和教育后人功能的民族传统体育项目。在这项活动中，姑娘手持长鞭，骑上马在前飞奔，所有求婚的小伙骑马追逐，最先追上姑娘的小伙就有机会赢得姑娘为妻子。当然，姑娘可以尽快加快速度不让他人赶上，也可以利用手中长鞭驱赶她不喜欢的追求者，还可以眷顾自己心仪已久的恋人。赛马优胜者往往是身体强壮的人，其后代的身体也更为强健，这也是游牧民族重点考虑的因素。在苗族青年中开展的芦笙踩“花桥”，就是以舞蹈内容为主的传统体育活动，它是当地盛大的节庆活动，男青年身穿民族服饰，女青年身穿百褶裙并佩戴各种银饰，手持颜色鲜艳的花巾，当芦笙手吹起芦笙时，姑娘和小伙随着带有民族特色的音乐翩翩起舞，苗族姑娘舞姿曼妙柔美，苗族小伙的动作古朴大方，尽显阳刚之美。到了精彩的踩“花桥”部分，姑娘们会将花巾的一头系在自己心仪的小伙的腰带后方，然后紧紧抓住另一头，花巾越多，说明这个苗族小伙长相俊美且舞姿优美，赢得了许多苗族姑娘的爱慕。在许多少数民族传统体育活动中，类似的项目还有很多，比如布依族的“桃花会”、藏族的“采花节”、壮族的“抛绣球”、瑶族的“踏歌”等。

上述传统体育活动，无不体现着当地民族文化特征。文化的内容涉及多个领域，其中，体育文化的建设实质上也是人自身的建设。《体育文化论》中写道：“文化是创造力，任何一种创造都是文化创造，文化是对古往今来的历史认知和把握，是对大千世界的比较和借鉴，是对未知世界的憧憬和探索。可以说，创造力成就于深厚的文化理性积累和不懈的自由思想追求。”“文化就是人化”，人是文化的创造者，亦是文化的传播者、承载者，有文化存在的体育，其方式是多种多样的，既是一种人的生理需要，也是一种社会文化需要，从科学教育事业的发展来看，它更是一种生生不息和无可替代的原创力。

当下学术界对体育文化的研究是就某地区民族文化的现状展开的，进而提出发展建议，少部分论文涉及民族体育文化保护和传承的问题。

胡小明认为，民族传统体育在新时期的振兴，不是对古代传统体育的简单回归，也不是对世界体育的单纯皈依，而是在螺旋上升中创新，成为现代体育发展的有机部分，为繁荣世界体育文化做贡献。在现代化发展中，民族传统体育文化中难以适应社会发展的部分将被进行文物性保存，有继承和发展价值的内容将使更多人受益，并且在现代社会中充分发挥其有益的功能。①

白晋湘认为，民族传统体育在当代面临着社会转型、奥林匹克运动冲击和全球一体化的社会文化背景下，应该促使民族传统体育向着汲取自身精华和借鉴现代体育优秀成果相结合，面向世界、面向未来的方向发展创新，在实践中呈现出多态并存的多级现代化发展格局。具体地提出了现代化中的民族传统体育生存形态，即“走向民族文化生活的初级现代化形态，走向大众健身娱乐的中级现代化形态和走向国际体育竞技舞台的高级现代化形态”。②

黄卓和周美芳认为，在过去的10年，城市社会的体育文化总体建设有较大发展，受到社会的肯定，但也存在着城市体育文化现实与政策预期偏差等急需改进的问题。在新的形势下，应提高竞技体育事业发展理念，推动城市体育文化管理的职能转变，促进依法行政，促进城市体育文化事业发展。③

人的活动在空间和时间上标记着人的符号，并使之具有文化的意义，毋庸置疑，体育是人的活动，是具有文化意义的社会活动，这在人类社会的发展过程中有着历史的、现实的表现，已被实践所证明，并为学术界所阐述。体育在文化大系统中具有自己的位置和影响，是人类社会发展的根本动力系统——人类自身的再生产系统的子系统之一，为社会的物质文明建设和精神

①胡小明：《论中华民族传统体育的现代化》，载《武汉体育学院学报》，2003年第4期，第1-4页。

②白晋湘：《民族传统体育的现代化与现代化中的民族传统体育》，载《体育科学》2004年第1期，第65-67页。

③黄卓、周美芳：《我国城市体育文化发展分析》，载《体育文化导刊》2014年第3期，第25-28页。

文明建设服务。[①]

文化传承是指文化在一个人类共同体（如民族）的社会成员中做接力棒似的纵向交接的过程。这个过程因受生存环境和文化背景的制约而具有强制性和模式化要求，最终形成文化的传承机制，使人类文化在历史发展中具有稳定性、完整性、延续性等特征。[②]文化的积累和传递，是文化系统运行的基本形式之一，也是文化运行的一条基本规律，文化的发展和进步就是这两者的有机结合[③]。体育文化的传承即体育运动的物质、制度、精神文化等不同层面的历史传递和交接以及新时期所创造的文化总和的传承。

一、体育文化传承途径

从历史唯物主义视角看，“体育文化运行规律一般包括：积累与传递，传播与渗透，融合与冲突”[④]。从时空视角来讲，历史的发展包括两个方面：纵向和横向。纵向发展可以理解为积累与传递，而横向发展则可以理解为传播与渗透。从传播学视角来看，“一个基本传播过程的顺利完成，必须具备这样几个条件：传播者、讯息、受众”[⑤]。体育文化传承就是包含了体育传播者、受众和讯息在内的以主体为主要载体的文化传承过程，强调的是一个动态的不断变化的过程，其传承途径主要有传统传承方式和现代传承途径。

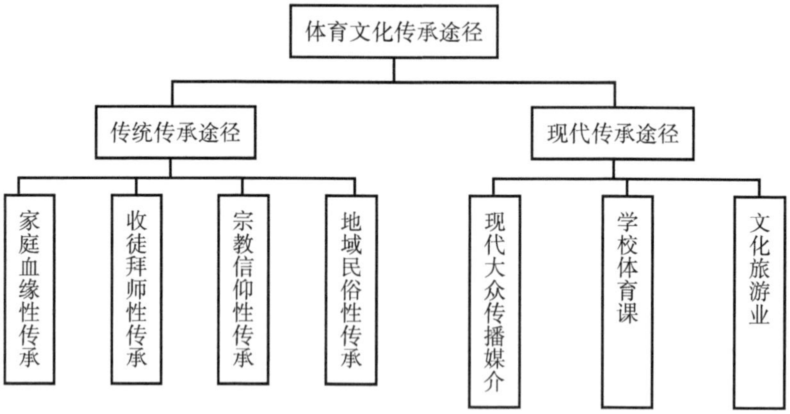

图1–1　体育文化传承路径

①魏宏森、曾国屏：《系统论：统科学哲学》，清华大学出版社1995年版，第185页。

②赵世林：《论民族文化传承的本质》，载《北京大学学报》2002年第3期，第10–16页。

③吴增基、吴鹏森、苏振芳：《现代社会学》，上海人民出版社2001年版，第100–101页。

④吕树庭、刘德佩：《体育社会学》，人民教育出版社2010年版。

⑤任光耀：《体育传播学》，高等教育出版社2004年版。

（一）传统传承途径

传统传承途径是伴随传统社会而来的，与民众的生产劳动和所处的自然地理环境密切相关。它以民间自发组织机构为主要特色，表现的是以小众群体组成的固定集体，同时带有很强的宗教色彩，以此形成了强有力的社会凝聚力，这也是少数民族文化能够得以长久传承的主要原因之一。

传统传承途径主要以口传身授为主要形式，以家庭或亲属关系为主要纽带，最主要的特征是传承主客体之间有明确传授意图和固定教授关系，因此，它是一种非自然传承。传统传承途径包括以下四个方面。

1.家族血缘性传承

家族血缘性传承是一种以家族为核心的世代相传的传承方式。中国是一个历来重视宗法制度和伦理道德的国家。我国民众逢年过节都有祭祖的习俗，以感谢祖辈对后世的贡献。在这样一种长期的历史文化熏陶下，家族内部团结得非常紧密。

如我国维吾尔族的“达瓦孜”，其民族特色十分突出，并且历史悠久，属于文艺体育表演类项目，表演者在表演时穿戴具有鲜明民族特色的维吾尔族服饰，伴以维吾尔族音乐。“达瓦孜”的传承带有明显的家族血缘性，其中最为突出的要数新疆和田地区墨玉县阿西木·阿吉家族。阿西木·阿吉（1868—1952年）自幼随父刻苦学艺，练就了一身“达瓦孜”绝技，并培养了一批出色的“达瓦孜”艺人。“达瓦孜”与杂技艺术的完美结合使其艺术性和动作难度都有了很大的提高。后来，对“达瓦孜”的学习与传承也走出了家族血缘的范畴，但对学习者的天赋有了更高的要求。

类似“达瓦孜”这种家族血缘性传承的项目还有许多，仅武术中的太极拳就有陈氏太极拳（河南省焦作市温县陈家沟村人陈王廷所创）、孙氏太极拳（河北省顺平县北关人孙福全所创）、吴氏太极拳（北京大兴人吴鉴泉在其父所授太极的基础上发展而成）、杨氏太极拳（河北省邯郸市永年县人杨露禅在陈氏太极拳的基础上改造发展而成）等。还有许多拳术的传承也是从家族开始的，如高家拳（陕西省三原人高占魁所创）、咏春拳（福建省人严咏春逐渐发展完善）、蔡家拳（广东省番禺人蔡展光在其师承的基础上发展而成）等。这些武术拳种的传承最初都严格地控制在家族内部，只是随着时间的推移，这种家族血缘性传承才逐步向社会迁移和扩散。这种传承方式的积极方面在于上一辈向下一辈传授武艺时，不会做太多保留，这就使得武艺精髓能够世代沿袭下来。消极方面在于过于保守，由于受传统封建思想的禁锢，如“传男不传女，传内不传外”等规矩，在一定程度上限制了传统武术的发展。

2.收徒拜师性传承

中国传统体育文化中“艺”的内容十分丰富，仅“武艺”一类就具有博大精深的内容，此外还有诸如杂技技艺之类的“艺”以及其他形式的“艺”。在中国历史上，“艺”是可以作为生计而存在的，坊间就有“卖艺”之说。所以，传授与表演技艺逐渐成为一种职业，收徒拜师成为我国传统体育文化延续和传承的重要途径。

例如，在中国传统武术发展的历史长河中，师徒传承与家族传承有着同样重要的地位，更有甚者超过了家族传承对民间传统武术的继承和发展。出现此等传承方式的缘由可分为两点：一是由于自家后辈不愿习武，而前辈又不希望让自己一生所学失传，所以有意识地寻找一些亲戚或家族以外的人来学武；二是社会上的一些武学造诣较高者为切磋武艺，登门造访之事时有发生，慢慢地使得思想传统的老拳师愿意传艺。在古代，人与人之间的辈分关系被重视，素有“一日为师，终身为父”的说法，师徒之间亲如父子，在传授武艺的过程中，这种关系得到进一步巩固。但是，与家族传承相比较，这种方式还是有一定的消极影响。在口传身授的过程中，师傅传“势”而不传“艺”。“势”为动作、套路和架势，“艺”为技法要点及用法，“艺”更加注重精神和意识层面的内容。“师傅领进门，修行靠个人”的说法可以很好地反映这一特点。如此可以看出，徒弟学到的更多的是肢体的动作组合，而非真正的武学精髓，只能靠自己体悟，而体悟的过程会大大异化原有的本质精髓，这对民间传统武术的传承与发展带来了负面、消极的影响。

3.宗教信仰性传承

宗教是体育文化传承的重要社会途径。人们通过宗教活动，将一些民族传统体育文化融入自己的行为习惯里。民族传统体育活动被纳入全民健身体系的同时，所形成的民族文化传统也应当被保护与传承，唯有这样，才能保证民族传统体育长足发展。

宗教总是与一定的身体活动联系在一起的，在体育的起源之争中就有宗教之说。不论是原始宗教还是现代宗教，除了其祭祀仪式中运用了大量的身体活动外，还把一些所谓的“武功”“绝技”作为护教传教的重要手段。这在我国的几大宗教中都有比较突出的表现，如道教的内丹与武术、佛教的内功与武术、藏传佛教的藏密与武术等。这些在宗教活动中所表现出来的体育文化，也总是在宗教教义的规范下进行着传承，但有些原始宗教文化的传承目前正面临着一些新的挑战。

部分少数民族体育与宗教信仰有着密切联系，例如甘肃省少数民族地区的寺院就有僧侣习武和踢足球的传统。回族武术中的“十八肘”，以肘尖和接近肘尖的臂作为进攻和防守的手段。传说，该拳术是由先知穆罕默德所创，元代时传入中原，代代相传，但每代只由一名品德高尚、信仰虔诚的穆斯林继承，自清代以来的传人有白锁成、李子光、杨万禄、居奎等。“十八肘”以肘为主，有十八个单练套路，其手法、步法、腿法、身法等都是由肘法派生出来或以肘取胜产生的。

4.地域民俗性传承

地域民俗性传承也可叫作地缘性传承，是指在特定的地域环境内对体育文化的传承。俗语有“亲不亲，故乡人”“远亲不如近邻”等，由此可见，地域相近或相同，是同化人们感情、密切人际关系的重要因子。

俗话说“十里不同风，百里不同俗”，不同的地域在一些民俗节日中所表现出来的文化和风俗是有区别的。武汉市汉阳区永丰乡在春节期间所表演的传统体育文化节目，就与其周边地区有很大的区别。人们一般都在农闲季节训练这些民俗传统体育项目，并在传统的节日中表演和比赛，体育项目除了能够烘托节日的热闹气氛外，还起到了传承传统文化的作用。

人们通常所说的南人善舟、北人善骑，是对体育文化地域性传承最为生动的总结。这也是目前各地区重点建设各自特色文化的主要动因，各地区发挥自己非对称优势，力求在文化大繁荣大发展中占据一席之地。

（二）现代传承途径

现代传承途径是相对于传统传承途径而言的，是一种不同于传统传承途径的新的传承途径。现代化进程促进了现代传播媒介的发展，表现出一种大众化的、普及化的、快速化的传承模式。它表现出了很强的现代性。现代传承途径包括现代大众传播媒介、学校体育课和文化旅游业。

1.现代大众传播媒介

现代大众传播媒介包括电视、书籍、报纸、期刊、新媒体等。随着现代化进程的不断推进，现代传播媒介进入了新时期，其表现特征是速度更快、时效性更强、共享性更普及和开放程度更高等。现代大众传播媒介大大缩短了人的动手时间，各类文化以视听的方式或微视频的形式呈现在大众面前，逐渐取代着传统传播媒介。

通过对大众传媒的充分利用，传统体育文化在传承与创新的过程中，可以结合自身的特点，多渠道、全方位地谋求发展。需要注意的是，在大众传媒语境中，传统体育文化的传承与创新要摒弃不合时宜的文化内容或文化结构，吸收现代竞技体育文化的优秀内涵，重新形成一个兼具民族传统特色和时代特色的，能够在全国范围乃至全世界传播的新体育文化形式。

2.学校体育课

学校是体育成长的摇篮，是体育走向规范化、科学化、普及化的必由之路。学校是文化传播的重要基地，是传承发展民族体育的中介，也是体育文化传承的主要路径之一。体育文化融价值观、伦理观、审美观于一体，在古代教育中的六艺“礼、乐、射、御、书、数”就有两艺与体育有关。如今，体育课成为学校教育中不可或缺的组成部分，民族传统体育文化蕴涵着鲜明的民族特色，学校是教书育人的主阵地，应当承担起传播祖国优秀传统文化的重任。学校可以将民族传统体育文化作为体育理论课程的一部分，将其纳入教学任务当中，让学生既能掌握民族传统体育项目，又能了解其所蕴含的文化，进而使民族传统体育文化得到很好的传承。

当前，从事传统体育事业的人才包括两种类型：一种是具有系统相关知识或掌握传统体育技术的专业型人才，另一种是热爱传统体育文化并热心支持和宣传民族传统体育的普及型人才。各级学校在培养和教育这两种类型的人才方面都应有相应的措施并各有侧重。

学校不仅要授予学生科学文化知识，在很大程度上还要培养学生的品格和社会行为规范。学生通过对体育课中体育文化的学习和体育项目的参与，通过对体育竞赛规则的严格遵守，潜移默化地形成遵纪守法的优秀品格。

3.文化旅游业

近年来，旅游业搭上体育发展的快车，发展突飞猛进，体育在带动旅游业发展的同时，旅游业也为体育文化的传播和传承提供了新机会和新环境。大力发展体育旅游业，是当今世界旅游市场发展的趋势，发展方向主要表现为多样化、专题化。旅游者对异地他乡风土人情的求知欲，是民俗、传统体育旅游发展的原动力。挖掘民族体育、民间体育的旅游文化资源，并加以继承和发扬，是传承与创新传统体育文化的重要途径。

体育旅游是体育与旅游相互融合交叉的领域，它体现了体育的社会性与旅游的社会性。体育旅游属于社会体育的一个产业分支，也是旅游的重要组成部分，是特种旅游的一种，也是人类社会生活中的一种新兴旅游活动，其概念有广义和狭义之分。从广义上讲，体育旅游是指旅游者在旅游中所从事的各种娱乐身心、锻炼身体、竞技竞赛、刺激冒险、康复保健、体育观赏及体育文化交流活动等与旅游地、旅游企业、体育企业及社会之间关系的总和。从狭义上讲，体育旅游是为了满足和适应旅游者的各种专项体育需求，以体育资源和体育设施为条件，以旅游商品的形式，为旅游者在旅游过程中提供融健身、娱乐、休闲、交际等于一体的服务，使旅游者的身心得到和谐发展，它是促进物质文明和精神文明发展、丰富社会文化生活的一种社会活动。

二、体育文化传承的时代特征

体育文化传承在不同的历史时期，不仅表现形式、功能价值有差异，其时代特征也各不相同。概括起来，基本有以下几个方面。

（一）民族性

民族文化在具有一定共性的前提下，也有着鲜明的个性特征，主要体现在各民族的民族性格、生活准则、生存智慧、处事原则等方面，这是民族性的具体表现。任何形式的民族文化，都与本民族的形成、延续和发展密切相关，都与本民族所生存的地理环境、人物特点、风土人情、经济条件、生产水平、社会结构相适应。体育文化在某种程度上是具有民族性的，世界上不同民族所创造的不同体育文化，蕴含着自己民族独有的鲜明特质，例如中国的武术、韩国的跆拳道、日本的柔道、泰国的泰拳等。

我国是统一的多民族国家，体育文化的民族性是一个客观存在的现实。这种民族性在不同的少数民族中具有不同的特征，也可以理解为同一种体育文化在各民族中进行着演变和传承。正是由于表现形态各有不同，形成了中华民族丰富的体育文化特色，使中国在世界大舞台展现出自己的体育魅力，彰显出我国文化软实力，体现了中国人的民族烙印。

（二）地域性

地理环境是人类赖以生存和发展的物质基础，对人类社会的发展具有决定作用。首先，地理环境为人类的生存、生产、发展提供必需的物质资料，同时影响着居民的社会活动。中国大地幅员辽阔，从各民族所处的地理环境看，有平原、深山、密林、水乡、沙漠、海岛等，气候条件也存在较大差异。不同的地理环境造就了各民族不同的社会状况、文化特点、生活习惯、运动方式等，比如生活在东北山林与南海岛屿上的居民、西北戈壁与江南水乡的居民，由于环境的天壤之别，在生产生活等方面必然会存在巨大差异。

这种地域性差异使各个民族的体育文化呈现出不同的表现形式。“北人善骑，南人善舟”，这是对体育文化地域性的最好总结。我国北方民族体育文化的表现形式大多与马相关，如赛马、叼羊、骑射、打马球等民族传统体育项目。南方多水乡，其民族体育文化的表现形式大多以河水舟船为主，如游泳、龙舟竞渡、武术中的船拳等。这些特征无不保留着不同地理条件下的地域烙印。

随着现代化进程加速，长期的民族交流和融合使得某些项目的表现形式也会呈现出共性特征，尤其是比赛规则和组织管理的规范化，促使体育文化整合力度加强，具有一定的相似性，这也是体育文化传承地域性不可避免的趋势。

（三）变异性

文化在传承和发展的过程中，会受到来自社会环境外部的作用力，促使其发生相应变异，这种过程即是文化变异性的表现。文化的流传离不开社会环境，会受到历史、时代、社会和语言等诸多因素的影响，文化随着各因素的变化而发生变异。体育文化由人们集体创作而成，靠口头和行为进行传承和传播，这就决定了它总处于不断变动状态之中，从而导致了体育文化在内容和形式上的变异。

体育文化的变异性更多表现在体育文化的交流与融合中。群体之间的相互交流使得城镇化发展得以实现，体育文化的自我发展离不开大众群体，而“文化即人化”的过程则是通过一定手段促进自然人的社会化。不同民族或群体之间的相互交流、相互学习，促进了体育文化的交流与融合。

这种交流与融合的结果是，体育文化在内容、形式和功能等方面均发生了不同程度的变化，正是由于此类变化，才使得体育文化力不断加强。例如，原本只是以民间祭祀和宗教信仰为载体而来的各种巫舞，经过历史进化后衍生出了某些传统体育项目。从体育文化三个层面，即外显层、中间层和内核层三个层面来分析，体育文化的变异性更具有说服力：（1）外显层，即物器技术层，包括场地、器械、服饰等，如运动跑道由煤渣跑道向塑胶跑道变化。（2）中间层，即制度习俗层，包括体育组织管理、运行模式、竞赛机制等，如果把外显层比喻为硬件的话，那么中间层更容易被理解为软件。例如，体育竞赛规程的不断更新和管理办法的日益科学化。（2）内核层，即心理价值层，包括主体价值观、认识观、民族精神等，更多表现为个体或群体的心理价值追求。例如，少数民族体育项目叼羊，是以生产劳动为生存手段演化而来的。

通过对内蒙古“那达慕”大会的了解，能够更为清晰地理解体育文化的变异性。“那达慕”为蒙古语，意为“娱乐”“游戏”。一年一度的“祭敖包”习俗（亦作“鄂博”）最初带有宗教色彩，旨在通过“祭敖包”祈求吉祥多福、人畜兴旺，同时也举行一些体育娱乐活动，后来演变为“那达慕”大会，成为欢庆丰收和畜牧业兴旺的节日盛会，每年多在夏秋季举行。其主要的体育活动有摔跤、赛马、射箭和拔河，还有歌舞、说唱等节目。此俗沿袭至今，规模日益扩大，内容越来越丰富。现代“那达慕”大会增加了蒙古象棋、套马、驯马、乘马接力、乘马斩劈、刺杀、武术、中国式摔跤及田径、球类等项目。举行“那达慕”大会时，还会举办物资交流会及各种文艺活动，因此深受牧民欢迎。

（四）程式性

在体育文化的研究中，易剑东认为，体育文化模式是指各国家、民族、地域的体育文化特征相互作用而形成的相对稳定的组合状态与构成方式。[①]颜天民等认为，体育文化传承的时代特征表现出一定的程式性，它是在长期的体育文化传承过程中所积累而来的固定模式和组织管理体系。“文化模式”是体现某种文化形态特质的、观念性的、抽象的、整体的“理性架构”。体育文化模式是一定历史时期的人类主体在自己的体育活动中所建构的，由体育的实践活动、体育的行为方式、体育的文化表现、体育的价值认识、体育的思想及体育的精神等整合而成的，在体育活动中具有主导作用且相对稳定的文化价值体系。[②]体育文化模式具有民族性和国家性、历史性和时代性。

体育文化模式是一个民族、社会、国家文化模式的具体层面之一，是构

①易剑东：《体育文化学概论》，文津出版社1998年版，第157页。

②颜天民、高健等：《体育文化模式初探》，载《首都体育学院学报》2004年第2期，第101页。

成体育实践活动最为深层的思想文化基础，对体育实践活动具有主导影响的、决定体育实践活动指向的一种文化形态。它表现出一种完善的、成熟的、科学的时代特征，不仅体系较为完善，而且被广大民众所接受或是表现出约定俗成的存在状态。例如，某些小型比赛或社会体育团体自行组织实施的体育活动并非有正式的规程和组织管理，但整个活动亦是坚守或者规范着某种无形的外部约束。

（五）继承性

继承性是文化传承的基础，它起到承上启下的纽带作用，没有继承，便没有传承。体育文化的继承性更多地表现为文化的教育能力，任何一种文化只有通过教育完成了转化，才能在人类的现实生活中表现出它的生命力和价值，才能出现文化繁荣的局面。

首先，体育文化具有保存、传递和活化文化传统的功能。人类文化既是人们社会生产与社会生活的产物，又是新生一代进行社会生产与社会生活的必要条件。体育文化只能被学而知之，不能通过遗传方式获得。这就决定了体育文化从它产生的那天起，就与教化有着不可分割的关系。同时，体育对人类文化有活化作用，也就是将储存形态文化转变为现实活态文化。

其次，体育文化有选择、整合的继承性。自从体育文化被重视之后，其功能就日益突出。人类文化发展的速度越快，各种文化之间的交流越频繁，内容越广泛，社会对体育文化的要求就越高。对体育文化的继承性有相对的选择和整理，使其去伪存真，逐步系统化，其精华得以继承，从而显示出更强的生命力，呈现出更为繁荣的景象。

最后，体育文化具有吸收、融合和更新创造的能力。各民族体育文化的相互吸收、融合和更新创造的途径很多，如体育竞赛、民间节令活动、旅游等，但自身的教育是最有效、最积极的途径。不同体育文化间的交流，很大程度上依赖于人们的肢体语言表达、文字上的沟通和理解，而肢体语言是体育文化最为直接和生动的典型表现。文字上的沟通和理解有很大程度上需要依靠系统的民族语言。而人们通过碰撞、接触、交流和融合的一系列过程吸收其他民族的文化，有一个积极的选择过程，去其糟粕，求其精华，因而肢体语言最为有效。

此外，在养生学的发展中，东方人原先主张以静养生，后来有人主张以动养生，再后来主张动静结合养生。这是人们对体育文化延续和不断深化认识的过程。例如，中国传统体育文化以前注重修身养性，后来泛化为强身健体，直到今天的自娱与休闲文化。同样，中国传统体育文化中的舞龙、舞狮、气功、武术等，都已经成为风靡全球的运动项目。

（六）集约化

1.体育文化传承集约化表现

城镇化体育文化传承集约化表现是当今世界各国普遍采用的提高国家综合经济实力的发展模式，城镇化建设对于平衡或减少不同地区的经济水平的差异，具有重要的现实意义和作用。从社会学发展的角度来说，城镇化发展是建立在本地区多民族的社会文化基础之上的，这与它所依赖的社会文化背景是紧密相连的。

2011年，中国共产党第十七届中央委员会第六次全体会议审议通过的《中共中央关于深化文化体制改革　推动社会主义文化大发展大繁荣若干重大问题的决定》中提出建设“文化强国”长远战略。继而，各省、市又根据自身发展状况，提出“文化强省”“文化立市”的目标，并为此制定了文化发展纲要、战略措施和政策保障。

经济体制改革、社会结构的转型等因素引起了人们价值观念的巨大变化，使我国正从传统社会走向现代化社会。这些都必然解构我国传统民族体育文化体系，尤其是少数民族体育文化体系，引起文化的转型与变迁。

文化是一个内涵丰富、外延宽广的多维概念，文化是人类主体通过社会实践活动，适应、利用、改造自然界客体而逐渐实现自身价值观念的过程。卢元镇在《体育社会学》一书中提到，体育文化是关于人类体育运动的物质、制度、精神文化的总和。体育文化是随着城市文化的产生、发展形成起来的，城镇体育文化是现代城市文化建设的重要内容，在城市文化的发展中处于十分重要的战略地位，充分调动可利用的体育文化发展的资源，发展城市体育文化。①

伴随着现代化进程加快，城镇体育文化已经深入和渗透进城市发展的各个层面，它成为推动发展的因素之一。但在快速城镇化面前，城镇体育文化发展滞后或者表现出与社会发展不和谐的现象。虽然城镇文化进行了市场化和社会化，但体育文化的组织管理和运行大部分依旧沿袭着计划经济时期的垂直管理模式，在以经济建设为根本任务的市场经济过程中，旧的运行模式

①卢元镇：《体育社会学》，高等教育出版社2001年版。

显然已经不能够适应新环境。

体育文化在现代化过程中要适应社会进程，在发挥主体主导作用的同时，首先要考虑的是主体社会生存环境所发生的变化。马克思主义哲学告诉我们，物质是决定意识的基础，意识同时又反作用于物质。民族体育文化作为中华民族的典型生动的活态体现，充分展现了中国特色。民族体育文化可以说是中国文化软实力中最能体现民族特色的文化之一，在国际大环境竞争中，具有很强的共通性和现实感。如何在城镇化进程中更好地发展体育文化，不仅对民族体育文化发展有理论意义，更对民族体育文化在社会实践过程中有现实的指导意义。

2.体育文化集约化动力机制

“动力”一词有两层含义：一是使机械运转做功的各种力量，如畜力、水力、风力、热力、电力以及原子能等；二是指推动事物运动和发展的各种力量。社会生活和一般社会科学中通常以第二种为主，即推动事物运动和发展的各种力量。

“机制”一词来源于希腊文，原意是机械、机械装置、机械构造及运行原理，后来被移植于生物学、生理学和医学中，用以说明有机生命体内部的构造及其生命运动的原理，以后又广泛运用于自然科学和社会科学，用来泛指某一复杂系统的内部结构、运动工作原理及其内在规律性。

将二者结合起来，动力机制就是指事物发生、发展的动因及其构成，它是事物运行机制的重要方面，也是推动事物发生、发展的各种力量，以及这些推动力量作用的方式、效果进行程序化、规范化、制度化。

现代社会，体育文化给人带来的精神刺激是独特的、无以替代的。譬如，人的荣誉感、成就感、使命感、责任感都可以体现在其中，进而扩展升华为体育荣誉、民族自豪感、责任感，不仅参与者如此，观赏者亦如此。在人类社会发展进程中，体育文化以自己特有的方式和方法影响着社会存在的各个方面，随着城镇化不断推进，体育与社会的关系也越来越密切。体育文化作用于社会的政治、经济、文化、教育等方面，并成为推动人类社会进步与发展的杠杆之一，社会又反作用于体育，决定着体育文化的发展方向和形式。

民族体育文化作为文化的重要组成部分，它一出现就与周围环境的其他文化体系互相依存、互相作用，成为一种与外界进行物质和信息交换的文化开放系统。民族体育作为一个民族的“代言人”，是最能体现民族特征的。纵观当下国内体育，以西方竞技体育为主的内容占据了主导地位，而本土体育依旧处于边缘地带。这是值得我们思考的问题。笔者认为，只有坚持民族特色，才能有一席话语权。

伴随着现代化进程的不断推进，民族体育发展得到了相应的重视。党的十八大报告提出了“确保到2020年实现全面建成小康社会宏伟目标”的时间表，以及“经济持续健康发展”“人民民主不断扩大”“文化软实力显著增强”“人民生活水平全面提高”“资源节约型、环境友好型社会建设取得重大进展”等具体内涵。城镇化是全面建成小康社会的具体要求，改革开放以来的民族政策和区域自治建设，使得民族地区的生产、生活水平有了显著提高，这为民族体育的发展奠定了坚实的经济基础。

第二章　甘肃省传统体育发展概况

第一节　甘肃省基本概况

一、甘肃省地理概述

甘肃位于中国西部地区，在北纬32°11′～42°57′、东经92°13′～108°46′之间。甘肃地处黄土高原、青藏高原和内蒙古高原三大高原的交会地带，位于黄河上游，是人类历史的重要发源地。它东接陕西，南接巴蜀、青海，西接新疆，北接内蒙古、宁夏，是古代丝绸之路的锁钥之地和黄金路段。甘肃境内地形相对复杂，山脉众多且纵横交错，地形大致分为：陇南山地、陇中黄土高原、甘南高原、河西走廊、祁连山地、河西走廊以北地带六大地形区域。

陇南山地区域地处甘肃省东南部，北边接陇中黄土高原，西部属于甘南高原，地理位置大致包括渭水以南、甘南临潭、迭部一带以东的山区。陇南山区属于秦岭的西延部分，面积约为2.78万平方公里，属暖温带和亚热带气候，这里山峦众多，山大沟深，植被覆盖较为丰厚，雨水较为丰沛，山区到处清流不息。

陇中黄土高原位于甘肃省中部和东部，东起甘陕省界，西至乌鞘岭畔，普遍海拔在1200～2500米，整个陇中黄土高原呈现出南高北低的地势，三大类地貌分别为石质山地、黄土梁塬和河谷川地。陇中黄土高原由黄土塬、黄土梁和黄土峁组成，这里的黄土地貌波状起伏、沟壑纵横、地形复杂，形似黄土海，曾经孕育了华夏民族。由于受地理位置和亿万年地壳变迁等因素的影响，这里的土地较为贫瘠，植被覆盖率不高，但它蕴含着许多自然资源，比如石油、煤炭等。

甘南高原在甘肃省西南部，地处青藏高原东北边缘地带，是个典型的高原区。甘南高原处于黄土高原、西秦岭山地向青藏高原过渡带。它是“世界屋脊”——青藏高原东部边缘一隅，地势高耸，属于海西运动时期由于地壳变化所隆起而形成的高原，整个区域周围山地海拔多在3000米以上。甘南高原属于温带、寒温带湿润、半湿润土地纲，境内北接甘肃太子山、白石山，东南连迭山和光盖山，西南靠西倾山、阿尼玛卿山等。整个区域均呈西北—东南走向，全域面积3万多平方公里。各山系之间有许多滩地，如堪木日多滩、乔科滩、尕海滩、晒银滩、甘加滩等，这里的河滩地水草相对丰茂，很适合植物的生长和亲水性植物的栽培，因此也适合多种动物栖息。这里草滩宽广、水草丰美、牛肥马壮，是甘肃省的天然草场，也是甘肃省主要牧业基地之一。

河西走廊地处黄河以西，且为祁连山与合黎山、龙首山等山脉夹峙，狭长且直，形如走廊，所以叫河西走廊。河西走廊处于祁连山以北，北山以南，乌鞘岭以西，西迄甘新交界，是块自东向西、由南而北倾斜的狭长地带。其海拔在1000～1500米，长1000余公里，宽200公里不等，是西北—东南走向的长条堆积平原。河西走廊南为海拔四五千米的祁连山脉，由一系列北西走向的高山和谷地组成，西宽东窄，以柴达木盆地至酒泉之间为最宽，约300千米。祁连山山峰海拔多在4000米以上，最高峰为疏勒南山团结峰，海拔5808米，这基本上接近了青藏高原大多数山峰的高度。祁连山北侧和南侧分别有大起大落的明显断裂，由高山降至平原，北坡与河西走廊的相对高度在2000米以上，而南坡与柴达木盆地间的相对高度仅1000多米。河西走廊是我国古代内地通往西域的重要通道，河西走廊属古凉州、雍州的属地，治所所在地，古西北首府所在地，河西走廊也是佛教东传的要道与第一站，丝路西去的咽喉，经略西北的军事重镇，中原名士躲避北方战火的栖息场所。自古以来，河西走廊就是富足之地、兵家必争之地。这里地势平坦、机耕条件好、光热充足、水资源丰富，是著名的戈壁绿洲，有着发展农业的广阔前景，是甘肃主要的商品粮基地。

祁连山地在河西走廊以南，东西长900～1000公里，南北宽250～300公里，总面积2060×10^4公顷。祁连山地由一系列平行山脉和谷地组成，一般海拔在4000～5000米，主峰海拔5808米。受高原寒冷气候的影响，祁连山在海拔4200米以上的高山地带，长达1000多公里，大部分海拔在3500米以上，形成的冰川达2859条，总面积1972.5平方公里。冰雪融化成为石羊河、黑河、疏勒河三大水系，是56条内陆河流的源头，年径流量72.6亿立方米，是河西人民赖以生存的命脉，是这里经济文化繁荣的基本保证。区内有高等植物1044种，水源涵养林主要是云杉、祁连圆柏以及零星的山杨和桦木，灌木主要有金露梅、箭叶锦鸡儿、吉拉柳等。祁连山森林的存在，使得冰川融水及降雨被储存下来，缓慢地补给江河，起到调节径流、削减山洪、保证年径流量相对稳定的作用。对水源林的重要作用，古人早有清楚的认识，把它概括为“雪山千仞，松杉万本，保持水土，涵源吐流”。

河西走廊以北地带，东西长1000多千米，海拔1000～3600米，也被称为北山山地，这里靠近腾格里沙漠和巴丹吉林沙漠，全年气候干燥少雨，风高沙大，山岩裸露，荒漠连片，具有“大漠孤烟直，长河落日圆”的塞外风光。

二、甘肃省传统文化概说

甘肃是中华民族灿烂文化的重要发祥地，境内有各种远古文化类型遗存的发现，有黄河流域文化、羲皇故里文化、周人文化、秦人文化、丝绸之路文化等。

黄河流域文化：黄河流域是中华文明的起源地之一，甘肃为黄河流域文化的发源地之一。甘肃的祖先，在黄河流域这块广袤的土地上经过数代劳动、生息、繁衍，创造了灿烂的古代文明，同时也给子孙后代留存下了丰富的遗迹、遗物。在甘肃境内发现的旧石器时代遗址、新石器时代遗址遍布全省各地，达数千处之多，构成了完整的发展序列，其内容极为丰富，文化内涵齐全，延续时间久。

羲皇故里文化：甘肃是羲皇故里的发源地，又为轩辕黄帝陵冢之地。自古代史传说中记载，三皇之首、中华民族敬仰的人文初祖伏羲的发祥地在现在甘肃天水一带。相传，伏羲织网罟、创书契、画八卦、制嫁娶、立九部、设六佐、作历度、定节气、尝百药、造琴瑟、钻木取火，对现代人类文化的贡献至伟至巨。目前，天水市仍保留着全国最大的伏羲庙——太昊宫（明代重修）。太昊宫的宏伟古建筑群内塑伏羲大坐像，供人瞻仰。同时，天水市每年都会举办伏羲大典仪式。在天水市区西北处有伏羲卦台，俗称卦台山，相传此地为伏羲画卦处。台上建有伏羲庙，庙中存宋代所镌通额篆题伏羲庙记碑首。其他与伏羲、女娲相关的遗迹遗物，如风台、风谷、风茔、女娲祠、“羲皇故里”石碑，以及麦积山石窟中的伏羲女娲交尾雕塑、卦爻衣着人物塑像和壁画等，应有尽有。

甘肃也是周人、秦人发源和崛起之地。周始祖曾孙公刘，在今庆阳一带“修后稷之业，务耕种，行地宜”。现如今的庆阳仍然保留着周祖遗陵、不窋故城、周旧帮木坊、公刘殿等遗迹。经考证，秦人祖居甘肃东部，今礼县遗存有规模宏大出土物极丰的秦先祖陵墓群。周人、秦人当时以秦陇为根源地，后来不断发展，最终定鼎中原。秦人建立我国历史上第一个多民族大一统时代，并建立了封建专制主义中央集权国家，周、秦先祖遗迹及其农耕文化底蕴丰厚，周人在当时陇东的泾河和中部的渭河流域创造了我国的早期农耕文化。周秦的典章制度，或者说周秦文化，是中华文化的重要组成部分，对后世的影响至深。

丝绸之路文化：丝绸之路贯穿甘肃全境，甘肃是闻名于世的丝绸之路发源地，丝绸之路是古代商路所经的黄金路段和枢纽地带。丝绸之路是沟通古旧大陆三大洲的最重要通道，几千年来，丝绸之路为整个人类世界的物质文明和精神文明做出过重要贡献，它搭起了古代文化贸易交流的桥梁，也推动了古代世界历史的进程。东西方文明由这条路交融汇聚，西传东渐。陇原大地也通过这条路得以荟萃的各种文明成果来滋养自己，促进自身经济文化的发展和繁荣，其中包括佛教文化。佛教文化自两汉之际经河西、陇右传入我国内地，十六国时众多的西域佛僧来到河西，译经授徒，当时凉州、敦煌等地也成了我国佛经翻译的中心。甘肃著名的莫高窟，就是在此基础上形成的，值得一提的是，汉唐时期的丝绸之路，由于繁荣使得武威、酒泉、张掖、敦煌等地发展成了国际性的都会。史称武威“为河西都会，襟带西蕃、葱右诸国，商旅往来，无有停绝”；敦煌为“华戎所交一都会也”，西域各道“总凑敦煌，是其咽喉之地”；张掖“三秦锁钥河山壮，万国车书驿路通”。

第二节 甘肃省人健康趋势与体质状况分析

体育现状主要指标为人体体质状况，它是体育开展情况集中在人体的重要表现，国民体质状况不仅影响到个体的身体健康、生活质量，而且关系到一个国家、一个地区人口的整体素质和经济发展，是衡量国家和地区综合实力、社会化程度的重要指标。健康管理是指个人或人群的健康危险因素进行全面监测、分析、评估以及预测和预防的全过程。其宗旨是调动个人以及集体的积极性，有效地利用有限的资源来达到最大的健康改善效果。作为一种服务，其具体做法是根据个人的健康状况进行评价，并为个人提供有针对性的健康指导，使他们采取行动来改善健康。通过多年的数据分析与体质研究和健康管理的有效结合，借助体质健康的监测平台，把体质研究的起点提前到从预防疾病开始，从而扩大体质研究的内涵。国家体育总局在2000年、2005年、2010年、2014年分别开展四次对全国国民体质监测工作，其中就有较为翔实的甘肃数据。

追溯监测手段，早在19世纪末，一些发达国家就以学生体质测试率先开始了研究，经过一个世纪的发展，各国的体质研究均呈现出各自的特点和相同的发展趋势，从体质的概念、体质评价的内容、体质测试指标的变更等到学校体育的改革以及全民健身计划的实施等，都各有其特点。美国和日本早在20世纪50年代便制定了“体力诊断标准”和“国民体力标准”，每年将检测的数据按地域、人群、行业、年龄分类，以供国民从形态、机能和素质等方面进行评定，并提供相应的锻炼方法，鼓励国民参加健身运动，增强体质。

我国对国民体质的研究从新中国成立前的测试探索阶段、1949—1978年体质研究的酝酿阶段以及1979—2000年的规范化阶段，共经历了三个时期。第一阶段由于受到各种社会因素的制约，测试样本和指标都无法反映中国青少年儿童的身体特点，因此，仅代表我国早期对体质研究的探讨。第二阶段尽管进行了有规模的体质测试，达15次之多，共测试了40多万学生，并且学校也以“增强学生体质，促进学生身心健康”为根本任务，但此时并未对体质进行明确的界定，它所包含的内容也很模糊，并受当时社会、经济及政治等因素的影响，或缺乏统一组织、统一方法与要求，或测试指标太少，或年龄段不齐，等等。因此，材料难以进行比较，也无法得到代表中国人身体发育特点的综合资料。第三阶段始于党的十一届三中全会后，当时我国经济社会状况发生很大变化，相关部门和研究机构加强了对国民体质的研究，在1979年对全国16省（市）大规模体质测试的基础上，于1985年、1991年和1995年由我国原国家体委、教育部和卫生部等部门联合组织，对我国7～22岁的学生进行了形态、素质、机能和健康等20多项指标的大规模国民体质调研，每年还要进行小规模的抽样测试，从1979年以后，每5年就会开展大规模测试，1997年还对我国成年人进行了第一次大规模的国民体质调研，2000年又进行了有史以来年龄段最齐全（3～69岁）的国民体质调研，并在测试中增加了问卷调查，从而加快了我国国民体质研究的发展，在研究论文的数量、质量、方法等方面都取得可喜的成果，并推动了我国学校体育和“全民健身计划纲要”的实施。

目前，甘肃省体育科学研究所配合国家体育总局等十部委下发的国民体质监测方案，已完成2000年、2005年、2010年和2014年甘肃段的体质监测工作，积累了相当丰富的数据，用以研究近15年来我省成年人体质现状以及在健康管理方面存在的问题，从而制定相应的措施进行健康干预，直至达到健康管理的目的。

随着社会的不断发展，人民生活水平得到不断提高，物质生活变得越来越丰富，与此同时，新的社会变革也给人们带来了新的问题。以前由于物质的匮乏，很多疾病并没有显现出来，但现如今，许多疾病开始出现，其中有很大一部分是由于人们平时不良的生活习惯所造成的，这就迫使人们开始越来越关注自己的身体，健康管理也应运而生。健康管理是指个人通过科学的监控手段和一些有效的资源，对身体现阶段的各项指标进行全面的分析与评估，最终达到有效提高健康水平的目的，并且及时做出预防疾病的一系列管理方案。其具体的实施是通过医疗器械对身体做一系列生理生化检查，通过这些生理生化指标，预判受测者基本的身体健康现状，再有针对性地提出健康指导，最终改善受测者的健康水平。利用这种通过监测来干预受测者日常行为及生活习惯的科学管理方法，就可以使得被测者和整个社会患病概率大幅度下降。这种新型的健康管理服务可以做到早期发现、早期诊断、早期预防、早期治疗、早期康复，有效地提高了患者的治愈率，同时减少了因为疾病而带来的各种疼痛与折磨，从社会意义上来讲，它降低了社会不必要的医疗开支，使得社会可以健康有序地发展。

随着物质生活的极大丰富，亚健康正困扰着越来越多人的生活。亚健康是一种介于健康和疾病之间的状态，一般指机体无明确的疾病，但仍感觉到身体和心理上有种种不适。据中华人民共和国卫生部于2004年10月发布的“中国居民营养与健康现状”报告，中国居民慢性非传染性疾病的患病率上升迅速，不健康的行为生活方式是最主要的原因。高血压患病率有较大幅度升高，18岁及以上居民高血压患病率为18.8%，全国患病人数约为1.6亿多。糖尿病患病率增加，18岁及以上居民糖尿病患病率为2.6%，大城市中20岁以上糖尿病患病率由4.6%上升到6.4%，中小城市由3.4%上升到3.9%。血脂异常患病率提高，成人血脂异常患病率为18.6%。如何预防疾病，摆脱亚健康的困扰，全面提高个体和群体的身体素质，成为现阶段人们十分关心的问题。据统计，自2002年以来，用于医疗保健的消费支出增加，尤其是住院的医疗费用明显增加。

现代医学的发展不再仅仅是追求疾病的根治，而是转向预防和控制疾病的发生，我国古代就有“治未病”的理论，如《黄帝内经》很早就指出：“是故圣人不治已病治未病，不治已乱治未乱，此之谓也。夫病已成而后药之，乱已成而后治之，譬犹渴而穿井，斗而铸锥，不亦晚乎。”元代医学家朱震亨在《丹溪心法》里也提及：“与其救疗于有疾之后，不若摄养于无疾之先。盖疾成而后药者，徒劳而已。是故已病而后治，所以为医家之法；未病而先治，所以明摄生之理。夫如是则思患而预防之者，何患之有哉？此圣人不治已病治未病之意也。”有研究表明，人们通过有效地改善生活方式，80%的心脏病与糖尿病、70%的中风以及50%的癌症是可以避免的，个人的不健康风险因素是可以控制并降低的。因此，通过体质测试发现身体机能和体能开始下降的时候，采用有效的健康管理和科学的运动锻炼，做到“防患于未然”，就可以有效降低和预防疾病的发生，抵御亚健康带给人们的困扰，增强身体素质。

一、甘肃省人罹患疾病的趋势及其预防措施

（一）心肌梗死

心肌梗死是一种严重的疾病，简称心梗，属于冠心病的一种。这种疾病的致病机制表现为冠状动脉的血流中断，导致心肌缺血性坏死。患者主要表

现为剧烈且较持久的胸口疼痛、发热，体内白细胞数量急剧增加。

1.心肌梗死的致病原因

（1）一般在经历较大手术后，人的身体会产生疼痛，痛觉神经会刺激肌体，从而导致全身血压降低，这时心脏由于血压不足导致缺血，可诱发急性心肌梗死。

（2）当机体从事超负荷体力活动时，心肌的需氧量开始增加，从而引起严重的心肌缺血，导致心肌梗死。

（3）人的情绪波动会导致血压升高，可能导致心肌梗死。

（4）失血性休克期间，血压低和冠状动脉灌注不足，有可能诱发心肌梗死。

（5）暴饮暴食会导致机体血液黏稠度和血液中的血小板、脂肪酸突然增加，这样会导致血栓的出现，从而可能导致冠状动脉狭窄处堵塞，引起心肌梗死。

2.预防心肌梗死的方法

（1）在刚吃完饭或过分饥饿时，尽量不要洗澡，因为此时洗澡会引发血压升高；平时洗澡时，水温应尽量接近体表体温。

（2）在日常生活中，尽量减少负重携带物品。

（3）日常生活中要时常保持心情愉悦、放松。

（4）养成良好的健身习惯，健身频率和运动负荷要适度。

（5）当天气气温降低时要注意保暖。

（二）中风

因脑血管阻塞或破裂引起的脑血液循环障碍和脑组织机能或结构损害的疾病，都可以被称为中风。中风大致可以分为两大类，即缺血性中风和出血性中风。中风属于危险性极高的急性脑血管疾病。

1.中风的致病原因

（1）高血压和动脉粥样硬化、心脏病、颅内血管发育异常所致的动脉瘤以及动静脉畸形，或者某些炎症、血液病、代谢病、外伤、中毒、脑瘤等。

（2）大多数中风患者都有心脏病史，主要表现为冠状动脉硬化所引起的各类心脏疾病。各类风湿所引起的心脏病变，会致使心房颤动，同时伴随心力衰竭，当发生此类情况时，血栓有可能发生脱落，脱落的血栓就有可能通过血液流动进入脑动脉导致栓塞，发生中风。

（3）红细胞的增多症、血小板减少或者白血病等可能会诱发中风。

（4）部分慢性病也可引发中风，如脂肪肝、糖尿病等。

（5）遗传性疾病，如颅内血管狭窄或畸形等，易引发脑内出血和蛛网膜下腔出血，最后导致中风。

（6）有些肿瘤治疗会存在中风风险。

（7）情绪不稳定，长期压抑情绪，过度紧张或者疲劳，也有可能引发中风。

（8）长期的不良习惯，比如酗酒、吸烟等，都会增加中风的风险。

2.预防中风的方法

（1）及时发现中风前兆：如果有连续打哈欠、眼睛突然发黑、视物模糊、头晕目眩、半身麻木、头痛呕吐、短暂性偏瘫、口吃流涎等现象，要提高警惕，及早预防中风。

（2）小心高血压：高血压是引发中风的主要因素，生活中预防高血压，就可以堵住中风的源头。对老年人而言，坚持服降压药非常重要，每日早中晚监测血压，并根据结果调整降压药的使用，避免引起血压过度波动。

（3）注意生活习惯：应养成不吸烟、多喝水、情绪稳定等科学合理的生活习惯。适当的锻炼、良好的睡眠、清淡饮食等都是科学的生活方式。

（4）觉察患者行为中的小细节：抬抬手，有一侧抬不起来，即使抬起来也不能坚持10秒钟就会下落；走动一下，出现身体一侧下肢功能障碍，行走有困难；说一说话，常有语言障碍；张张嘴、笑一笑，出现面部不对称，看上去就是口眼歪斜的表现。

（三）癌症

一般而言，“癌症”是指所有恶性肿瘤。癌症具有异常的细胞分化和增殖、不受控制地生长、侵袭和转移的生物学特征。它与吸烟、病毒感染、职业接触、环境污染、饮食不合理和遗传因素密切相关。

1.癌症的致病原因

（1）心理状况

正常机体的免疫系统会抑制细胞的增殖，人体出现心理疾病，情绪会产生波动，长此以往，不良的情绪会对免疫功能产生损害，同时也会导致激素分泌异常，从而出现细胞增生，而免疫系统的低下会对细胞增生起不到一定的抑制作用。所以，心理状况有问题是导致罹患癌症的重要因素之一。

（2）不良的饮食和生活习惯

随着经济的不断发展，居民生活水平逐步提高，高脂肪、高热量的食品层出不穷，人体摄取过多脂肪和热量，会严重影响身体各项机能，比如长期摄入高脂肪食物会增加大肠癌的风险。烟和酒都是导致癌症的高风险物，香烟中含有大量的致癌成分，会诱发各种癌症。饮酒过量有可能导致咽癌、口腔癌、直肠癌、肝癌等。长期熬夜会使人体自我修复功能出现紊乱，导致细胞增生异常，免疫系统无法对其及时修复。

（3）环境污染

由于工业进步，人们的生活环境受到很大的影响，主要表现为空气污染、水土污染等，人们被迫吸入的汽车尾气，新装修完的房屋、新购置的家具释放的有害物质等等，都会大大增加人们罹患癌症的风险。

（4）化学物质

有研究标明，一些生活中存在的化学物质有致癌风险。比如，在腌制食物中，含有大量的二乙基亚硝胺、二甲基亚硝胺以及甲基苄基亚硝胺。另外，腌制食物中还存在少量的发霉物质，这些发霉物质中含有大量的霉菌毒。这些化学物质都是致癌物，属于致癌高标物。

2.预防癌症的方法

养成良好的生活习惯，主要表现在控制饮酒、杜绝吸烟等方面。坚持锻炼，锻炼不仅可以加速新陈代谢，还可以有效提高免疫力，同时优化各项身体机能。定期体检，其中包括前列腺、肺、子宫、乳腺、肝这些容易罹患癌症的部位。外出时做好防晒，防止紫外线对皮肤的伤害。

（四）骨质疏松

骨质疏松是常见的退化性疾病，主要表现为人体骨骼中钙物质的流失与不足。通常情况下，人体骨骼中的钙物质比例是有一定要求的，它的比例正常是骨骼保持基本生理机能的重要因素，每个骨骼单位体积中的钙物质减少，会导致骨骼出现疏松，骨骼疏松会导致骨折等风险。

1.骨质疏松的致病原因

（1）摄入营养不足

人体在日常的运转中需要大量的营养物质，其中就包含钙物质，人体对钙物质的摄入不足会直接导致骨质疏松，这就说明钙物质的摄入量少是骨质疏松的根本原因。

（2）缺乏运动

人体通过运动可以加速新陈代谢，良好的新陈代谢会加速人体对钙物质的吸收，运动也可以保持骨细胞的活性，提高骨骼对外力的承受力。人们在日常运动时可以充分接触阳光，机体由此可以加速维生素D的合成，充足的维生素D可以促进机体对钙的吸收。如果人体运动量不足，则有可能会导致骨质疏松的发生。

（3）内分泌失衡

雄激素、糖皮质激素、甲状旁腺激素等激素对于骨吸收、钙分泌都有重要作用。经研究发现，雄激素分泌减少，甲状旁腺激素分泌增加，导致钙素分泌出现不足；甲状腺功能异常，导致甲状腺分泌亢进或甲状腺分泌减少，使骨骼对钙物质的吸收出现不足；雌激素分泌的减少，会大大降低骨密度和加速骨量的流失；糖皮质激素可抑制成骨细胞的活性。

（4）年龄和性别因素的影响

人体的骨量和骨密度与年龄和性别密不可分。人体在20岁之前，一般都属于骨质积累阶段，从出生到20岁，骨骼会吸收大量的营养，骨质密度逐步提升。在30～40岁，骨骼密度达到了峰值，这个年龄段的新陈代谢较强，机体对钙物质的吸收能力较强。从36岁之后，随着年龄的逐渐增长，身体机能会出现逐步下降状态，骨质也开始逐步流失。有研究显示，骨质以每年0.3%～0.4%逐渐递减。人体到了中老年，这种情况会尤为明显。

2.预防骨质疏松的方法

（1）均衡营养、加强钙物质和维生素D摄入

均衡营养、加强钙物质和维生素D摄入是防止骨质疏松的关键，因为骨的主要营养物质来源于此，平时的饮食中应增加钙物质的食物，比如牛奶、鸡蛋、动物肝脏、豆制品、坚果、虾等食物的摄入。不论在哪个年龄段，都要尽量保证每天摄入500毫升牛奶和1个鸡蛋，在日常饮食中还要适当增加一些蔬菜、水果，因为蔬菜、水果中含有维生素D，蔬菜主要有大葱、洋葱、芹菜、紫菜等，水果主要有猕猴桃、草莓、柑橘等。

（2）养成良好的行为和饮食习惯

我们平时在生活中要养成良好的习惯，比如坚持健身，并且可以多进行一些室外活动以增加日照量，还要做到限酒戒烟，平时在饮食中尽量以清淡为主，做到低油少脂，同时减少各种碳酸类饮料的摄入。女性绝经前后是骨

质流失的高峰时期，男性骨质流失的时期相对较晚，一般在60岁左右。骨质流失过快，就会引发骨质疏松。人到了一定年纪，身体出现骨头疼痛、驼背、身高下降等现象，均属于缺钙的表现。在饮食中可以多摄入豆制品、奶制品、蔬菜、水果等，可以有效增加钙、蛋白质等营养素的摄入量。

（五）骨关节炎

骨关节炎也被称为退化性关节炎，这一疾病主要以中老年人居多，主要为肥厚性关节炎、中老年退化性关节炎等。骨关节炎的症状主要表现为关节的肿胀和关节的僵硬，这一系列并发症都会严重影响人们的正常生活。如果对骨关节炎患者治疗不及时，会引起骨关节周围组织的病变以及周围肌肉的萎缩。

1.骨关节炎的致病原因

（1）年龄增长

钙物质和关节中胶原蛋白会随着年龄的增长而不断流失，这是骨关节炎的主要致病因素。胶原蛋白是关节软骨的重要组成部分，软骨在人体中不是再生组织，研究表明，胶原蛋白在关节软骨中的一般含量可达到55%～60%，但是随着年龄的增长，身体机能和身体摄入营养的能力出现下降趋势，胶原蛋白逐渐流失，关节软骨的磨损也逐渐加重，所以退化性关节炎主要是由此原因造成。

（2）运动劳损

现在的人越来越重视健身，但是由于大部分人对健身知识的缺乏，可能会走入健身的误区，主要表现为运动过度。单一关节进行重复性运动会导致严重的关节劳损，比如有的中老年人热衷于登山运动，并且每周登山的频率较高，这就可能会对关节造成较大的劳损。当人在爬山、登阶梯时，关节会承受平时体重三四倍的重量，同时在攀登时由于关节比平时曲度较大，也增加了骨与骨的接触面积。中老年人骨关节本来就比较脆弱，如果超负荷、高强度运动，就会增加关节的负担。

（3）肥胖

肥胖是造成骨关节炎的重要诱因之一，研究表明，肥胖会导致体重增加，但是膝关节承重是有限的，长期肥胖增加膝关节的压力增加，长此以往，肥胖的人比正常体重的人患骨关节病的概率要高至三四倍。

2.预防骨关节炎的方法

（1）避免关节受损伤

在日常运动时，应多采取各关节参与较多的运动，尽量避免单关节重复运动，应该尽量减少负重型运动，最好选择较为松软的场地，跑步时应该尽量选择塑胶类跑道。每次健身前，要做好热身运动，身体被充分调动起来，这也降低了肌肉的黏滞性。

（2）减脂减重

在日常生活中，应尽量避免摄取导致肥胖的食物，严格控制体重，通过饮食和运动对体重进行干预。研究表明，成年男女应该每周保持三至四次的中强度运动，运动多以有氧运动为主，这样才能起到消耗脂肪的作用，减脂减重可以有效减少膝关节压力。

（3）多晒太阳

在日常生活中，要多注意接触柔和的阳光，一般来讲，早晨的阳光最适宜。每天接受适量强度的日照，并且保持20～30分钟，因为充足的阳光照射可以促进人体对维生素D的合成，当人体有充足的维生素D后，对钙物质的吸收就会更充分，当人体骨骼中有充足的钙物质时，身体可以延缓骨关节的衰老，也会降低骨关节炎的发生。

（4）正确治疗关节损伤

对于已经造成的关节损伤，应该及时进行治疗，大多数骨关节炎是由于劳损造成的，骨关节炎多发于膝关节处，而膝关节的劳损常常是由半月板的损伤所造成的，及时早期的治疗对于半月板的恢复有着至关重要的作用。

（5）养成合理的饮食习惯

经研究发现，人们吃的许多食物都含有高抗氧化剂，比如维生素C，它可以有效抑制骨关节炎的恶化与发展。平时应多吃含钙量较高的食物，比如牛奶、各类豆制品等。

（6）避免寒冷、潮湿等因素的侵袭

潮湿、寒冷等因素对骨关节炎影响较大，某些患者的骨关节炎的直接致病因素就来源于此，所以，骨关节炎患者需要特别注意在平时生活中做到御寒保暖，防止受凉、受潮，湿鞋、湿袜子要及时更换，应时刻保持衣物干燥。每逢季节转凉或者下雨天阴，一定要注意保暖，居住地的选择应当尽量避免阴冷潮湿的地方。春、秋、冬季睡觉时要避免开窗直接对着人，秋、冬季睡觉时要避免四肢在被子以外，夏季不要贪凉，不可空调直接对着人吹。很多骨关节炎患者都是可以恢复健康的，但由于受到寒冷、潮湿等因素的侵袭，本来已经得到控制的病情有可能复发。

（六）高血压

高血压已经严重影响到了人们生活，患高血压的人一般容易出现头晕、头痛、焦躁、心悸、失眠、注意力不集中、记忆衰退、肢体麻痹、出血（出血比较少见）等。

1.高血压的致病原因

（1）肥胖

肥胖是高血压的主要致病因素之一，因为肥胖会使人体血脂偏高，血脂的升高会导致血液变得黏稠，血液黏稠在一定程度上会导致血流阻力变大，血流阻力变大就会使人体血压增高。

（2）饮食

不良的饮食习惯是导致高血压的另一诱因。有些食物中含有大量的调味品、添加剂，为的是增加食物的味道与口感，高盐食物会导致血压的升高。另外，钙和钾等物质的摄入不足同样会引发血压的升高。

（3）年龄

年龄和血压的高低有着密切的关系，随着年龄的不断增加，人体的血管弹性逐渐降低，这就会影响舒张压。研究发现，随着年龄的增长，血压偏高的风险会增加27%～45%。

（4）精神压力

精神压力对血压也有一定影响。当人的精神压力大或者情绪紧张时，交感神经会发生作用，人在这时会表现为心跳加速，由此引发血压升高。

（5）职业压力

职业压力是引起高血压的重要因素之一，尤其是从事需要注意力长期高度集中工作的人群，精神过度紧张、体力活动又少的人，高血压的发病率比其他人群要高，比如高空作业人员、机械操作员、运动员等，这些职业由于工作压力较大，且抑制和兴奋过于频繁，从而引发血压升高。

（6）饮酒

饮酒是导致血压升高的因素之一。饮酒会导致人体血管扩张，使得交感神经变得兴奋，当交感神经兴奋时会引发心跳加速，从而导致血压升高。

（7）遗传因素

有研究表明，高血压有一定的遗传性，父母双方如果患高血压，他们所生的子女比父母没有高血压的子女患病的风险要高，但是父母有高血压所生的孩子只要后天注意饮食，养成良好的生活习惯，患高血压的风险会大大降低。

2.预防高血压的方法

（1）改变日常膳食结构

平时膳食中要做到低油低盐，大多数人在日常膳食中摄入的盐分、油脂过多，这种饮食方式存在着患有高血压的风险。以甘肃省人口为例，调查发现甘肃人每天平均摄入10～20克食盐，而这一标准远远超过国际营养组织所提出的每人每天摄盐量要低于5克的标准。在提倡摄入低盐的饮食方案时还要注意，不能一次性就改变长期食用高盐食品的生活习惯，要逐步降低摄入盐的量。专家提倡：如果一个人已经保持高盐量数年，就应该在3～5年逐渐降低摄盐量。

在保持低盐的同时，还要适当提高钾的摄入量。以甘肃省人口为例，由于饮食习惯的原因，甘肃人在日常饮食中以主食偏多，对于蔬菜和水果的摄入较少，这就导致低钾的情况频发。中国营养学会所提倡的每人每月应该足够摄入12千克的新鲜蔬菜，换算到每天就是足够摄入不低于400克的新鲜蔬菜，这样才能保证足够的钾的摄入。在补充蔬菜的同时，还应保证新鲜的水果摄入，中国营养学会同样建议，人应该每天摄入200～400克的新鲜水果。

为了预防高血压，人们在日常饮食中还因该摄入足量的钙，因为钙在一定程度上可以有效降低血压。中国营养学会提出，人每天钙的摄入要不少于600毫克，小孩和老人还应更多，而钙物质大量存在于动物性食品中，所以人应在日常生活中加强对钙的摄入。

另外，人在日常饮食中还应该减少脂肪的摄入，现在的人普遍缺乏运动，这就导致体脂、血脂较高，而高血脂又恰恰是引起高血压的诱因之一，所以，预防高血压还要在日常膳食中做到低脂肪的摄取。在日常饮食中应该减少高糖高脂食物，比如蛋糕、薯条、巧克力等。

（2）限制饮酒量

饮酒也是造成高血压的一大致病因素，因为当人体摄入一定量的酒精后，交感神经会变得兴奋，这时人体会出现心跳加快，心脏射血量增加，从而引起血压的升高。为了预防高血压的风险，应该严格限制酒精的摄入，非必要情况最好不饮酒。专家也提出了限酒的标准，在有饮酒习惯的人群中，最好每天将饮酒量控制在100毫升以下，患有高血压的病人应该禁止饮酒。

（3）提倡戒烟

香烟对于血压影响也很大，因为香烟中含有大量的尼古丁，而尼古丁通过肺部进入血液，几秒钟后进入脑部，脑部受到尼古丁的刺激会动员交感神经兴奋，当交感神经兴奋时，心跳开始加速，呼吸也同时加速，这时血压开始升高。

（七）高脂血症

高脂血症是指血液中胆固醇和甘油三酯超过正常人体的标准。人体高血脂有几种参考指标：第一种指标是血液中的总胆固醇量超过6.2mmol/L；第二种指标是甘油三酯超过2.3mmol/L；第三种指标为低密度脂蛋白超过4.1mmol/L。

1.高脂血症的致病原因

（1）饮食

饮食不健康，经常吃脂肪含量过高或过于油腻的食物，比如肥肉和油炸食品等。长期食用此类食物，会让血浆中的脂质变多，形成高脂血症。

（2）不良生活习惯

不良的生活方式和不规律的生活习惯都是引起高脂血症的常见原因，比如不运动、久坐、久卧等，都不利于清除血浆中的脂质。

（3）吸烟酗酒

长期吸烟和酗酒会导致精神状况焦虑不安，引起免疫和分泌机制崩溃。

（4）年龄

随着年龄的增长，身体各个器官的免疫机制都会有所下降，从而引起肝脏对血浆内的脂质清除率降低，使高脂血更容易发生。

（5）遗传

此类慢性疾病有一定的遗传概率，如果家庭中有患此类疾病的人，一定要注意及早预防。

2.预防高脂血症的方法

（1）调整饮食

尽量选择清淡、低脂肪、高营养的食物，多吃新鲜的水果和蔬菜，避免含脂肪量高的肉类和油炸食物。

（2）运动

利用空闲时间进行锻炼，增强机体免疫力，加快新陈代谢，并控制体重。加强锻炼在一定程度上可以预防高脂血症。

（3）体检

每年按时体检，能够及早发现高脂血症这类不容易察觉的疾病。高脂血是一种慢性血液疾病，它常常有其他严重的并发症，但是在高脂血疾病较轻时，一般不容易被发现，只有进行血液检查时才能查出。所以，平时在改善生活习惯的同时，也要注重体检。

（八）高血糖

高血糖是指血糖长期持续超出正常水平。它的判断标准主要为血糖值。长期的高血糖会使全身各个组织器官发生病变，导致急慢性并发症的发生，如胰腺功能衰竭、失水、电解质紊乱、营养缺乏、抵抗力下降、肾功能受损、神经病变、眼底病变等。高血糖的表现有几种：第一种为莫名的极度口渴，在大量饮水之后仍然无法缓解。第二种是恶心、头痛，同时伴随腹部疼痛与呕吐。第三种是出现多尿便，身体的脱水。第四种是出现心跳加速，呼吸变得缓慢而深长。第五种是身体消瘦，体重在短时间快速下降，同时身体出现无力，精神出现萎靡不振。

1.高血糖的致病原因

（1）偶尔的高血糖

偶尔出现高血糖属于正常现象，它的致病原因可能是在某一时间段集中摄入高糖类食物，致使血液中葡萄糖高出正常范围。只要后期注意饮食，这种情况一般在一段时间之后会消失，血液中的葡萄糖都会恢复到正常水平。

（2）不良的生活习惯和环境

有的人由于长期存在不良的生活习惯或者长期身处不良的环境，会导致高血糖。有的人在日常饮食中喜欢高糖类食物，这种饮食习惯极易导致高血糖的发生。有的人长期身处不良环境当中，不良环境导致空气中的负氧离子含量较低，也可能导致高血糖。还有的人长期缺乏运动，这会导致体内糖长期无法代谢，导致高血糖的发生。

（3）其他疾病引起的高血糖

有些疾病可引起高血糖，比如肝炎是一种肝部病变，它会导致机体合成糖原的功能减退，从而导致肝糖原的储备低下，人体在餐后易发高血糖；甲状腺亢奋也可能导致高血糖的发生，甲状腺亢奋可引起肠壁血液流动加速，这会导致摄入的食物在肠道吸收增加；肢端肥大也可引起高血糖，因为肢端肥大会引起生长激素的过剩分泌，这会导致糖代谢的严重失衡；肿瘤也可引发高血糖的发生。

（4）遗传

研究发现，高血糖有一定的遗传性，也就是说，如果父母一方有高血糖，子女就有患高血糖的风险。

2.预防高血糖的方法

（1）改善作息时间

养成良好的作息习惯，在日常作息中要保证早睡早起。

（2）饮食习惯

养成良好的饮食习惯，在日常饮食中要保证低糖类食物的摄入，并且要注意定时测量血糖，如果已患高血糖，患者应该按照医生的建议进食，及时服用降低血糖的药物，不可乱用药，也不可随意停药。

（3）生活习惯

养成良好的生活习惯，在日常生活中要养成良好的健身习惯，多注意保暖，不要进入不良环境场所。

二、甘肃省人体质状况

（一）甘肃省人体质调研数据

体质监测数据能反映人体最基本的体质状况。通过体质监测，可以更全面、更直观地了解自身的体质状况、健康水平和疾病倾向，以及影响自身体质的有利和不利因素，并通过专家给出的科学合理的运动处方和营养处方来保持和提高自身的体质水平。该项调研是吕永忠老师多年来的国民体质研究成果，主要反映了甘肃省人的体质现状，相关数据可以系统了解我省各民族民众体质状况、健康水平和疾病倾向以及影响自身体质的有利和不利因素，这些内容与发展我省特有民族传统体育息息相关。

表2-1 2000年甘肃省人体质现状

身高(cm)												
性别	年龄	n	mean	SD	P3	P10	P15	P25	P35	P50	P65	P75
男	20～24	161.5	165.1	168.9	170.7	171.5	173.6	176.1	176.8	177.6	181.1	183.7
	25～29	160.1	163.8	167.9	169.9	168.7	173.1	175.4	176.2	177	180.7	182.6
	30～34	159	163.9	167.2	169.2	170.1	172.5	175	175.8	176.6	180.3	182.6
	35～39	161.6	164.2	168.1	170.2	170.9	172.7	174.6	175.3	176.5	179.6	182.2
	40～44	159.9	164.7	168.1	170	170.8	172.5	174.5	175.3	176.1	179.2	180.9
	45～49	160.2	165.2	168.6	170.5	171.1	172.8	175.1	175.8	176.4	179.5	180.5
	50～54	160.6	162.7	166.1	168.1	169.3	171.5	173.3	174	174.7	178	180.8
	55～59	159	161.7	164.6	166.4	167.1	169.9	172.6	173.4	174.2	177.3	178.9
女	20～24	150.3	152.8	156.5	158.6	159.5	161.5	163.4	163.9	164.9	168.5	170.4
	25～29	149.4	152.7	155.8	157.6	158.7	160.5	162.4	163.1	163.8	167.4	169.8
	30～34	150	153.3	156.5	158.3	158.9	160.9	162.8	163.7	164.5	167.2	169.1
	35～39	148.9	152.6	156.2	158	158.8	160.8	162.7	163.4	164.2	168.1	170.5
	40～44	149.6	153.1	157	159.1	159.9	161.9	163.9	164.7	165.6	168.8	171.1
	45～49	149.3	151.7	153.3	157	157.8	159.7	162	162.7	163.4	166.7	168.5
	50～54	148	151.9	155.2	157.2	158.1	160.5	162.7	163.4	164.2	167.4	169
	55～59	147.9	151.3	154	155.8	156.6	159	161	161.7	162.3	165.4	166.5
体重(kg)												
性别	年龄	n	mean	SD	P3	P10	P15	P25	P35	P50	P65	P75
男	20～24	53.7	57	61	63.1	63.9	66.4	69.1	70.3	72.2	77.6	85.3
	25～29	52.4	56.3	60.4	62.4	63.5	66.6	69.9	71.2	72.5	79.1	86.4
	30～34	54.6	58.4	63	65.4	66.7	70.1	73.7	75.2	76.7	81.8	89.3
	35～39	56.1	59.8	64.9	66.9	68.5	71.9	74.4	75.5	76.9	84.3	90.8
	40～44	54.9	59	63.9	66.1	67.3	71.5	75.6	77.1	78.6	84.7	93.2
	45～49	56.1	61.8	66	68.1	69.2	72.9	76.7	78	79.2	84.7	91.2
	50～54	56.4	60.1	65	67.2	68.6	72.1	74	75.5	77	84.8	92.3
	55～59	56.2	61.1	66	68.2	69.2	72.1	74.6	76	77.3	83.2	89.8

续表 2-1

性别	年龄	n	mean	SD	P3	P10	P15	P25	P35	P50	P65	P75
女	20～24	44.1	46.9	50.4	52.2	53	55.3	57.2	57.9	58.7	62.4	65.7
	25～29	44.5	47.8	51.4	53.3	54.1	56.4	59.2	60.5	61.8	66.9	73.7
	30～34	45.6	49.3	52.2	54.1	54.9	57.1	59.9	60.9	62	67.4	71.8
	35～39	45.1	49.7	53.7	55.1	56.8	59.6	63.3	64.6	65.7	70.3	76.7
	40～44	46.7	51.3	56.1	58.1	59.1	62.2	65.4	66.7	68.3	73.9	82.3
	45～49	48.5	52	56.3	58.3	59.3	62.4	65.7	66.8	67.8	73.1	78.3
	50～54	47.7	52.5	58.3	60.3	61.3	64.2	67.4	68.6	69.8	76.3	81.2
	55～59	48.2	52.7	57.3	59.2	60	62.8	66.3	67.6	69	74	80.5
胸围(cm)												
性别	年龄	n	mean	SD	P3	P10	P15	P25	P35	P50	P65	P75
男	20～24	76.8	79.6	83.2	85	85.8	87.8	89.3	90	90.8	94.6	98.3
	25～29	77.7	80.4	83.5	85.3	85.8	87.9	90.1	91	91.7	95.8	99.1
	30～34	79	82.7	86.2	87.9	88.6	91	93.4	94.1	94.8	98.9	104.4
	35～39	80.9	84.1	87.2	89	89.8	92	94.2	95.2	96.1	100	103.2
	40～44	82	84.3	87.4	89.3	90.1	92.8	95.3	96	96.9	101.6	106.8
	45～49	81.7	85.2	88.5	90.4	91.3	93.4	96	96.7	97.3	101.2	106.3
	50～54	82.9	85.6	88.3	90	90.6	92.3	94.8	95.8	96.9	102.3	107.3
	55～59	82.2	85.4	88.3	90.2	91	93	95.7	96.7	97.7	101.7	105.4
女	20～24	74.2	76.6	79.9	82	82.6	84.7	86.2	86.6	87.8	90.7	92.8
	25～29	75.6	77.7	81.6	83.3	84	86.4	88.3	89	89.8	94	100.2
	30～34	74.3	77.2	80.8	82.4	83.2	85.4	87.5	88.2	89.2	93.3	97.4
	35～39	76.2	79.3	82.3	84.1	84.8	87.2	89.6	90.5	92.5	96.5	102.6
	40～44	77.4	80.4	84.5	86.6	87.6	90.3	93.2	94	95.2	100.8	104.8
	45～49	77.4	80.2	85	86.9	87.8	90.4	93.4	94.1	95.2	99.5	103.9

续表2-1

性别	年龄	n	mean	SD	P3	P10	P15	P25	P35	P50	P65	P75
	50～54	76.5	81.9	86.1	88.2	89.2	92	95.2	97	98.6	103.7	108.8
	55～59	77.5	83.9	87.2	88.3	89.4	92	95.1	96.3	97.4	101.9	105.4
腰围(cm)												
性别	年龄	n	mean	SD	P3	P10	P15	P25	P35	P50	P65	P75
男	20～24	64.8	68.1	71.5	73.3	74.3	77.4	80.5	81.6	82.7	88.3	93.5
	25～29	66.7	70.3	72.5	74.5	76.2	79.2	82	83.3	84.2	89.5	95.1
	30～34	68.2	72.3	76	78.7	80.1	83.2	86.7	88	89.1	94.8	100.1
	35～39	70.9	74	78.3	80.7	81.8	85.6	88.3	89.2	90.3	95.5	100.2
	40～44	69.9	73.8	78.5	81	82.3	85.7	89.3	90.8	92.1	97.7	104.5
	45～49	71.1	74.6	80.7	83.5	84.8	88	91.2	92.4	93.7	99.8	103.9
	50～54	73.2	77	80.7	82.7	83.7	86.5	89.2	90.3	92	98.8	105.8
	55～59	73.6	78	82.2	83.9	84.6	88.1	91.6	92.6	94.2	100.8	104.5
女	20～24	60.7	63.1	67	68.8	69.6	71.4	74.5	75.7	76.7	79.6	83.9
	25～29	61.7	64.5	67.3	69.1	69.9	72.5	74.3	75.7	77.3	81.7	88.5
	30～34	62.5	65.5	68.3	70	71.1	73.1	75.4	76.5	77.6	82.3	86.9
	35～39	63.3	67.1	70.3	72.3	73	75	77.3	78.4	80.4	86.5	92.6
	40～44	64.7	69	73.7	75.5	76.4	79.3	82.6	83.5	84.3	90.7	97.2
	45～49	65	68.6	74.2	76.9	78.4	80.9	83.5	84.7	86	91.4	96.6
	50～54	67.3	73.3	77.2	79.1	80.1	83.6	86.8	88.1	89.9	94.7	100.3
	55～59	69.7	75.4	79.6	81.9	82.7	85.4	89.5	90.6	91.8	97.4	102.9
臀围(cm)												
性别	年龄	n	mean	SD	P3	P10	P15	P25	P35	P50	P65	P75
男	20～24	81.7	84.9	87.4	89.4	90.8	92.7	94.2	95	95.9	99.5	103.6
	25～29	83.4	86.7	88.8	90.4	91.2	93.7	96	96.7	97.5	101.9	106
	30～34	85.5	88.2	91.7	93.4	94.1	96.6	98.6	99.1	99.8	103.8	107.4
	35～39	85.1	87.6	91.8	93.5	94.2	96.4	98.5	99.4	100.6	103.8	108.2
	40～44	84.7	87.6	91.3	93.2	94.1	96.3	98.6	100.2	101.6	105.3	109.2

续表2-1

性别	年龄	n	mean	SD	P3	P10	P15	P25	P35	P50	P65	P75
	45～49	86.1	89.5	92.4	94.4	95.4	98.4	100.1	101.1	102.6	106.1	110
	50～54	87.1	90	92.3	94.6	95.2	96.7	98.7	99.8	100.6	105.2	110.1
	55～59	83.2	88.6	92.9	94.5	95.2	97.8	100.1	101.1	102.2	105.9	110.3
女	20～24	80	82.7	86	87.9	88.4	90.5	91.7	92.3	93.3	96	99.1
	25～29	81.9	83.8	87.5	89.4	90.3	91.9	93	93.5	94.3	97.8	105
	30～34	81.5	84.5	87	89.1	89.9	91.5	93.1	94.2	95	98.5	102.2
	35～39	83.1	86.5	88.9	90.7	91.4	92.7	95.6	96.4	97.3	102.2	106.1
	40～44	82.4	87	90.2	92	92.8	95.5	98.4	99.1	99.8	103.6	108.6
	45～49	84.3	86.8	90.8	92.7	93.8	96.5	98.3	99.3	100.3	104.3	107.9
	50～54	83	86.6	92	94	95	97.5	99.9	100.8	101.9	106.2	112.2
	55～59	83	89.7	93.3	95	95.9	98.7	101.4	102.4	103.5	107.7	111.8
上臂皮褶厚度(mm)												
性别	年龄	n	mean	SD	P3	P10	P15	P25	P35	P50	P65	P75
男	20～24	5.2	5.8	7.2	8.9	9.5	11	12.9	14.2	15.3	20.4	24
	25～29	5.1	5.9	7.6	9.3	10.3	11.7	13.6	14.2	14.9	18.4	23.1
	30～34	4.9	6	8.3	9.8	10.3	12.4	14.6	16.4	17.4	20.5	24.8
	35～39	5.3	6.7	9	10.7	11.3	13.2	15.6	16.3	17.1	20.5	25.9
	40～44	5.2	6.4	8.4	10	10.6	12.1	13.8	14.6	15.3	18.4	23.1
	45～49	5.4	7.3	9.2	10.9	11.4	12.9	14.2	14.8	15.8	20	24.7
	50～54	6	7.6	10.7	12.1	12.6	14.1	16.3	17.5	18.7	21.6	26.1
	55～59	5.9	7.7	10.4	12	12.7	15	17.7	18.6	19.7	23.3	27.1
女	20～24	6.3	9	11.4	12.9	13.4	15.7	17.7	18.4	19.2	23	28.2
	25～29	7.1	9.4	12.1	13.7	14.3	16.9	19	20	21.3	26.8	30.9
	30～34	7.5	10.2	13.1	14.7	15.3	17.6	20.2	21.2	22.2	26.8	30.3
	35～39	8.8	11.5	13.5	15.6	16.8	18.6	21.4	22.6	23.5	27.6	32.5
	40～44	7.7	10.5	13.4	15.2	15.9	18.2	21	21.8	23.1	27.9	32.7
	45～49	9.1	12.4	15.9	17.9	18.5	20.6	23.6	24.4	25.7	31	36.6

续表2-1

性别	年龄	n	mean	SD	P3	P10	P15	P25	P35	P50	P65	P75
	50～54	8.5	11.4	15	17.4	18.5	21.2	23.7	24.6	25.8	30.4	36.7
	55～59	11.5	15	18	19.8	20.8	23.5	25.8	26.6	27.6	33	40.2
肩胛皮褶厚度(mm)												
性别	年龄	n	mean	SD	P3	P10	P15	P25	P35	P50	P65	P75
男	20～24	8.1	9.2	10.9	12.4	12.9	14.4	17.1	18	19	23.2	29.2
	25～29	10.2	11.4	13.4	15	15.6	17.7	20.4	21.4	22.4	28.1	35.4
	30～34	10.4	11.9	14.5	16.3	17.1	19.7	22.6	24.2	25.9	30.8	36.9
	35～39	9.7	11.7	14.4	16.2	17.2	20.3	23.6	25.3	26.9	31.1	38.4
	40～44	9	10.8	13.1	14.9	15.8	19	22.3	23.1	24.3	29.6	36.1
	45～49	9.6	11.7	13.9	15.9	16.8	20	23.4	24.3	25.4	30.7	38.5
	50～54	10.3	12.4	14.2	16.1	17.2	21.2	24.1	25.3	26.7	32	38.4
	55～59	9.2	11.7	14.3	16.5	18.4	21.4	23.9	25	27.1	36.3	44.5
女	20～24	10.9	12.4	14.3	15.8	16.2	18	20	20.7	22.1	27.7	35.5
	25～29	11.2	13.1	16.2	18.5	19.2	21.4	24.6	25.5	26.4	33.5	41.3
	30～34	11.3	13.5	16.2	18.1	18.8	21.9	24.9	26.1	27.3	32.6	40.2
	35～39	12.1	15.5	18.5	20.3	21.3	24.4	27.8	29.4	30.9	35.5	41.6
	40～44	11.4	14	18.3	20.4	21.2	24	27.3	28.8	30.7	37.5	44.3
	45～49	14.2	16.9	21	23	23.9	27	30.2	31.2	32.9	42.8	50.7
	50～54	12.3	14.6	19.1	21.2	22.4	25.6	29.9	31.1	32.8	40.7	47.6
	55～59	13.6	17.3	20.6	22.4	23.3	26.5	30.6	32.1	33.5	41.8	51.4
腹部皮褶厚度(mm)												
性别	年龄	n	mean	SD	P3	P10	P15	P25	P35	P50	P65	P75
男	20～24	8.5	10.8	13.8	15.6	16.3	19	21.4	22.8	24.8	29.9	37.9
	25～29	10.2	12	15.2	17.5	18.6	21.9	25.3	26.8	28.9	34.9	42
	30～34	11	13.8	18.2	20.3	21.3	24.6	29.4	30.7	32.2	38	44.7
	35～39	11.5	15.6	19.8	22.1	23	25.9	30.2	32.4	34.6	41.9	48.3
	40～44	10.1	13.9	18.2	20.4	21.5	25	30.3	31.9	33.3	40.8	48.5

续表2-1

性别	年龄	n	mean	SD	P3	P10	P15	P25	P35	P50	P65	P75
	45～49	13.2	15.6	19.9	22	23.8	28.2	33.2	34.5	35.8	41.2	47.1
	50～54	12.5	17.7	22.2	24.5	25.7	29.3	33.8	35.9	38.2	44.6	52
	55～59	10.5	16.3	21.3	23.9	25.6	28.3	32	33.3	34.5	43.3	50.6
女	20～24	12.7	15.4	18.8	20.6	21.4	23.7	25.9	26.9	28.1	34	41.7
	25～29	10.1	14.8	18.5	20.5	21.5	24.9	28.5	30.1	31.7	38.5	44
	30～34	13.8	16.4	20.5	22.6	23.6	27	30.2	31.9	33.4	38.4	46.8
	35～39	13.2	18.1	23.2	25.5	26.6	29.6	33.1	34.5	35.6	43	51.5
	40～44	14.6	19.2	24.3	26.8	28.3	32.2	35.5	37	38.5	45.4	52.4
	45～49	17.4	22.2	27	29.3	30.6	34.2	38.1	39.5	41.3	50.7	60.8
	50～54	16.5	20.9	28.3	30.7	32	35.4	39.8	41.3	42.7	48.9	61.2
	55～59	16.4	23.2	30	32.7	34.3	36.8	41.2	43.3	45.5	59.6	65.5
安静心律(次/分钟)												
性别	年龄	n	mean	SD	P3	P10	P15	P25	P35	P50	P65	P75
男	20～24	65.2	69.9	75.1	77.1	78.1	80.6	83	84.1	85.2	92.3	98.7
	25～29	64	68.3	73.1	75.1	76.1	80.8	82.9	83.5	84.1	90.3	95.6
	30～34	65.5	69.4	74.6	76.5	77.5	80.8	83.5	84.4	85.2	92.4	97.2
	35～39	64.6	68.7	73.1	75.5	76.2	78.3	82	82.7	83.5	89.9	99.8
	40～44	66	70.3	75	76.9	77.5	79.1	81.3	82.2	83.3	89.5	94.2
	45～49	63.5	70.7	74.4	76.5	77.6	80	81.7	82.5	83.6	89.2	97.2
	50～54	65.8	70.2	72.7	74.5	75.8	79.2	81.6	82.5	83.4	90.5	96.2
	55～59	63	68.6	72.6	74.8	76.7	79.9	82.3	83.1	83.9	91.5	98.4
女	20～24	64	68.9	72.2	74	74.9	79.1	82.2	82.7	83.3	90.1	96.3
	25～29	67.2	70.1	75.7	77.5	78.3	82.4	84.3	84.9	88.3	96	102.3
	30～34	66.3	69.2	74.4	76.5	77.5	79.6	83.6	84.7	85.8	91.4	101.2
	35～39	63.4	68.7	73.2	75.3	76.4	80.8	82.8	84.1	85.3	91.6	100.1
	40～44	63.4	68.8	73	74.9	75.7	79.6	81.9	82.7	84	88.6	96.6
	45～49	64	68.6	72.7	74.8	75.8	79.1	81.6	82.3	83	89.2	95.5

续表2-1

性别	年龄	n	mean	SD	P3	P10	P15	P25	P35	P50	P65	P75
	50～54	65.4	70.4	72.4	74.1	75.1	78.4	80.8	81.4	82.2	88.8	94.7
	55～59	65.4	68.2	71.4	75.3	76	78.3	81.6	82.6	83.5	87.8	99.4
收缩压(mmHg)												
性别	年龄	n	mean	SD	P3	P10	P15	P25	P35	P50	P65	P75
男	20～24	99.1	105.6	113.4	115.4	116.4	121.3	126.1	127	127.9	135.8	144.9
	25～29	92.4	101.8	110	113.1	113.9	117.8	124.3	125.2	126	134.5	144.5
	30～34	96.2	101	106.9	111.2	111.9	113.9	121.9	122.7	123.5	133	142.3
	35～39	95.8	102.8	112.6	115.1	115.9	118.4	124.5	125.4	126.3	137.4	144.2
	40～44	102.1	104.5	114.8	116.8	117.8	124.2	126.8	131.7	143.7	143.9	153.2
	45～49	97.6	102.5	112.6	115	116.5	123.4	127	131.9	133.4	143.4	155.9
	50～54	98.7	106.4	115.2	117.6	119.2	126.3	133.2	134.3	135.5	144.6	154.9
	55～59	95.7	111.1	118.3	122.8	125.3	129.4	136.7	138.5	140.2	153	168.7
女	20～24	92.7	94.5	102.6	104.3	105	108.8	113.6	114.3	120.9	123.4	125.2
	25～29	90.9	94.8	103.6	105.5	106.4	109.2	116	117.4	118.7	128.3	133.5
	30～34	90.5	92.6	101.7	103.4	104.1	110.1	114.1	114.9	115.6	125.6	136.5
	35～39	93.3	97.3	104.3	106.3	107.2	113.3	116.3	117.3	122.8	134.2	146.2
	40～44	92.5	101	105.6	111.8	112.7	115.2	122	123.6	125.1	135.5	150.4
	45～49	94.5	100.8	108.6	114.6	116.2	119.7	128.9	130.7	132.7	145.2	167.1
	50～54	94.1	105.2	113.6	115.6	116.7	123.6	127.8	131.6	133.4	147.7	163.1
	55～59	95.9	107.3	117.5	120.6	122.5	127	136.9	138.9	144.6	156.3	180.4
舒张压(mmHg)												
性别	年龄	n	mean	SD	P3	P10	P15	P25	P35	P50	P65	P75
男	20～24	60.9	63	72.2	73.9	74.6	80.8	83.5	83.9	84.4	89.4	95.2
	25～29	62	64.5	72.3	74	74.7	78.4	83.2	83.9	84.5	91	94.9
	30～34	63.4	66.6	73.5	75.2	76	81.1	84	84.5	85.1	93	95.1
	35～39	61.3	66.7	73.1	75.1	78.7	81.7	83.1	83.6	84.1	94.2	97.9
	40～44	62.9	72.3	75.4	78.4	80.8	84.9	86.8	87.4	88.8	94.2	104.7
	45～49	62.2	70.5	74.2	76.8	79.4	83.4	85.5	86.2	88.9	95.9	106.4

续表2-1

性别	年龄	n	mean	SD	P3	P10	P15	P25	P35	P50	P65	P75
	50～54	67	73.6	77.6	79.9	82.5	85	86.6	87.8	89.7	95.8	104.5
	55～59	65.5	71.5	75.7	79.6	81.1	84.2	86.1	86.8	89.4	97.6	104.7
女	20～24	56.6	60.9	62.5	67.3	68.9	72.6	74	76.4	78.3	84	87.7
	25～29	58.2	62.9	66.4	70.1	71.5	72.7	73.9	77.3	79	84.1	90
	30～34	58	61.7	66.9	69.6	72.3	74.5	77.7	79.9	81.5	83.8	93.5
	35～39	58.6	64	69.3	73.3	73.9	75.7	80.6	82.8	83.7	90.9	102
	40～44	61.9	63.7	73.1	74.6	75.2	78	82.8	83.5	84.2	94.1	99
	45～49	62	65.7	73.4	75.2	76.1	83.5	86.2	86.9	87.6	94.3	105
	50～54	63.9	71.9	75.7	78.4	80.7	83.9	85.4	86.9	90	94.7	103.5
	55～59	64.1	70.3	75	79.6	81	83.3	85.2	87.5	91.6	96.1	106.2
肺活量(mL)												
性别	年龄	n	mean	SD	P3	P10	P15	P25	P35	P50	P65	P75
男	20～24	2883	3295	3697	3773	3848	4076	4277	4363	4453	4905	5355
	25～29	2756	3247	3658	3752	3836	4077	4324	4403	4518	5017	5433
	30～34	2553	3034	3498	3570	3642	3887	4123	4226	4341	4771	5238
	35～39	2724	3143	3460	3541	3621	3864	4080	4150	4257	4739	5370
	40～44	2484	2871	3247	3357	3429	3653	3925	4031	4146	4494	4968
	45～49	2431	2852	3172	3263	3354	3596	3836	3933	4029	4478	4994
	50～54	2151	2527	2949	3031	3105	3286	3501	3577	3653	4060	4413
	55～59	1893	2447	2756	2839	2920	3156	3362	3438	3517	3874	4245
女	20～24	1925	2228	2524	2606	2682	2893	3103	3172	3240	3483	3712
	25～29	1743	2173	2425	2482	2538	2705	2888	2943	3002	3279	3585
	30～34	1371	2062	2427	2500	2565	2760	2929	2980	3051	3330	3684
	35～39	1703	2057	2343	2410	2476	2668	2841	2911	2981	3325	3642
	40～44	1469	2024	2302	2377	2455	2623	2779	2834	2909	3271	3602
	45～49	1303	1793	2111	2175	2231	2416	2639	2699	2766	3069	3356

续表2-1

性别	年龄	n	mean	SD	P3	P10	P15	P25	P35	P50	P65	P75
	50～54	1389	1849	2191	2250	2309	2505	2664	2748	2870	3171	3479
	55～59	1197	1571	1932	2025	2084	2264	2448	2506	2565	2875	3154
台阶指数												
性别	年龄	n	mean	SD	P3	P10	P15	P25	P35	P50	P65	P75
男	20～24	45.5	48.5	52.7	54.4	55.2	57.7	61	62.3	63.8	70.2	75.1
	25～29	46.4	50.4	54.3	56.2	57	60.2	64	65.4	67.1	74.3	84.1
	30～34	45.3	49.9	54.3	56.5	57.7	61.4	65.2	66.7	68.1	75.5	82
	35～39	46.5	49.8	53.4	55.4	56.4	59.3	62.2	63.4	64.6	70.6	82.9
	40～44	47.1	51.3	55.6	57.7	58.9	62.4	66.2	67.5	69.2	75	84.4
	45～49	46.3	50.9	55.1	57.3	58.3	61.3	64.5	66.2	68.4	75	86.2
	50～54	38	50.3	55.4	57.3	58.2	61	65.3	66.8	68.7	75.7	86.3
	55～59	37.3	48.8	55.8	58.2	59.4	62.3	66.4	68	69.5	75.9	83.7
女	20～24	46.9	50.6	54.4	56.5	57.3	60	63.3	64.3	65.9	72.4	81.1
	25～29	46.9	50.7	55	57	58	61.3	65.3	67	68.7	74.3	84.4
	30～34	46.3	52.7	57.6	59.8	60.9	64.3	67.2	68.2	69.5	75	81.8
	35～39	48	52.4	56.6	58.6	59.6	62.7	66.2	67.6	69.2	77.8	85.7
	40～44	43.7	51.5	56.3	58.3	59.2	62.4	66.4	68	69.9	78.4	86.5
	45～49	36.8	49.5	56.2	58.3	59.5	63.1	67	68.5	70.3	76.9	87.8
	50～54	31.3	41.1	55	57.3	58.6	62	65.6	66.9	68.5	76	83.7
	55～59	27.6	35.1	49	53.7	55.8	60.2	65.6	67.6	69.5	76.6	84.4
坐位体前屈(cm)												
性别	年龄	n	mean	SD	P3	P10	P15	P25	P35	P50	P65	P75
男	20～24	-0.2	5.5	9.8	11.8	12.8	15.6	18.1	19.1	20.1	23.5	26
	25～29	-2	2.9	8.4	10.5	11.6	14.6	17.1	17.9	19	22.7	25.1
	30～34	-4.1	2.1	5.5	7.5	8.6	11.6	14.2	15.1	15.9	20.3	25.5
	35～39	-7.7	-2.3	5.1	7.1	8.1	11.1	13.8	14.8	15.8	20	24.4

续表2-1

性别	年龄	n	mean	SD	P3	P10	P15	P25	P35	P50	P65	P75
	40～44	-6	-0.4	4.5	6.4	7.3	10.2	12.4	13.9	15	19	23
	45～49	-6.3	-2.1	3.4	5.4	6.4	9.5	12.5	13.7	15	19.8	23
	50～54	-8.3	-2.4	1.8	3.8	4.8	6.9	9.9	10.7	11.6	15.8	21
	55～59	-10.8	-4.8	0.9	3.5	4.3	6.8	9.5	10.4	11.5	17.3	20.6
女	20～24	-0.1	4.9	9.3	11.2	12	14.1	16.4	17.4	18.4	22.7	25.5
	25～29	1.5	4.6	8.3	10.2	11	13.8	15.7	16.5	17.4	21.7	24.7
	30～34	1.2	4	8.4	10.4	11.1	13.5	15.8	16.5	17.3	21.1	24.2
	35～39	-4.1	1.2	6.2	8.5	9.5	12.1	14.6	15.5	16.4	19.6	23.8
	40～44	-4.9	0.9	5.5	7.8	9.1	12	14.6	15.8	16.8	20.7	23.8
	45～49	-5.9	-0.4	4.6	6.5	7.6	10.6	13.3	14.2	15.2	18.7	22.2
	50～54	-6.1	-0.1	5.4	7.6	8.6	11.2	13.7	14.6	15.6	19.2	22.6
	55～59	-4.7	2.9	6.7	8.6	9.3	11.5	13.7	14.7	15.7	20.4	24.2
握力(kg)												
性别	年龄	n	mean	SD	P3	P10	P15	P25	P35	P50	P65	P75
男	20～24	37.9	41.2	44.2	46.2	47.2	49.8	52.1	53	53.9	58.1	63.3
	25～29	37.7	42	45.6	47.5	48.3	50.3	52.6	53.6	54.6	59.2	63.7
	30～34	33.8	40	44.5	46.5	47.5	50.2	53.5	54.9	56.4	61.3	68.7
	35～39	36.4	41	45.2	47.3	48.5	51.4	54.1	54.9	55.9	61.8	66.9
	40～44	34.4	40.7	45.3	47.1	48	50.5	53.4	54.5	56.2	62	67.1
	45～49	35.9	40.3	44.1	46.2	47.2	49.9	52.9	54.1	55.4	60.2	74.2
	50～54	33.3	38.5	40.9	42.5	43.1	45.1	48.1	49.2	50.3	54.6	59.4
	55～59	31.9	35.6	39.8	41.7	42.4	44.6	47.2	48.4	49.7	53.9	59
女	20～24	20.5	23	26.3	28	28.7	30.7	32.6	33.3	34	37.3	40.3
	25～29	19.2	22.4	25.9	27.6	28.3	30.5	32.3	33.1	33.9	36.9	40.8
	30～34	21.8	24.7	27.4	29.3	30	32	34	34.7	35.5	38.3	42.2
	35～39	20.8	24.3	27.2	28.9	29.5	31.5	33.6	34.4	35.3	38.6	42.7
	40～44	21.4	24.4	27.3	29	29.7	31.8	33.7	34.5	35.3	39.1	43
	45～49	19.2	22.6	26.1	27.8	28.5	30.3	32.3	33	33.8	37	40

续表2-1

性别	年龄	n	mean	SD	P3	P10	P15	P25	P35	P50	P65	P75
	50～54	18.8	22.7	25.6	27.3	28.1	30.6	32.7	33.5	34.2	38.2	42.3
	55～59	17.3	20.9	23.6	25.5	26.2	28.5	30.7	31.2	31.8	34.1	37.4
背力(kg)												
性别	年龄	n	mea	SD	P3	P10	P15	P25	P35	P50	P65	P75
男	20～24	109.6	118	128.1	131.7	134.3	142.2	149.8	153	156.3	174.3	196
	25～29	107.4	119.3	131.4	136.8	140	148.4	155.9	158.7	161.7	175.7	193.4
	30～34	97.6	117	129.6	133.9	137.1	146.7	157.4	161.7	165.7	181.9	202.4
	35～39	110.6	123	131.4	135.7	139.6	149.4	158.2	161.2	164.5	180.5	201.1
女	20～24	20.5	23	26.3	28	28.7	30.7	32.6	33.3	34	37.3	40.3
	25～29	44.4	55.4	66.9	70.2	72.5	80.6	87.3	90	92.8	104.6	116.1
	30～34	21.8	24.7	27.4	29.3	30	32	34	34.7	35.5	38.3	42.2
	35～39	46.9	61.1	70.8	74.6	77.4	86	91.2	93.5	96.9	106.5	122.1
纵跳(cm)												
性别	年龄	n	mean	SD	P3	P10	P15	P25	P35	P50	P65	P75
男	20～24	23	26.8	31.4	33.1	33.8	36.1	38.4	39.2	40	43.7	48
	25～29	21.1	25	29	31.1	32	34.6	37.1	38	39.1	43.4	47.1
	30～34	19.8	23.7	27.3	29.3	30.3	32.8	35	35.7	36.6	40.6	44.6
	35～39	19.1	23.1	26.2	28.6	29.5	31.9	34.7	35.3	36.2	39.2	43.8
女	20～24	15.7	18.1	20.6	22.2	22.7	24.5	26.3	26.9	27.7	30.6	34.2
	25～29	13.5	15.2	17.8	19.3	19.8	21.6	23.3	23.8	24.5	27.4	29.8
	30～34	12.6	15.1	17.6	19.2	19.7	21.5	23.5	24.1	24.8	27.9	31.3
	35～39	12	13.4	15.7	17.4	18.1	19.6	21.6	22.3	22.9	25.8	28.5
俯卧撑、仰卧起坐(次、次/分钟)												
性别	年龄	n	mean	SD	P3	P10	P15	P25	P35	P50	P65	P75
男	20～24	7.2	12.3	17.6	20	21.1	23.4	27.2	28.4	29.5	35.2	44.7
	25～29	8.4	12.4	16.5	19.4	20.5	23.1	25.4	27.6	29.3	36.6	45.6
	30～34	5.1	8.3	12.1	13.8	14.9	17.3	20.2	22.5	23.3	28.1	33.2
	35～39	6.3	9.3	13.5	15.1	15.7	17.9	21.4	23.1	24	27.2	35.4

续表 2-1

性别	年龄	n	mean	SD	P3	P10	P15	P25	P35	P50	P65	P75
女	20～24	2.6	3.5	6.9	9.7	11	14.2	20.4	22.1	23.5	33.2	37.2
	25～29	3.3	4.1	5.7	7.6	9	13.6	19	21	22.7	30	36.7
	30～34	2.2	2.6	3.6	4.9	6.1	12	17.5	19.3	21.6	27.2	32.9
	35～39	2.4	2.7	3.6	4.8	5.1	7.6	11.6	12.8	13.8	23.2	28.1
闭眼单脚立												
性别	年龄	n	mean	SD	P3	P10	P15	P25	P35	P50	P65	P75
男	20～24	14.2	17.1	23.4	25.6	29	36.5	56.8	65	71.5	103.7	142.6
	25～29	15.5	17.5	21.9	24.4	25.9	32.7	42.1	46.8	52.1	91.4	168.7
	30～34	15.3	17.1	21.1	22.4	24.8	29.9	36.4	38.9	43.6	69.4	135.5
	35～39	10.3	12.4	17.1	19.6	21.3	26.6	33.9	37.1	42	72.2	132.4
	40～44	11.3	12.6	15.4	17.3	18.2	22	26.8	29.3	32.3	50	77.8
	45～49	11.4	12.8	15.7	16.6	18.6	22	26.5	28	29.5	45.2	75.7
	50～54	5.5	6.5	8.6	9.3	11.2	13.7	17	18.1	19.9	29.1	49.6
	55～59	7.7	8.7	10.9	11.6	13.3	15.9	18.9	19.9	21.3	35.3	53.8
女	20～24	18.1	21.3	28.2	30.6	34.9	44.9	59.2	66.4	75	134.3	168.1
	25～29	17.9	20.2	25.2	27.9	29.5	36.1	43.9	47.9	55.1	94.2	169.6
	30～34	14.4	16.4	20.6	22	24.4	30.6	38.1	41.8	45.6	83	136.6
	35～39	11.7	13	15.7	17.7	18.6	21.5	26.9	28.7	30.7	48	111.8
	40～44	10	11.3	14	15.9	16.8	19.4	24.7	26.6	28.5	43.7	74.9
	45～49	10.9	12.1	14.6	15.4	17.3	19.8	24.1	26	27.9	38.3	63.6
	50～54	8.1	8.9	10.9	11.5	13.2	15.5	18.5	19.5	21.3	34.2	57.8
	55～59	8	8.8	10.4	10.9	12.5	14.1	17.1	18.2	19.3	27	43.9

表2-2 2005年甘肃省人体质现状

身高(cm)															
性别	年龄	n	mean	SD	P3	P10	P15	P25	P35	P50	P65	P75	P85	P90	P97
男	20～24	630	170.8	5.8	160.5	164.4	165.6	168	170	172	174	175.6	177.3	179	182.3
	25～29	631	170.8	6	160.7	164.3	165.7	167.8	169.5	171.6	174	175.6	178	179.4	182.8
	30～34	629	170.7	5.5	161	164.8	166	168.4	170	171.5	173.5	175	177.1	178.6	182.5
	35～39	628	170.2	5.6	161.1	164.3	165.4	167.4	168.8	171	173	175	177.2	178.5	181.9
	40～44	637	170.1	5.8	160	163.6	165.6	167.6	169.2	171	173	174.7	176.5	178.3	181.9
	45～49	633	169.2	5.7	159.6	163	164.8	166.4	167.9	170	172	173.9	176	178	182
	50～54	622	169.5	5.9	159.1	162.7	164.4	166.7	168.5	170.8	172.8	174.4	176.4	177.9	181
	55～59	622	168.4	5.6	158.9	162.5	163.8	166	167.7	169.6	171.2	173	175	176	179.9
女	20～24	621	159.1	5.2	150.9	153.5	154.9	156.4	158	159.7	161.8	163.5	165.5	166.8	170
	25～29	624	159.1	5.3	151.1	153.2	154.3	156.4	158	159.8	162	163.9	166	167	169.9
	30～34	634	158.7	5.7	149.7	152.5	154	156	157.5	159.6	161.9	163.5	165.9	167.1	170
	35～39	618	159.5	5.6	150.6	153.5	154.9	156.7	158.3	160.3	162.5	164.3	166.3	167.7	171.4
	40～44	633	158.6	5.3	149.3	153	154	155.9	157.4	159.5	161.6	163.2	165.1	166.4	169.1
	45～49	626	158.2	5.1	149.4	152.7	154	156	157.2	159	161	1618	164.5	166	168.5
	50～54	618	157.1	5.5	147.6	151.4	152.8	154.3	155.7	158	160.1	162	164	165.6	168
	55～59	617	157	5.5	147.8	151	1514	154.4	156	158	160.1	161.5	163.6	165	168.3
体重(kg)															
性别	年龄	n	mean	SD	P3	P10	P15	P25	P35	P50	P65	P75	P85	P90	P97
男	20～24	630	62	9.2	49.3	514	53.4	56.3	58.9	61.7	65.6	68.9	72.2	75.7	81.8
	25～29	631	66.1	9.9	51.2	55	57.1	59.9	62.2	66.7	70	73	77.6	80	87.8
	30～34	629	67.9	10	51.3	56.1	58.5	62	64.3	68.7	72.5	75.8	79.5	81.7	87.5
	35～39	628	69.3	10.1	52	57	59.4	63.4	66.3	69.8	73.7	77.2	80.3	82.9	89.8
	40～44	637	69.4	10.2	53	57.7	59.9	63.3	66.1	69.6	73.6	76.3	8.93	83.4	91.9
	45～49	633	69.3	9.9	51.8	56.8	59	62.5	65.1	69	72.6	75.5	80	82	88.8
	50～54	622	70	10.3	52.7	58	60	64.1	66.5	71	74.8	78.4	82.1	84.1	89.5
	55～59	622	68.5	9.6	51.6	57.3	59.5	62.6	65.6	69.7	73.2	75.7	79.3	81.5	87.5

续表2-2

性别	年龄	n	mean	SD	P3	P10	P15	P25	P35	P50	P65	P75	P85	P90	P97
女	20～24	621	51.7	6.1	42.5	45.3	46.5	48.2	49.8	52	54.6	56.8	59.2	61	64.2
	25～29	624	53.2	6.9	42.8	46	47.7	49.7	51.3	53.4	56.1	58	61	63.2	68.7
	30～34	634	54.3	7	43.7	47.2	48.6	50.2	52.2	54.6	57.5	59.4	62.1	64.6	70
	35～39	618	618	7.3	45.3	48.5	50	52.2	54.1	57.3	60	62.4	65.2	67	72.1
	40～44	633	58	7.3	46.6	50.3	51.5	53.7	56	58.4	61	63.3	66.1	68.7	74.5
	45～49	626	58.6	7.4	46.6	50.7	51.9	54.6	56.7	59.4	62	64.2	61.6	69.4	74.6
	50～54	618	59	8.4	45.6	49.6	51.7	54.3	56.4	59.3	63	65.5	68.8	70.6	76.7
	55～59	617	59.2	8.2	45.4	50	52	54.5	56.55	60	63.1	65.2	68.7	71	76.5
BMI指数															
性别	年龄	n	mean	SD	P3	P10	P15	P25	P35	P50	P65	P75	P85	P90	P97
男	20～24	630	21.2	2.9	17.7	18.9	19.3	20.1	20.8	21.7	23.1	24.2	25.2	26.1	28.3
	25～29	631	22.6	3.1	18.6	20	20.6	21.4	22.2	23.3	24.7	25.5	26.7	27.5	30
	30～34	629	23.3	3.2	19	20.2	20.8	21.8	22.9	24.4	25.6	26.6	27.5	28.3	30
	35～39	628	23.9	3	19.5	21	21.5	22.8	23.7	24.9	26	26.9	27.8	28.5	30.6
	40～44	637	23.9	3	18.9	20.1	20.7	21.9	22.7	23.7	25	25.9	26.9	27.7	29.9
	45～49	633	24.2	2.9	20.1	21.4	22.2	23.2	24	25.1	26.1	27.1	28.4	29.1	30.9
	50～54	622	24.1	2.9	19.5	21.3	22	23	24.2	25.2	26.2	26.9	28	28.7	30.1
	55～59	622	24.1	2.9	18.5	20.3	21	22	23.2	24.2	25.2	25.9	27	27.7	29.1
女	20～24	621	20.4	2.2	17.7	18.9	19.3	19.9	20.4	21.2	22	22.8	23.7	24.3	25.6
	25～29	624	21	2.4	18.2	19.2	19.6	20.3	20.9	21.7	22.7	23.6	24.5	25.2	27
	30～34	634	21.5	2.5	18.5	19.6	20.1	20.8	21.4	22.2	23.1	24	25.1	26.1	28.1
	35～39	618	22.2	2.7	19	20	20.4	21.3	22.1	23	24	24.9	26	26.6	29
	40～44	633	23.1	2.7	19.41	10.9	21.5	22.2	22.9	23.9	24.9	25.6	26.6	27.3	29.7
	45～49	626	23.4	2.7	19.8	3.01	21.7	22.6	24.3	24.3	25.3	26	27	28.02	10

续表2-2

性别	年龄	n	mean	SD	P3	P10	P15	P25	P35	P50	P65	P75	P85	P90	P97
	50～54	618	23.9	3.1	19.7	21.2	21.7	22.6	23.4	24.6	26	27.1	28.3	29	30.9
	55～59	617	24	3.1	19.7	21.3	21.9	23	23.7	24.9	26	26.9	28.3	29.3	31.3
胸围(cm)															
性别	年龄	n	mean	SD	P3	P10	P15	P25	P35	P50	P65	P75	P85	P90	P97
男	20～24	630	83.9	6.8	74	77	78	80	82	84.5	87.1	89.2	91	10.2	98.8
	25～29	631	87.2	6.6	77	80.6	82	84	85	87.4	90	92	95	97	102
	30～34	629	88.5	6.5	78	81	82.9	84.9	87	89.5	92	94	96.8	98	101.4
	35～39	628	90	6.5	80	83	84.4	86	88.5	91	93.5	95	97.7	99	103
	40～44	637	90.6	6.6	80.1	83	85	87	89	91	94	96	98.5	100	104.9
	45～49	633	91.3	7.1	80.2	83.4	85	87.4	89.6	92	95	97.2	99.6	101	106
	50～54	622	91.4	7	78.8	83	85	87.9	90	92.5	95	97	99.4	101.5	106
	55～59	622	91.4	6.9	8	9.7	83.1	85	88	89.7	93	95.2	97	99.2	100.9
女	20～24	621	81.5	5.2	73	76.5	77.8	79	80	1	82	84	86	88	89.4
	25～29	624	82.7	5.4	75	77.5	78.8	80	81	83	85	87	89	91	95.3
	30～34	634	83.7	5.5	75	78	79.5	81	82	84	86.2	88	90.5	91.5	96
	35～39	618	85.3	6	76.3	79.6	81	82	83	86	89	91	92.1	94	97.4
	40～44	633	86.9	6.1	77	81	82	83.8	85.1	87.2	90	91.7	94	95.9	99.6
	45～49	626	87.9	6.4	77	81	82.7	84	86.1	88.7	91	93	95.3	97	101.5
	50～54	618	88.8	7.2	77	81	82.5	84.5	86.5	89.8	92.7	95	97	99	103.4
	55～59	617	89.4	7.5	76	81	82.1	85	87	90.3	93.5	95.3	98	99.6	104
腰围(cm)															
性别	年龄	n	mean	SD	P3	P10	P15	P25	P35	P50	P65	P75	P85	P90	P97
男	20～24	630	75.2	8.8	63	66	68	70	72	75	79	81	85	87.4	98
	25～29	631	79.5	9.1	65	69	71	73.5	77	80	83.5	86	90	93	99
	30～34	629	81.5	9.1	67	71	72.5	75.6	79	82	86	89	92	94	99.1
	35～39	628	83.2	9	68	71.9	74	77.5	81	85	88.1	91	93	95	101
	40～44	637	84.2	9.1	69	73	75.3	79	81.3	85	88.3	91	94	96	103

续表2-2

性别	年龄	n	mean	SD	P3	P10	P15	P25	P35	P50	P65	P75	P85	P90	P97
	45～49	633	84.5	9.4	68	73	74.2	79	82	86	90	92	95	97.6	102
	50～54	622	84.9	9.3	67.3	72	75	78.4	81.3	85	89	91	94	96.4	102.1
	55～59	622	85.4	9	70.5	74	77	80	82	87	90	93	95.4	98	103.1
女	20～24	621	68.7	6.1	60.3	63	64	65.3	67	69	71	73	75.5	77.3	82.7
	25～29	624	70.5	6.9	61	63.7	65	66.5	68	71	73	75.6	78.5	80.6	85.5
	30～34	634	71.7	7	61	65	66	67	69.5	72	74.6	77	80.5	82.5	88.3
	35～39	618	73.7	7.3	63	66	67	69.4	71	74	77	79.7	82	84.6	90.7
	40～44	633	75.7	7.6	64	68	69.5	71.3	73	76	79	81.1	84	87	92.1
	45～49	626	77.1	7.4	65	69	71	73	75	78	81	82	85.7	87.4	95
	50～54	618	80.1	8.6	67	71	72	75	77	80	84	87	90	93	98.3
	55～59	617	81.2	9.6	66	71	72	75	77.6	81.3	85.5	89	92.9	94.4	101
臀围(cm)															
性别	年龄	n	mean	SD	P3	P10	P15	P25	P35	P50	P65	P75	P85	P90	P97
男	20～24	630	89	6.1	80	82	84	86	87.3	90	91.7	93.6	96.3	98	102
	25～29	631	91.7	6.2	81.9	85	86	88.2	90.8	92.3	95	96	99.4	101	105
	30～34	629	92.6	6.2	82	86	87	89	91	93.5	96	98	100	101.1	106
	35～39	628	93.8	6.2	83	87	88.3	91	92.7	95	97.1	99	101	102	106.1
	40～44	637	93.8	6.1	84	87	88	91	10.1	94.6	97.5	99	101	102	106.4
	45～49	633	93.6	7.2	80	9.5	88	90.5	92	95	98	99.5	101.5	102.9	107
	50～54	622	93.8	6.7	81	86	88	91	92.9	95.2	98	99.1	101	103	106
	55～59	622	93.6	6.5	82	86	88	90.5	92	95	97	99	101	102	106.5
女	20～24	621	87.3	4.5	80.1	82.4	84	85.1	86.5	88.5	90	91	93	93.5	97
	25～29	624	88.1	5.2	80	83	84	85.6	87	89	90.5	92	94.5	96	99.4
	30～34	634	89	4.7	81	84	85	87	88	90	91.2	93	94.6	96	100
	35～39	618	90.2	5	82	85	86	88	89	91	93	94.4	96	98	101
	40～44	633	91.3	5.1	83	86	87.5	89	90	92	94	95	97	99	102.6
	45～49	626	91.5	5.5	82.2	86	87.4	89	90.9	92	94	96	98	99.5	101.7

续表2-2

性别	年龄	n	mean	SD	P3	P10	P15	P25	P35	P50	P65	P75	P85	P90	P97
	50～54	618	92	6.7	80	85	86.4	89	91	92.5	95.3	97.5	100	101.2	106.2
	55～59	617	92.5	6.7	82	85	87	89	91	93	96	97.5	100.5	101.9	106.3
上臂皮褶厚度(mm)															
性别	年龄	n	mean	SD	P3	P10	P15	P25	P35	P50	P65	P75	P85	P90	P97
男	20～24	630	9.1	5.2	4	5	5.5	6	7	9	11	12.5	15.8	17	21.4
	25～29	631	10.2	5.9	4	5	5.2	6	8	10	12	14.1	16	19	25.1
	30～34	629	10.4	5.8	4	5.1	6	7	8	11	12.5	14	16.2	19	25
	35～39	628	10.8	5.9	4	5.5	6	7.2	9	11	13	15	17	19	25
	40～44	637	10.8	6	4	5.5	6	7.2	8.3	11	12.5	15	17.2	20.3	26
	45～49	633	10.6	5.7	4.5	5.5	6	7.5	8.5	10.5	12	14	17	19.1	24.5
	50～54	622	10.3	5.6	4	5.2	6	7.2	8.5	10.5	12	14	16	18	26
	55～59	622	11.2	6.1	4	5.2	6	7.4	9	11	13.3	16	18.5	21	25.7
女	20～24	621	14.6	5.6	7	9	10	11.5	13	14.5	17	19	21.1	23	26.7
	25～29	624	15.1	6.1	6.4	9.2	10.5	12	13	15	17	19	22	24	29.6
	30～34	634	15.9	6	7	10	11	13	14	16	19	21	23	25	30
	35～39	618	16.6	6.6	6.8	9.5	11	12.8	14.5	17	20	22	24.2	27.1	31
	40～44	633	17.6	7.2	7	10.5	11.5	13.5	15	17	21	23	26	28.4	34
	45～49	626	17.2	6.9	7	10	11	13	15	17	21	22	25.5	27	33.1
	50～54	618	18.6	8.1	6.8	10	11	13	16	19	22	25	29	31	36
	55～59	617	18.8	8.1	8	10.4	11.5	13.5	16	19	22	24.5	28.4	31	38.2
肩胛皮褶厚度(mm)															
性别	年龄	n	mean	SD	P3	P10	P15	P25	P35	P50	P65	P75	P85	P90	P97
男	20～24	630	12.4	5.8	6.4	8	8	9	10.5	11.8	14.5	16	18.5	21	27
	25～29	631	14.7	7	6.4	8.3	9	10.5	12	14	17	19.4	22	25	33.8
	30～34	629	16.2	7.3	7	9	9.6	11	13	16	19.5	21.5	25	26.4	32.1
	35～39	628	16.8	7.3	7	9.5	11	12	14.4	16.6	19.1	21	25.5	27	34
	40～44	637	17	7.2	6	8	9.8	11.5	13.5	16	20	21	25	26.2	33

续表2-2

性别	年龄	n	mean	SD	P3	P10	P15	P25	P35	P50	P65	P75	P85	P90	P97
	45～49	633	17.4	7.3	7.5	9.5	11	12.5	15	18	21	22.5	26	28	35.5
	50～54	622	17.6	7.1	7.6	9.4	11	13	15	18	21	23.5	26	29	33
	55～59	622	17.5	7.5	6.5	9.3	11	13	15	17.5	21	23.7	26.4	29	31.8
女	20～24	621	16.1	6.4	8	10	11	12	3.5	16	19	21	23.5	26	32
	25～29	624	16.8	7.2	7.9	9	11	13	14	16.2	19	21.3	26	27.5	34.3
	30～34	634	18.2	7.5	8.5	11	11.5	13	15	18	21	24	28	30	35
	35～39	618	19.5	8.8	7	10	11	13	16	19	23	26	31	33	39.2
	40～44	633	21.1	9.1	8.5	11	13	16	17.5	21	25	27	31.5	35	41
	45～49	626	21	8.7	8.4	11	13	16	18	21	24.5	26.5	31	34	40.2
	50～54	618	22.9	10.2	8.5	11.5	13	16	18.2	22.5	27	31	34.7	37.3	45
	55～59	617	23.1	10.9	8	10.5	12	15.5	19	23	27.8	31.5	35.3	38	46
腹部皮褶厚度(mm)															
性别	年龄	n	mean	SD	P3	P10	P15	P25	P35	P50	P65	P75	P85	P90	P97
男	20～24	630	15.6	8.8	6	7.5	8	9.8	11	15	19	21	26	28	36.2
	25～29	631	19.3	9.7	6	8	9.5	12	16	19	23	26.1	31	33	41
	30～34	629	21	10.2	6	9.2	11	15	17	21	25.4	29	31.8	36	43
	35～39	628	22.1	9.3	6.9	11	13	16	19.4	22	26	29	32	36	41.1
	40～44	637	22.7	10	7.3	10.5	13	16	20	23	26	29	34.7	37.2	44.8
	45～49	633	23.3	10	8	11	13	17.1	20.5	23.5	27.5	31	36	36.5	44.5
	50～54	622	23.5	10.4	7	11	13.4	16.5	20.5	24	28	31.2	36	37	46
	55～59	622	23.1	9.9	7	10.5	13	18	21	23	26.4	31	35	38	44
女	20～24	621	19.6	7.3	9	11.5	13	15.7	17	20	22.5	26	29	31	36
	25～29	624	19.8	8.4	7	11	12.1	15	16.5	20.5	23.5	26	29	31	37.1
	30～34	634	21.6	8.7	9	12	13	16	18.5	22	25	28.5	31.8	34.8	41
	35～39	618	23.7	10	8.2	12	14	17	20.5	23.5	28	31	35.5	38	46
	40～44	633	26.2	10.6	11	15	16.2	19	22	26	30.5	34	38	41.9	49
	45～49	626	27.4	10.7	11.3	15	16.6	21	23	27.1	31.5	36	40.1	43	51

续表2-2

性别	年龄	n	mean	SD	P3	P10	P15	P25	P35	P50	P65	P75	P85	P90	P97
	50～54	618	30.2	12.6	9.1	16	18	21.1	25.2	31	36	40.3	44	47.5	57.5
	55～59	617	30.6	12.9	10	15	17.5	21	25	31.2	36.8	41	46	50	55.1
安静心律（次/分钟）															
性别	年龄	n	mean	SD	P3	P10	P15	P25	P35	P50	P65	P75	P85	P90	P97
男	20～24	630	76.9	8.8	62.9	67	69	73	74	77	81	83.5	85	89	95.2
	25～29	631	76.5	8.5	63	67	69	72	73	77	78,2	83	85	89	95
	30～34	629	76.6	8	63	69	69	73	73	77	81	83	85	89	93
	35～39	628	76.8	8.6	62.8	67.8	69	73	73	71	80	83	85	89	95.2
	40～44	637	76.2	8.1	61	67	69	73	73	77	79	83	85	89	93
	45～49	633	76.4	8.3	61	67	69	73	73	77	79	83	85	89	94
	50～54	622	75.9	8.2	61	67	69	71	73	77	79	81	85	87	91
	55～59	622	76.5	8.4	63	69	69	73	74	77	79	81	85	89	92.3
女	20～24	621	75.9	9.5	63	65	67	69	73	75	79	83	85	89	97
	25～29	624	75.9	8.3	63	67	69	71	73	76	79	81	85	88	93
	30～34	634	74.6	8.2	61	65	67	70	73	75	79	81	83	85	91
	35～39	634	74.6	8.2	61	65	67	70	73	75	79	81	83	85	91
	40～44	633	74	8.4	61	65	67	69	73	75	79	79	83	85	91
	45～49	626	74.1	8.3	61	65	67	69	73	75	79	81	83	85	91
	50～54	618	74.7	8.3	61	65	67	71	73	75	79	81	83	85	91
	55～59	617	74.8	8.2	61	65	68.1	71	73	75	79	81	83	85	91
收缩压（mmHg）															
性别	年龄	n	mean	SD	P3	P10	P15	P25	P35	P50	P65	P75	P85	P90	P97
男	20～24	630	110.7	11.6	91	101	101	101	109	111	111	121	121	123	137
	25～29	631	112.3	10.9	91	101	101	161	111	111	116	121	121	129	133.1
	30～34	629	112.7	10.5	91	101	101	109	111	110	120.7	121	121	126	133.3
	35～39	628	114.7	12.1	92.7	101	101	111	111	111	121	121	126	131	141
	40～44	637	117	13.2	97.2	101	106	111	111	119	121	121	131	131	151

续表2-2

性别	年龄	n	mean	SD	P3	P10	P15	P25	P35	P50	P65	P75	P85	P90	P97
	45～49	633	117.7	14.4	91	101	105	111	111	121	121	125	131	136	151
	50～54	622	119.8	15	91	101	107	111	111	121	121	131	141	141	151
	55～59	622	121.9	15.5	101	106	111	111	116	121	126	131	141	141	159.7
女	20～24	621	101.7	9.3	91	91	91	97	101	101	103	111	111	111	121
	25～29	624	102.5	10.2	86	91	91	97	101	101	107	111	111	121	121
	30～34	634	104.1	10.6	91	91	91	101	101	101	111	111	117	121	123
	35～39	618	106.2	12	90.1	91	96	101	101	107	111	111	121	121	131
	40～44	633	108.9	13	91	95.3	100.9	101	101	111	111	117	121	125	141
	45～49	626	110.4	14.7	91	91	99	101	106	111	111	121	125	131	141
	50～54	618	114.3	14.9	91	101	101	105	111	111	121	121	131	136	151
	55～59	617	118.2	17.2	91	101	101	109	111	121	121	131	137.9	141	151
舒张压(mmHg)															
性别	年龄	n	mean	SD	P3	P10	P15	P25	P35	P50	P65	P75	P85	P90	P97
男	20～24	630	73.4	8.8	61	61	66	71	71	71	79	81	81	83	91
	25～29	631	75.4	9.1	61	65.1	71	71	71	76	81	81	83	91	95.1
	30～34	629	75.7	8.8	61	66.9	71	71	71	76	81	81	85.7	91	95
	35～39	628	77.1	10.1	61	66	71	71	71	79	81	81	91	91	101
	40～44	637	78.9	10.6	61	71	71	71	72	81	81	87	91	93.6	101
	45～49	633	78.6	11.5	61	66	71	71	71	81	81	88	91	92.4	101
	50～54	622	80.1	11.3	61	65.2	71	71	76	81	85	91	91	99	101
	55～59	622	80	9.9	61	71	71	71	79	81	81	87	91	91	101
女	20～24	621	67.7	7.8	59	61	61	61	63	71	71	71	79	81	81
	25～29	624	69.1	8.7	54.6	61	61	61	66	71	71	75	81	81	88.3
	30～34	634	70.1	9.2	57	61	61	61	69	71	71	79	81	81	91
	35～39	618	71	9.2	61	61	61	66	71	71	73	81	81	81	91
	40～44	633	73.2	9.6	61	61	61	69	71	71	79	81	81	88.4	92

续表2-2

性别	年龄	n	mean	SD	P3	P10	P15	P25	P35	P50	P65	P75	P85	P90	P97
	45～49	626	73.4	10.5	61	61	61	67	71	71	79	81	85	90	101
	50～54	618	75.7	10.4	60	60	65	70	70	75	80	80	88	90	100
	55～59	617	73.3	11.6	61	61	66	71	71	79	81	85	91	91	101
肺活量(mL)															
性别	年龄	n	mean	SD	P3	P10	P15	P25	P35	P50	P65	P75	P85	P90	P97
男	20～24	630	3631	658	2360	2871	2989	3223	3404	3671	3851	4021	4219	4401	4912
	25～29	631	3644	658	2395	2846	2996	3201	3361	3624	3883	4018	4313	4461	4941
	30～34	629	3577	655	2355	2751	2928	3131	3316	3531	3830	4025	4249	4381	4806
	35～39	628	3479	703	2145	2625	2827	3035	3215	3471	3708	3921	4196	4302	4751
	40～44	637	3338	666	2142	2501	2679	2909	3116	3331	3561	3771	4011	4159	4594
	45～49	633	3178	646	1971	2351	2531	2751	2952	3174	3393	3579	3796	3965	4506
	50～54	622	3009	675	1691	2151	2333	2581	2761	3026	3256	3439	3700	3860	4228
	55～59	622	2822	667	1559	1971	2111	2411	2591	2816	3051	3221	3476	3685	4146
女	20～24	621	2315	538	1137	1637	1767	1981	2133	2346	2506	2700	2851	2966	3255
	25～29	624	2317	550	1240	1615	1751	1981	2143	2366	2504	2626	2826	2974	3299
	30～34	634	2305	572	1166	1555	1712	1951	2141	2311	2526	2666	2850	2976	3336
	35～39	618	2228	526	1109	1515	1710	1926	2056	2236	2436	2581	2721	2822	3198
	40～44	633	2161	545	1106	1433	1551	1796	1969	2161	2378	2530	2721	2880	3146
	45～49	626	2075	539	1068	1321	1476	1721	1871	2071	2301	2439	2632	2753	3006
	50～54	618	1958	536	1039	1231	1375	1611	1753	1931	2126	2294	2521	2657	3023
	55～59	617	1870	506	1001	1195	1301	1501	1666	1876	2052	2196	1346	2486	2908
台阶指数															
性别	年龄	n	mean	SD	P3	P10	P15	P25	P35	P50	P65	P75	P85	P90	P97
男	20～24	630	58.4	9.7	45.1	48.1	49.4	52	54.6	58	62.4	65.7	70	71.4	79.9
	25～29	631	56.5	9.7	44.5	47.2	48.1	50.5	52.7	55.9	59.1	62.6	66.9	70.8	80.6
	30～34	629	56.2	9.5	44.5	47.2	48.4	50.5	52.4	55.2	58.3	61.4	66.7	70.3	80.7

续表 2-2

性别	年龄	n	mean	SD	P3	P10	P15	P25	P35	P50	P65	P75	P85	P90	P97
	35～39	628	56.2	9.6	43.8	46.9	48.4	50.5	52.4	55.5	59.5	62.6	67.1	69.7	79.3
	40～44	637	57	10.2	44.4	47.8	49	51	53.3	56.6	60.2	63.9	68.4	71.3	81.3
	45～49	633	58.1	9.7	44.5	48.4	49.4	52.1	54.9	57.6	61.4	65.2	69.7	71.9	79.9
	50～54	622	59.3	10.5	44.3	48.9	50.5	53.3	55.9	59.1	63.1	65.7	69.7	73.6	84.3
	55～59	622	58.7	10.9	40.6	47.9	48.6	52.7	55.2	58.3	63.1	65.7	70.2	74.1	82.8
女	20～24	621	60.2	9.8	46	49.9	51.8	54.3	56.2	60.2	64.4	67.2	71.3	73.6	82.1
	25～29	624	59.4	9.6	46.2	49.4	50.5	53.6	56.2	58.7	62.2	65.7	69.7	73.6	82.1
	30～34	634	60.9	9.8	46.9	50.5	52.4	55.2	57.6	60.6	64.8	67.7	73	75.4	82.4
	35～39	618	60.7	10.1	46.4	50.7	52.1	54.6	56.6	60.6	64.8	67.7	73	75.4	82.4
	40～44	633	61.1	10.2	46	50.2	52.1	55.2	57.5	61.4	65.3	68.2	72.4	75.8	83.6
	45～49	626	61.7	11.1	46.9	50.5	52.1	54.6	57.3	61.4	65.7	69.2	73.6	77.3	87.5
	50～54	618	60.6	11.7	39.9	48.1	50.7	54.3	57.3	61	65.3	68.7	73	76.1	85.5
	55～59	617	59.2	11.2	36.6	47.2	50.2	53.9	56.2	60.2	63.9	66.7	70.2	73.6	84.3
握力(kg)															
性别	年龄	n	mean	SD	P3	P10	P15	P25	P35	P50	P65	P75	P85	P90	P97
男	20～24	630	45.1	7.7	29.6	36.4	39	41.5	43.7	46	48.9	50.7	53.5	55.6	61
	25～29	631	46.8	7.4	33.3	38.6	40.8	43	44.9	47.8	50.5	52.5	55.1	57.1	60.9
	30～34	629	47.1	6.6	35.8	40.6	41.9	43.7	45.1	48	50.4	52.1	54.6	56.7	61
	35～39	628	47.4	7.2	35.6	39.8	41.1	43.4	45.5	48.2	51.1	52.8	55.8	58.3	63
	40～44	637	47	7.8	32.5	38.9	40.4	43.3	45.2	47.3	50.4	53	55.8	58.3	63
	45～49	633	45.7	7	33.5	37.4	39.7	42.3	44.1	46.6	49.2	51.2	54.1	55.9	58.7
	50～54	622	44.4	7.9	30	35.3	37.6	40.3	42.4	45.4	48	50.7	53.5	56	60.5
	55～59	622	41.7	8.2	28.1	32.2	34	37.8	39.8	42.2	45.4	48	50.6	52.9	58
女	20～24	621	27.7	5.1	20.8	22.7	23.6	25.1	26.4	28.4	30.1	31.4	33.5	34.9	39
	25～29	624	28.3	5.1	20	23.1	24.4	25.9	27.2	29.1	31	32.3	34.6	35.8	38.8
	30～34	634	28.7	5	20.8	23.4	24.7	26.1	27.5	29.6	31.4	32.8	34.6	35.9	39.9
	35～39	618	29.1	5.4	20.1	23.2	24.6	26.4	28	30	31.8	33.4	35.6	37	40.5

续表2-2

性别	年龄	n	mean	SD	P3	P10	P15	P25	P35	P50	P65	P75	P85	P90	P97
	40～44	633	28.5	5.7	19.7	22.7	23.7	25.5	27.2	29.3	31.2	33	35	36.8	41.1
	45～49	626	27.7	5.6	19.2	21.8	22.9	24.7	26	28.5	30.7	32.2	34.1	35.9	39.3
	50～54	618	26.4	5.6	17.6	20.7	21.6	23.6	25	27.3	29.1	31	33	34.6	38
	55～59	617	25.1	5.2	17.7	19.7	20.5	22.1	23.8	25.7	27.9	29.4	31.4	32.6	36.7
坐位体前屈(cm)															
性别	年龄	n	mean	SD	P3	P10	P15	P25	P35	P50	P65	P75	P85	P90	P97
男	20～24	630	9.7	7.7	−5.4	0.6	3	5.8	8.2	11.1	13.6	16.2	19	20.9	24.1
	25～29	631	8.3	7.7	−6.8	−0.8	1.7	4.4	6.6	9.7	12.1	14.5	17.2	19.3	24
	30～34	629	6.7	7.8	−7.5	−3	−0.7	2.7	4.8	7.8	11.4	13.4	15.5	17.2	21.3
	35～39	628	6	7.9	−9	−3.9	−1.5	2.2	4.1	6.7	10	12.5	15.6	17	21
	40～44	637	4.3	8.3	−11	−5.2	−3.4	−0.7	2.1	5.5	8.8	11	13.8	16.1	20.4
	45～49	633	4	8.5	−10.1	−6.4	−4.5	−1.1	2	5.2	8.4	10.7	13.9	15.9	21.9
	50～54	622	2.4	7.8	−11.5	−7.2	−5.3	−2	1.1	3.3	6.4	8.8	11.4	13.5	17.3
	55～59	622	1.2	7.9	−11.8	−8.4	−6.5	−3.3	−0.8	1.9	5.1	7.1	10.7	13.2	17.9
女	20～24	621	10.4	6.9	−3.6	2.8	4.9	7.2	9.1	11.5	14.2	16	18.7	20.2	23.5
	25～29	624	10.6	7.3	−3.4	2.5	3.7	7	8.9	11.7	14.5	16.6	18.2	21.1	24.1
	30～34	634	9.2	7.3	−5.2	1.1	2.9	5.8	7.9	10.3	13	15.1	17.9	19.5	23.4
	35～39	618	8.6	7.6	−6.2	−0.6	1.8	4.6	7.2	10	12.8	14.5	17.2	19.3	22.4
	40～44	633	8.2	8.1	−7.6	−2.5	0.8	4.4	7	9.7	12.6	14.9	17.5	19.4	24.3
	45～49	626	7.9	8.2	−8.3	−2.7	1.1	3.9	6.4	9.5	12.1	14.4	17.1	18.7	23.2
	50～54	618	7.1	8.2	−8.2	−3	−1.3	2.7	5	8.6	11.8	14.1	16.7	18.3	22.2
	55～59	617	6.4	7.9	−9	−3.9	−1.4	2.7	4.9	8	10.7	12.9	15.3	17	21.1
闭眼单脚立															
性别	年龄	n	mean	SD	P3	P10	P15	P25	P35	P50	P65	P75	P85	P90	P97
男	20～24	630	37.4	58.8	5	7	8	11	14	21	34	44.5	62	76	151
	25～29	631	39.6	53.7	4	7	8	11	15	22	36	48.3	70.4	98.6	151
	30～34	629	27.6	34.2	4	6	7	10	12	17	25	33	52.7	64	104.1

续表2-2

性别	年龄	n	mean	SD	P3	P10	P15	P25	P35	P50	P65	P75	P85	P90	P97
	35～39	628	23.5	28.2	4	5	6	8	10	14	20.2	29	43	55.2	99.8
	40～44	637	20.1	22.1	4	5	6	7	9	13	19	26	35.5	47.3	80
	45～49	633	17.7	19.7	4	5	6	7	9	12	16	22	31	39	71
	50～54	622	13	13.4	4	4	5	6	7	10	13	17	22.7	26	51.3
	55～59	622	11.9	12.2	4	4	5	6	7	9	12	15	20	26.8	43
女	20～24	621	30.5	40.8	5	7	8	10	13	18	27.7	38	52	70.9	127
	25～29	624	29.1	36.3	4	6	7	9	12	18	26	33	51.8	68	140.3
	30～34	634	26.1	34.7	4	5	6	8	11	16	23	30	45	61.6	118.9
	35～39	618	22	32.9	4	5	6	8	10	13	20.7	26	40	49	82.9
	40～44	633	16.2	20.1	4	4.3	5	6	8	11	15	18	28	37.7	73
	45～49	626	13.7	16.7	3	3	4	5	6	8	12	15	22	27	59.4
	50～54	618	10.7	10.4	3	4	5	5	6	8	11	14	19	23	35.5
	55～59	617	9.3	9.8	4	4	5	5	6	8	9	11	15	18.3	31
选择反应时(s)															
性别	年龄	n	mean	SD	P3	P10	P15	P25	P35	P50	P65	P75	P85	P90	P97
男	20～24	630	0.46	0.09	0.34	0.47	0.48	0.5	0.51	0.54	0.57	0.59	0.63	0.66	0.78
	25～29	631	0.47	0.1	0.34	0.46	0.48	0.5	0.52	0.55	0.58	0.6	0.65	0.7	0.81
	30～34	629	0.48	0.1	0.35	0.48	0.5	0.51	0.53	0.56	0.59	0.62	0.65	0.69	0.81
	35～39	628	0.5	0.11	0.35	0.48	0.5	0.52	0.54	0.57	0.6	0.64	0.7	0.73	0.88
	40～44	633	0.52	0.14	0.36	0.5	0.51	0.54	0.56	0.58	0.62	0.66	0.73	0.79	0.96
	45～49	633	0.54	0.15	0.37	0.51	0.53	0.55	0.57	0.61	0.65	0.68	0.74	0.81	0.96
	50～54	622	0.6	0.19	0.38	0.52	0.54	0.57	0.6	0.65	0.7	0.76	0.87	0.96	1.16
	55～59	622	0.62	0.19	0.4	0.54	0.56	0.6	0.62	0.67	0.73	0.79	0.9	0.97	1.18
女	20～24	621	0.49	0.09	0.36	0.49	0.5	0.53	0.55	0.57	0.6	0.63	0.67	0.7	0.81
	25～29	624	0.51	0.11	0.37	0.5	0.51	0.53	0.55	0.58	0.61	0.64	0.69	0.72	0.89
	30～34	634	0.52	0.13	0.37	0.51	0.52	0.54	0.56	0.6	0.63	0.67	0.73	0.79	0.97
	35～39	618	0.54	0.15	0.37	0.51	0.52	0.55	0.57	0.6	0.64	0.68	0.76	0.82	1
	40～44	626	0.61	0.18	0.42	0.55	0.56	0.59	0.61	0.65	0.71	0.79	0.9	0.96	1.12

续表2-2

性别	年龄	n	mean	SD	P3	P10	P15	P25	P35	P50	P65	P75	P85	P90	P97
	45～49	626	0.61	0.18	0.42	0.55	0.56	0.59	0.61	0.65	0.71	0.79	0.9	0.96	1.12
	50～54	618	0.67	0.21	0.43	0.56	0.58	0.61	0.65	0.7	0.79	0.87	0.99	1.05	1.3
	55～59	617	0.7	0.21	0.44	0.58	0.6	0.65	0.68	0.75	0.83	0.9	1	1.07	1.29
背力(kg)															
性别	年龄	n	mean	SD	P3	P10	P15	P25	P35	P50	P65	P75	P85	P90	P97
男	20～24	630	126.4	25.1	78.9	96	103	111	118	127	136.5	144	153	159	172
	25～29	631	131.5	24.3	90	104	108.7	116.5	123	131	140	147	157	162	183
	30～34	629	134.1	23	95	108	112.4	120	126	134	142	149	159	165	179
	35～39	628	134.7	25.8	88.7	106	111	119	125	136	145	151	160	167	184
女	20～24	621	69.8	17.8	39	48	53	59	64	71	78	82	88	92	105
	25～29	624	73.2	18.8	39.7	52	56	62	67	74	80	85	91	95	107
	30～34	629	134.1	23	94	108	112.4	120	126	134	142	149	159	165	179
	35～39	628	134.7	25.8	88.7	106	111	119	125	136	145	151	160	167	184
纵跳(cm)															
性别	年龄	n	mean	SD	P3	P10	P15	P25	P35	P50	P65	P75	P85	P90	P97
男	20～24	630	35.8	7.6	21.2	27.1	29.4	31.9	34.3	36.6	39.3	41.6	44.5	46.7	51.6
	25～29	631	35.1	7	23.5	27.3	29.1	31.6	33.3	35.7	38.3	40.2	42.8	45	49.1
	30～34	629	33.8	6.6	22.7	26.4	28	30.2	32	34.6	37	39.2	41.8	43.5	47.3
	35～39	628	31.6	6.8	19.5	24.1	25.5	28	29.7	32.4	34.7	37	39.3	41	46.3
女	20～24	621	22.9	5.4	14.6	17.6	18.9	20.3	21.6	23.4	25.4	27.1	29.3	31.1	35.7
	25～29	624	22.2	5.1	13.8	17	18.1	19.3	21	23.1	25.1	26.4	28.1	29.3	33
	30～34	634	21.8	5.5	13.9	16.1	17.2	19.2	20.6	22.2	24.3	25.8	28.5	30.2	33.5
	35～39	618	20.1	5.3	13	15	16	17.7	19	20.8	22.3	23.7	25.5	27.2	31.8
俯卧撑、仰卧起坐(次、次/分钟)															
性别	年龄	n	mean	SD	P3	P10	P15	P25	P35	P50	P65	P75	P85	P90	P97
男	20～24	630	24.9	12.5	6	11	13	17	21	23	31	32	41	42	51
	25～29	631	21.8	10.5	6	11	11	15.8	18	21	26	31	32	36	46

续表2-2

性别	年龄	n	mean	SD	P3	P10	P15	P25	P35	P50	P65	P75	P85	P90	P97
	30～34	629	19.2	9.3	5	9	11	13	16	21	22	26	31	31	41
	35～39	628	16.6	8.1	4	8	10	11	13	17	21	21	26	28	33.2
女	20～24	621	16.1	10	1.6	5	6	9	11	16	21	24	28	31	36.4
	25～29	624	16.1	9.7	2	4	7	10	11	16	21	24	28	31	36
	30～34	634	14.3	9.3	1	3	5	8	11	15	18	21	26	28	34
	35～39	618	12.2	8.7	1	2.8	4	6	8	12	16	19	22	26	31

表2-3 2010年甘肃省人体质现状

身高(cm)											
性别	年龄	n	mean	SD	P3	P10	P15	P25	P35	P50	P65
男	20～24	315	170.7	5.5	161.3	164.2	167.9	171.6	175.1	179.1	183.2
	25～29	315	170.8	6.1	160.4	164.4	167.9	171.5	176	180.1	183.3
	30～34	315	170.2	5.6	160.1	163.8	167.5	171.1	175.1	178	182
	35～39	315	170.2	5.7	160.3	164	167.5	171.1	174.3	178.3	182.4
	40～44	314	169.7	5.8	159.9	163.1	166.7	170.6	174.4	178	182
	45～49	312	169.1	5.8	160.1	163.1	166	170	174.2	177	182.2
	50～54	315	168.7	5.3	159.2	163.1	166	169.6	172.7	177	180.5
	55～59	314	168.9	5.7	159.6	163.1	166.3	169.9	173.3	177.4	179.9
女	20～24	314	158.7	5.3	149.6	153.5	156.4	159.6	163.1	166	169.2
	25～29	314	159.3	5.3	150.2	153.1	156.7	160.3	163.9	167.5	170.5
	30～34	315	158.7	4.8	151.2	154.3	156.4	159.1	163.7	166.1	170
	35～39	314	158.1	5.4	149.1	152.4	155.5	159	163.1	166.2	169.9
	40～44	315	158.4	5.2	150.5	152.7	155.5	159.4	163.1	166.3	169.9
	45～49	313	158.3	5.2	149.3	152.9	155.8	159.2	162.8	166.1	168.8

续表2-3

性别	年龄	n	mean	SD	P3	P10	P15	P25	P35	P50	P65
	50～54	315	157.3	5.8	147.3	150.5	154.3	158.3	163.2	166	168.5
	55～59	313	157.3	5.7	147.7	150.9	154.5	158	162	166.6	169.2
体重(kg)											
性别	年龄	n	mean	SD	P3	P10	P15	P25	P35	P50	P65
男	20～24	315	62.6	10.7	49	52.5	56.2	61.5	69.7	77.1	87.9
	25～29	315	68.3	11.2	52	55.7	61.3	68.4	75.6	84.3	93.8
	30～34	315	68.7	10.6	52.5	56.9	61	69.1	76.2	83.9	92.8
	35～39	315	69.8	10	53.8	56.9	64.2	70.6	76.5	84.4	91.4
	40～44	314	70.3	10.3	53.7	57.3	64.9	71	77.2	84	92
	45～49	312	70.6	10.4	53.4	58.5	64.2	70.9	78.9	85.7	94
	50～54	315	69.6	9.9	52	57.5	63.7	70.3	77	83	89.2
	55～59	314	70.3	10.3	51	56.8	64.5	71.8	77.9	84.3	90
女	20～24	314	51.9	6.1	41.6	45.1	48.1	52.5	56.9	60.8	65.7
	25～29	314	53.9	7.1	44	46.6	50.4	54.2	58.5	63.8	70.2
	30～34	315	55.8	7.1	45.2	48.7	52	56	61	65	71
	35～39	314	57	8.2	45.5	49	52.4	57	61.8	68.4	77.4
	40～44	315	58.1	7.6	46	50.2	53.6	58.5	64	69.2	75.2
	45～49	313	59.7	7.8	46.9	52	55.4	60.1	64.9	68.9	78
	50～54	315	59.6	8	46.2	50.5	54.8	60	65.8	70.5	77.2
	55～59	313	60.7	8.8	45.8	50.8	55.4	61.5	67.3	72.9	80.8
胸围(cm)											
性别	年龄	n	mean	SD	P3	P10	P15	P25	P35	P50	P65
男	20～24	315	86.2	7.1	76.2	80	82.5	86	91	96	103.5
	25～29	315	89.8	6.6	79.5	83	87	91	95	99	103.9
	30～34	315	90.6	7	71.7	83	86	91	96	101	105.6
	35～39	315	91.6	6.5	81	85	88	92	97	100.7	106
	40～44	314	92.4	6.9	81.5	85	89	93	98	103	108

续表2-3

性别	年龄	n	mean	SD	P3	P10	P15	P25	P35	P50	P65
	45～49	312	93	6.9	81.7	85	89	93	99	103	108
	50～54	315	92.6	6.8	81.5	84.6	89	94	98.5	102	106.7
	55～59	314	93.9	7	82.7	85.9	90	95	99.4	104	108
女	20～24	314	82.2	5	74	76.8	72	83	86.1	90	94
	25～29	314	83.9	5.7	75	78	81	84	88	92	98.7
	30～34	315	85.4	5.7	77.2	79.5	82.5	86	90	93	97.6
	35～39	314	86.5	6.7	76	80	83	87	91	96	103
	40～44	315	87.8	7.7	77	81	84	88.9	93	98	102
	45～49	313	88.8	6.9	77.2	81	85	89	94	99	103
	50～54	315	90.5	7	80	82	86	91	96.5	100	105
	55～59	313	91.4	7.9	80	82	87	92	98	102	109.4
腰围（cm）											
性别	年龄	n	mean	SD	P3	P10	P15	P25	P35	P50	P65
男	20～24	315	76.1	9.5	63.1	67	71	75	83	89.2	100
	25～29	315	82	9.4	67	71	76	82.5	89.5	95	101.5
	30～34	315	83.7	9.4	67.5	72	78	85	91	97	102.8
	35～39	315	84.9	9.1	68.5	74	79.4	86.5	92	97	104.5
	40～44	314	85.7	9.4	69.5	74	79	87	93	99	104.4
	45～49	312	86.8	10	68	74.2	81	88.3	94.5	101	107
	50～54	315	85.8	9.7	67	74	81	87	93	99	103.5
	55～59	314	87.4	9.7	68.5	75	82	89	95.3	101	105.3
女	20～24	314	69.7	6.7	60	63	66	70	74.5	80.8	85.6
	25～29	314	71.4	7.2	61	64	67	71	77	82	87.6
	30～34	315	73.8	7.2	63	66	70	75	79	83.7	88.3
	35～39	314	75.1	8.3	61.5	66	71	75	80.5	86.8	94.3
	40～44	315	77.1	7.8	65.7	69	72	77	83	88.2	95.4
	45～49	313	78.8	8.3	65.7	70	74	79	84.6	90.9	96.6

续表2-3

性别	年龄	n	mean	SD	P3	P10	P15	P25	P35	P50	P65
	50～54	315	80.6	8.6	67	70.8	75.5	81	88	91	98.8
	55～59	313	82.8	9.8	66.8	71	77	84	90.8	95.5	101.6
臀围(cm)											
性别	年龄	n	mean	SD	P3	P10	P15	P25	P35	P50	P65
男	20～24	315	90.9	6.7	81.5	85.8	87	91	96	101	106.8
	25～29	315	93.5	6.9	81.5	85	89	95	99	103	107.6
	30～34	315	94.1	6.6	83.5	86.5	90	95	100	103.5	108
	35～39	315	94.7	5.8	85	89	92	95	100	103	107
	40～44	314	95	6.3	84	88	91	96	100	104	108.6
	45～49	312	95.2	6.5	83	87	92	96	101	105	108
	50～54	315	94	6.8	82.2	86	90.8	95	100	103.6	106
	55～59	314	95.4	6.8	85	88	91	96	101	104.6	109
女	20～24	314	88.6	4.6	81	83.4	87	90	93	95	99
	25～29	314	89.7	5.6	81.5	84	87	91	94	97.5	102.3
	30～34	315	90.8	5.4	82	85.4	88.5	92	95	98	102
	35～39	314	91.6	5.7	82.2	85.5	88.9	92	95.5	99.8	104.8
	40～44	315	92.3	6	82.1	86	89.5	93	97	101	106
	45～49	313	92.8	6.6	81	86	90	93	98	102	107.6
	50～54	315	94	6.6	83	85.5	91	94.5	99	103	108.8
	55～59	313	94.3	6.9	83	86	91	94.7	99.5	104.8	112
上臂皮褶厚度(mm)											
性别	年龄	n	mean	SD	P3	P10	P15	P25	P35	P50	P65
男	20～24	315	8.9	5.5	4	5	6	8.8	12	17.4	25
	25～29	315	10.6	5.1	4	5	8	11	15	19	22
	30～34	315	10.7	4.9	4	5	8	11	15	18	22
	35～39	315	10.5	4.7	4	5.3	8	11	14	17	21
	40～44	314	9.9	4.5	4	5	8	10	14	17	21
	45～49	312	10.6	4.9	4	6	8	11	15	18	21

续表 2-3

性别	年龄	n	mean	SD	P3	P10	P15	P25	P35	P50	P65
	50～54	315	9.4	4.4	4.2	5	7	10	13	16	21.5
	55～59	314	10.1	4.5	4	5	8	11	14	17	20
女	20～24	314	13.3	4.7	7	8.4	11	14	17	20.8	25.3
	25～29	314	14.7	5.6	6.4	9	12	15	19	24	27.3
	30～34	315	17	6	8	11	14	17	22	26	31
	35～39	314	17	5.9	8	11	14	17	22	26	30.6
	40～44	315	16.8	6	8.5	11	13	17	21	26.4	31
	45～49	313	17.6	6.4	8	11	14	18	22.3	27.3	32.3
	50～54	315	17.7	6	8.7	11	15	18	22.5	26	32.6
	55～59	313	18.4	5.7	9.2	13	16	19	23	27	32
肩胛皮褶厚度(mm)											
性别	年龄	n	mean	SD	P3	P10	P15	P25	P35	P50	P65
男	20～24	315	11.5	6.1	6	7	8	11	15	19	26
	25～29	315	14.6	6.4	7	8	11	14	19	26	31
	30～34	315	15.8	6.5	7	9	12	16	21	26.7	30.5
	35～39	315	15.9	6.4	7.2	9	12	16	21	26	31
	40～44	314	16.1	6.3	7	9	12.4	17	21	26	31
	45～49	312	16.7	6.6	8	9.2	13	17	21	27	33
	50～54	315	15.9	6.2	7	9	12	17	20.5	25.2	29
	55～59	314	16.2	6.1	6	9	13	17	21	25	29.6
女	20～24	314	13.5	4.9	7	8.5	11	14	17.5	22	26
	25～29	314	14.4	5.8	7.5	9	11	14	19	23.8	30.6
	30～34	315	16.9	5.9	8	11	13.5	17	22	26	30.3
	35～39	314	17	6.1	8.5	11	13	17	22	26	32
	40～44	315	17.5	5.8	9	12	14	18	23	26	30.5
	45～49	313	18.9	6.3	9.7	12	15.2	19	24	28	33

续表2-3

性别	年龄	n	mean	SD	P3	P10	P15	P25	P35	P50	P65
	50～54	315	18.8	6.1	9	12	16	19	23.6	27.5	33
	55～59	313	19.8	6.2	10	13	16	20.5	25	28.8	34.8
腹部皮褶厚度(mm)											
性别	年龄	n	mean	SD	P3	P10	P15	P25	P35	P50	P65
男	20～24	315	13.5	7.9	5	6	8	13	18	25	34
	25～29	315	17.9	8.3	6	8	12.1	18	25	30	36
	30～34	315	19.1	8	6	9.8	14	19	26	31	36
	35～39	315	19.5	7.7	6.5	10	15	21	26	31	34.5
	40～44	314	19.6	7.6	7	10	15	21	26.6	30	35
	45～49	312	19.8	7.4	7.4	11	16	21	26	30	36
	50～54	315	18.7	7	7	10	14	20	24	29	33
	55～59	314	20.2	8.1	7	10	15	21	27	33	35.8
女	20～24	314	16.3	5.8	7.2	10	13	17	21	26	29
	25～29	314	16.2	6.9	5.5	8.5	12.5	17	21	26	33
	30～34	315	17.7	6.7	8	10.3	13.5	18	23	28	33.3
	35～39	314	18.5	6.8	8	11	14	19	24	27.8	33
	40～44	315	19.6	6.9	8	11.5	16	21	25	29	34.3
	45～49	313	22	7	11	15	18	23	27	31	39.6
	50～54	315	23.2	7.8	11	14.8	19	23	29	34.7	41.3
	55～59	313	24.9	7.9	10.8	17	21	24.5	31	37	42.3
安静心律(次/分钟)											
性别	年龄	n	mean	SD	P3	P10	P15	P25	P35	P50	P65
男	20～24	315	76	8	65	67	73	77	83	86	96
	25～29	315	77	8	67	71	73	79	81	87	97
	30～34	315	77	9	64	67	71	77	81	91	102
	35～39	315	76	8	61	67	71	75	81	88	97
	40～44	314	75	8	63	67	71	75	80	89	91

续表2-3

性别	年龄	n	mean	SD	P3	P10	P15	P25	P35	P50	P65
	45～49	312	75	8	63	67	71	75	81	85	92
	50～54	315	75	7	62	67	71	75	79	85	90
	55～59	314	75	7	62	67	71	75	79	85	91
女	20～24	314	74	8	62	67	69	73	79	85	93
	25～29	314	77	10	61	66	71	75	82	91	103
	30～34	315	75	9	61	65	69	73	81	91	97
	35～39	314	46	9	65	67	71	73	81	91	97
	40～44	315	75	8	65	67	71	75	81	86	91
	45～49	313	74	8	63	67	70	73	79	85	93
	50～54	315	74	7	63	67	71	73	79	85	87
	55～59	313	74	8	62	67	69	73	79	85	90
收缩压(mmHg)											
性别	年龄	n	mean	SD	P3	P10	P15	P25	P35	P50	P65
男	20～24	315	113	12	91	101	101	101	121	131	131
	25～29	315	115	12	94	101	111	117	121	131	141
	30～34	315	115	12	93	101	111	111	121	131	141
	35～39	315	116	13	96	101	111	116	121	131	147
	40～44	314	118	14	92	101	111	121	130	141	149
	45～49	312	120	16	90	100	110	120	130	140	156
	50～54	315	122	14	101	106	111	121	131	141	151
	55～59	314	124	15	101	110	114	121	135	141	157
女	20～24	314	103	11	85	91	93	101	111	120	121
	25～29	314	104	11	91	91	99	101	111	121	131
	30～34	315	106	11	91	91	99	101	111	121	131
	35～39	314	108	12	91	91	101	111	116	121	131
	40～44	315	111	13	91	96	101	111	121	131	136

续表2-3

性别	年龄	n	mean	SD	P3	P10	P15	P25	P35	P50	P65
	45～49	313	113	15	91	93	101	111	121	131	141
	50～54	315	119	16	91	101	111	121	131	141	151
	55～59	313	121	16	93	101	111	121	131	141	156
舒张压(mmHg)											
性别	年龄	n	mean	SD	P3	P10	P15	P25	P35	P50	P65
男	20～24	315	74	8	61	61	71	71	81	81	91
	25～29	315	77	9	61	71	71	81	81	91	93
	30～34	315	77	8	61	71	71	79	81	91	91
	35～39	315	79	9	60	70	70	80	80	90	100
	40～44	314	80	10	61	71	71	81	86	96	101
	45～49	312	81	11	61	71	71	81	91	101	101
	50～54	315	82	10	65	71	75	81	91	97	101
	55～59	314	82	10	70	71	76	81	91	98	101
女	20～24	314	68	8	58	61	61	71	71	81	81
	25～29	314	70	8	61	61	61	71	79	81	86
	30～34	315	71	8	61	61	69	71	79	81	86
	35～39	314	73	8	61	61	71	71	81	81	91
	40～44	313	76	10	61	61	71	77	81	91	101
	45～49	313	76	10	61	61	71	77	81	91	101
	50～54	315	79	10	61	71	71	81	85	91	101
	55～59	313	80	10	61	71	71	81	87	91	101
肺活量(mL)											
性别	年龄	n	mean	SD	P3	P10	P15	P25	P35	P50	P65
男	20～24	315	3721	659	2497	2912	3276	3683	4149	4546	5146
	25～29	315	3773	647	2482	3053	3376	2446	4195	4514	5021
	30～34	315	3665	643	2420	2870	3221	2456	4046	4393	4980
	35～39	315	3578	634	2478	2783	3132	2421	4006	4335	4773

续表2-3

性别	年龄	n	mean	SD	P3	P10	P15	P25	P35	P50	P65
	40～44	314	3401	667	2190	2529	2952	2304	3824	4172	4691
	45～49	312	3344	648	2149	2474	2895	2237	3780	4147	4531
	50～54	315	3051	626	1960	2216	2626	2003	3459	3813	4275
	55～59	314	2850	619	1616	2002	2387	1868	3302	3622	3981
女	20～24	314	2350	476	1417	1804	2050	2348	2655	2985	3220
	25～29	314	2445	520	1411	1757	2109	2483	2747	3110	3507
	30～34	315	2455	479	1494	1855	2117	2443	2805	3094	3297
	35～39	314	2420	518	1452	1720	2072	2409	2772	3122	3414
	40～44	315	2303	518	1358	1641	1978	2276	2676	2981	3278
	45～49	313	2236	494	1275	1564	1912	2224	2613	2840	3168
	50～54	315	2202	485	1192	1332	1678	1987	2287	2653	3006
	55～59	313	1867	457	1050	1218	1505	1891	2151	2426	2781
台阶指数											
性别	年龄	n	mean	SD	P3	P10	P15	P25	P35	P50	P65
男	20～24	315	58.6	11.4	44.5	46.8	51.8	57.6	64.6	77.3	87.7
	25～29	315	56.9	10.5	42.9	46.9	50.7	55.9	63.1	73.8	82.1
	30～34	315	57.7	9.6	45.3	48	51.8	56.9	64.2	71.9	81.5
	35～39	315	59.6	10.8	45.8	49.1	52.1	58.3	66.7	76.9	86.3
	40～44	314	60.8	10.7	46.2	49.5	54.5	60.2	67.5	77.3	87.2
	45～49	312	60.5	10.7	45	49.6	54.3	59.8	67.1	76.4	85.9
	50～54	315	60.1	10.9	46	49.4	53.3	58.7	66.7	76	87.1
	55～59	314	59.3	10.9	45.7	49.4	53	57.6	66.6	76.4	87.7
女	20～24	314	61.9	11.9	46.5	49.5	54.3	60.2	69.2	81.4	91.9
	25～29	314	61.7	11.5	46.8	49.6	53.9	61.4	69.2	77.9	91.5
	30～34	315	63	11.3	47.7	50.7	55.2	62.2	70.4	81.4	89.2
	35～39	314	64.3	11	48.9	53	57.6	63.1	71.9	81.1	91

续表2-3

性别	年龄	n	mean	SD	P3	P10	P15	P25	P35	P50	P65
	40～44	315	63.8	10.8	49.2	52.2	56.7	63.3	70.2	81.9	90.3
	45～49	313	64.4	11.5	47.8	52.4	57.6	63.9	72.9	82.1	88.5
	50～54	315	63	11.5	40.1	51.5	57.3	63.9	70.8	79.3	85.1
	55～59	313	63.6	11.3	40.6	51	58	64.4	72.4	79.3	84.8
握力(kg)											
性别	年龄	n	mean	SD	P3	P10	P15	P25	P35	P50	P65
男	20～24	315	44.8	6.4	34.8	38.4	41.2	45.3	50.2	53.2	58.8
	25～29	315	45.9	7	33.2	39.1	42.5	46.2	50.8	56	60.7
	30～34	315	45.7	6.8	35.1	38.8	42	46.3	51.2	54.9	59.7
	35～39	315	46.8	6.6	36.3	39.1	43.3	47.7	52	56.4	60.7
	40～44	314	46.1	7.1	33.2	38.9	42.5	46.9	51.5	55.8	60.6
	45～49	312	45.7	7	33.8	38	42.1	46.6	51.2	55.3	61.4
	50～54	315	42.3	7.9	25.5	31.5	39	44	48.5	52.3	57.3
	55～59	314	40.5	7.9	24.9	31.3	36.2	41.6	46.8	51.8	56.1
女	20～24	314	26	4.6	18.8	21.3	23.7	27.1	30	32.1	36.1
	25～29	314	26.1	4.7	18.9	21.2	23.6	27.1	30.2	33.4	35.9
	30～34	315	27.4	4.4	20.4	22.8	25.4	28.3	31.3	33.8	37
	35～39	314	28.1	4.9	20.9	22.3	25.8	29.2	32.1	34.3	39.1
	40～44	315	28	5	20.8	22.4	25.2	28.7	32.4	35.7	39
	45～49	313	27.1	5.3	19.5	21.5	24.1	27.4	31.9	35.4	38.6
	50～54	315	25.3	5.4	15.8	19.8	22.8	26.3	30	32.5	36
	55～59	313	24.2	4.8	16.9	19.2	21.7	24.8	28.6	32.2	34.5
背力(kg)											
性别	年龄	n	mean	SD	P3	P10	P15	P25	P35	P50	P65
男	20～24	315	123	23	82	98	111	122	138	153	174
	25～29	315	127	24	85	101	113	126	144	160	172

续表2-3

性别	年龄	n	mean	SD	P3	P10	P15	P25	P35	P50	P65
	30～34	315	127	24	83	98	112	128	144	157	168
	35～39	315	131	24	91	106	115	129	147	164	182
女	20～24	314	67	16	40	47	58	68	77	86	102
	25～29	314	68	15	41	50	59	68	79	89	99
	30～34	315	71	17	40	50	61	72	82	92	106
	35～39	314	73	18	37	52	63	75	86	95	105
纵跳(cm)											
性别	年龄	n	mean	SD	P3	P10	P15	P25	P35	P50	P65
男	20～24	315	35.7	7.1	24.6	27.5	31.6	35.8	42.5	46.2	50.1
	25～29	315	34.6	6.9	23.9	27.1	31	34.9	39.9	45.4	49.2
	30～34	315	32.2	6.5	22.6	25.2	28.5	32.8	36.9	41.7	46.6
	35～39	315	31.4	5.6	22.5	25.1	28.7	32	35.9	39.6	44.5
女	20～24	314	22	4.5	15.6	17.5	20.4	22.5	25.4	28.8	32
	25～29	314	21.9	4.2	15	17.4	20.4	22.6	25.7	28.4	31.2
	30～34	315	21.3	3.9	14.8	17.5	19.9	22	24.6	27.8	29.6
	35～39	314	20.3	3.9	13.9	16.5	18.9	21	23.5	27.3	29.9
俯卧撑、仰卧起坐(次、次/分钟)											
性别	年龄	n	mean	SD	P3	P10	P15	P25	P35	P50	P65
男	20～24	315	26	12	8	13	19	26	32	41	51
	25～29	315	23	10	8	11	16	21	31	36	50
	30～34	315	20	10	6	11	13	21	26	32	42
	35～39	315	18	8	6	11	12	18	23	31	36
女	20～24	314	11	11	3	6	11	19	28	34	41
	25～29	314	10	10	3	6	11	19	26	32	41

续表2-3

性别	年龄	n	mean	SD	P3	P10	P15	P25	P35	P50	P65
	30～34	315	9	9	3	4	11	17	24	31	34
	35～39	314	9	9	2	3	5	12	21	26	33
坐位体前屈(cm)											
性别	年龄	n	mean	SD	P3	P10	P15	P25	P35	P50	P65
男	20～24	315	10.2	7.5	-3.9	1.2	6.2	11.6	16.7	20.4	24.9
	25～29	315	8.1	7.6	-6.5	0.1	3.4	9.7	14.3	18.9	23.4
	30～34	315	7.8	8	-7.5	-0.8	3.3	8.5	14.2	19.4	22.8
	35～39	315	6.8	8.1	-8.3	-3	2.2	8.2	13.5	18.1	21.9
	40～44	314	5.6	8	-7.7	-3.7	1.4	6.4	12	17.4	22.2
	45～49	312	4.2	7.7	-8.2	-5	-0.2	4.7	11	16.1	19.4
	50～54	315	3	8.5	-10.2	-7.4	-2.3	3.3	10.1	14.6	22.2
	55～59	314	2.2	7.7	-12.5	-6.8	-1.3	2.8	7.8	13	18.6
女	20～24	314	11	7	-1.8	2.8	7	12.6	17.1	20.9	25
	25～29	314	11.2	6.8	-0.9	3	7.3	13	17.1	20.7	24.3
	30～34	315	9.8	7	-5.1	1.8	6.6	11.2	16.2	19.2	22.1
	35～39	314	9	7.4	-6.2	0.9	5.2	10.9	15.4	19.4	22.1
	40～44	315	8.2	7.7	-7.7	-0.8	4.1	9.9	14.5	19	23.1
	45～49	313	8.4	7.6	-6.2	-1	5.2	9.9	13.9	19.2	24.2
	50～54	315	7.3	9.6	-12.8	-1.4	2.2	8.8	15.3	19.7	24
	55～59	313	6.7	9.4	-12.2	-3.4	2.1	7.4	13.9	19.6	25.4
闭眼单脚立											
性别	年龄	n	mean	SD	P3	P10	P15	P25	P35	P50	P65
男	20～24	315	30	35	4	6	9	18	36	79	129
	25～29	315	29	34	4	6	8	16	37	71	141
	30～34	315	26	33	4	6	9	16	31	61	122
	35～39	315	22	23	4	5	8	14	28	53	87
	40～44	314	19	24	4	5	7	12	22	47	80

续表2-3

性别	年龄	n	mean	SD	P3	P10	P15	P25	P35	P50	P65
	45～49	312	16	17	4	5	6	11	21	38	63
	50～54	315	12	13	4	4	6	9	16	25	53
	55～59	314	10	10	4	4	5	8	13	22	41
女	20～24	314	26	34	4	6	10	18	28	53	123
	25～29	314	26	32	5	7	9	16	31	58	118
	30～34	315	28	34	5	6	9	16	32	72	130
	35～39	314	24	29	5	6	8	13	27	58	120
	40～44	315	19	22	4	5	7	12	23	48	83
	45～49	313	17	22	4	5	7	12	21	40	78
	50～54	315	10	9	4	4	6	8	13	20	34
	55～59	313	8	7	3	4	5	7	11	16	26
选择反应时(s)											
性别	年龄	n	mean	SD	P3	P10	P15	P25	P35	P50	P65
男	20～24	315	0.64	0.07	1.35	1.38	1.41	1.46	1.5	1.56	1.64
	25～29	315	0.47	0.09	1.36	1.39	1.41	1.46	1.52	1.58	1.71
	30～34	315	0.5	0.1	1.37	1.4	1.43	1.48	1.54	1.61	1.8
	35～39	315	0.4	0.1	1.37	1.4	1.43	1.47	1.53	1.62	1.76
	40～44	314	0.53	0.12	1.37	1.41	1.45	1.51	1.58	1.68	1.86
	45～49	312	0.54	0.13	1.38	1.42	1.46	1.52	1.58	1.7	1.85
	50～54	315	0.6	0.15	1.41	1.45	1.49	1.56	1.66	1.85	1.97
	55～59	314	0.67	0.21	1.42	1.48	1.54	1.61	1.75	1.94	2.27
女	20～24	314	0.5	0.08	1.37	1.41	1.44	1.49	1.54	1.61	1.68
	25～29	314	0.5	0.11	1.36	1.4	1.43	1.48	1.54	1.64	1.83
	30～34	315	0.52	0.11	1.38	1.41	1.44	1.48	1.56	1.66	1.82

续表2-3

性别	年龄	n	mean	SD	P3	P10	P15	P25	P35	P50	P65
	35～39	314	0.53	0.13	1.38	1.42	1.45	1.5	1.57	1.71	1.88
	40～44	315	0.58	0.16	1.39	1.43	1.47	1.54	1.63	1.79	2.01
	45～49	313	0.58	0.17	1.4	1.44	1.48	1.54	1.63	1.79	2
	50～54	315	0.63	0.19	1.41	1.46	1.51	1.59	1.69	1.9	2.17
	55～59	313	0.72	0.24	1.44	1.49	1.57	1.67	1.79	2.04	2.34
BMI指数											
性别	年龄	n	mean	SD	P3	P10	P15	P25	P35	P50	P65
男	20～24	315	21.48	3.42	17.88	19.07	20.17	21.68	24.22	26.98	30.73
	25～29	315	23.86	3.37	19.08	20.12	21.83	24.14	26.47	28.8	31.29
	30～34	315	23.66	3.16	19.34	20.74	22.31	24.39	26.75	29.05	31.13
	35～39	315	24.09	3.04	19.39	20.81	23.08	25.21	27	29	30.98
	40～44	314	24.39	3.19	19.48	21.16	23.19	25.45	27.63	29.49	31.28
	45～49	312	24.68	3.25	19.62	21.23	23.45	25.8	27.68	30.21	31.97
	50～54	315	24.41	3.07	19.91	21.32	23.32	25.34	27.31	29.5	31.31
	55～59	314	24.57	3.04	19.85	21.35	23.59	25.52	27.45	29.47	31.27
女	20～24	314	20.6	2.32	17.79	18.89	19.77	21.63	22.94	24.75	26.45
	25～29	314	21.26	2.57	18.28	19.52	20.4	21.77	23.8	25.76	28.01
	30～34	315	22.14	2.59	19.05	20.09	21.4	23.01	24.52	26.3	27.7
	35～39	314	22.76	2.9	19.46	20.61	21.79	23.35	25.43	27.78	30.13
	40～44	315	23.15	2.78	19.67	20.67	22.09	23.92	25.78	27.69	30.27
	45～49	313	23.82	2.98	19.74	21.6	22.88	24.53	26.29	28.53	31.25
	50～54	315	24.06	3.03	20.04	21.33	22.93	24.64	27.06	29.07	31.45
	55～59	313	24.5	3.23	19.63	21.5	23.28	25.32	27.57	29.44	32.28

表2-4　2014年甘肃省人体质现状

身高(cm)															
性别	年龄	n	mean	SD	P3	P10	P15	P25	P35	P50	P65	P75	P90	P85	P97
男	20～24	304	171.2	5.9	161	165	167	169	170	172	174	176	179	180	184
	25～29	301	170.4	6	161	164	165	167	170	172	174	175	172	178	182
	30～34	293	170.2	5.9	160	164	165	168	169	171	173	175	177	179	183
	35～39	302	169.8	6	159	163	165	167	168	171	174	175	177	178	181
	40～44	320	169.5	5.4	161	164	166	167	169	170	172	174	176	177	180
	45～49	317	169.7	5.8	159	162	164	167	169	171	173	174	176	178	181
	50～54	312	168.9	6.2	158	162	164	166	168	170	172	174	176	178	182
	55～59	310	167.9	5.9	157	161	162	165	167	169	171	173	175	176	180
女	20～24	306	158.5	5	151	153	154	156	158	160	161	163	164	166	169
	25～29	311	158.6	5.6	149	152	154	156	158	160	162	163	166	167	170
	30～34	300	158.7	5.1	150	153	155	156	158	160	162	163	165	166	170
	35～39	309	158.2	5.4	149	152	154	156	157	159	161	162	165	166	170
	40～44	313	158.1	5.4	149	152	154	156	157	159	161	163	165	166	170
	45～49	314	157.9	5.4	149	152	153	155	157	159	161	162	165	166	170
	50～54	313	158	5.1	149	152	154	156	157	159	161	162	165	166	168
	55～59	311	156.2	5.5	146	150	151	153	155	158	160	161	162	164	167

体重(kg)															
性别	年龄	n	mean	SD	P3	P10	P15	P25	P35	P50	P65	P75	P85	P90	P97
男	20～24	304	64.1	10.5	50	52	55	57	60	64	68	72	76	78	89
	25～29	301	67.9	10.6	52	56	58	61	63	68	74	77	80	83	90
	30～34	293	70.1	10.1	54	59	61	64	66	70	74	78	82	85	92
	35～39	302	70.6	10.3	53	58	60	65	68	71	76	79	83	85	91
	40～44	316	71.4	9.5	54	61	62	66	68	72	76	79	82	85	92
	45～49	311	71.5	9.5	55	60	62	66	69	72	76	79	83	85	90

续表2-4

性别	年龄	n	mean	SD	P3	P10	P15	P25	P35	P50	P65	P75	P90	P85	P97
	50～54	312	70.7	10.5	53	59	61	64	67	71	75	80	83	86	92
	55～59	310	69.1	9.2	53	57	60	63	66	70	74	76	80	82	88
女	20～24	306	52.4	6.4	44	46	47	49	51	53	55	57	60	62	68
	25～29	311	53.5	7	44	46	47	50	51	53	57	59	61	63	69
	30～34	300	56	7.6	44	48	50	52	54	56	59	62	65	67	73
	35～39	309	56.7	7.8	46	49	50	52	54	56	60	62	65	68	75
	40～44	314	57.7	7.5	47	50	51	53	55	58	61	64	67	69	75
	45～49	311	59.2	7.3	47	51	53	55	57	60	62	65	68	69	77
	50～54	313	60.5	7.7	48	52	54	56	58	61	64	66	69	71	78
	55～59	310	58.6	7.7	46	50	52	54	57	59	62	65	67	70	75
BMI指数															
性别	年龄	n	mean	SD	P3	P10	P15	P25	P35	P50	P65	P75	P85	P90	P97
男	20～24	304	21.9	3.1	18.5	19.2	19.7	20.5	21.4	22.5	23.6	24.7	26.2	26.7	29.9
	25～29	301	23.4	3.3	18.7	20.2	21	21.7	22.9	24.3	25.8	26.8	28.2	28.7	30.6
	30～34	293	24.2	3.1	19.3	21.4	22.2	22.9	23.9	25	26.1	27.2	28.6	29.06	31.5
	35～39	302	24.5	3.1	19.6	21.3	22.1	23.4	24.2	25.4	26.7	27.5	28.7	29.4	32.1
	40～44	316	24.8	3	19.9	22	22.9	23.9	24.7	25.8	26.9	27.6	28.9	29.5	31.7
	45～49	311	24.8	3	20.4	21.9	22.9	24.1	24.7	25.5	26.8	27.8	28.8	29.5	32
	50～54	312	24.7	3.1	20.4	21.9	22.4	23.7	24.5	25.7	26.7	27.5	29.1	29.8	32
	55～59	310	24.5	2.8	20.6	21.7	22.3	23.3	24.4	25.4	26.6	27.5	28.5	29.3	30.9
女	20～24	306	20.9	2.4	18.4	19.2	19.5	20.3	20.8	21.5	22.3	23.2	24.1	25	27
	25～29	311	21.3	2.4	18.6	19.4	19.7	20.5	21.1	22.1	22.9	23.6	24.7	25.6	27.5
	30～34	300	22.2	2.9	18.9	20	20.3	21.3	21.7	22.7	23.8	24.9	26.5	27.4	29.9
	35～39	309	22.6	2.9	19.2	20.5	20.9	21.5	22.4	23.2	24.4	25.3	26.1	27.2	30.9
	40～44	313	23	2.8	19.6	20.7	21.3	22.2	22.8	23.8	24.9	25.7	27	27.9	30.4
	45～49	311	23.7	2.7	20.2	21.6	22.2	23	23.6	24.4	25.4	26.2	27.4	28.3	30.5

续表2-4

性别	年龄	n	mean	SD	P3	P10	P15	P25	P35	P50	P65	P75	P90	P85	P97
	50～54	313	24.2	2.8	20.2	22.1	22.5	23.2	24	25.1	25.9	26.7	28.2	29	31.4
	55～59	309	24.1	2.9	20.5	21.5	21.9	23	23.8	24.9	25.8	26.9	28.3	28.9	31.1
胸围(cm)															
性别	年龄	n	mean	SD	P3	P10	P15	P25	P35	P50	P65	P75	P85	P90	P97
男	20～24	299	85.7	6.9	75	78	80	82	84	86	89	91	94	96	102
	25～29	298	88.1	6.7	76	81	82	85	86	89	92	94	96	98	102
	30～34	291	90.2	6.4	81	83	85	87	88	91	93	95	98	100	104
	35～39	300	90.9	6.7	80	83	85	87	89	92	94	96	99	101	105
	40～44	318	92.1	6.9	81	85	86	89	90	93	96	98	101	102	107
	45～49	314	92.5	6.5	81	85	87	89	91	94	96	98	98	101	106
	50～54	309	92.8	6.9	81	84	86	89	91	94	96	98	101	103	106
	55～59	306	92.4	6.9	81	84	86	88	91	94	97	98	101	102	106
女	20～24	306	82.3	5.8	73	76	78	80	81	82	84	86	90	92	97
	25～29	310	83.2	5.9	74	77	78	80	81	84	86	88	90	92	97
	30～34	298	85.4	6.2	75	79	80	82	84	86	88	90	93	95	99
	35～39	309	86.6	6.1	78	80	82	83	85	87	89	91	93	95	102
	40～44	313	86.9	6	76	79	80	83	84	87	89	91	93	85	99
	45～49	313	88.7	6.2	79	83	84	85	87	90	92	93	96	98	102
	50～54	314	90	6.4	80	84	85	87	88	90	93	95	98	99	106
	55～59	311	89.5	6.8	79	82	83	85	88	90	93	95	98	100	104
腰围(cm)															
性别	年龄	n	mean	SD	P3	P10	P15	P25	P35	P50	P65	P75	P85	P90	P97
男	20～24	299	85.7	6.9	63	66	68	71	73	76	81	83	86	89	97
	25～29	298	88.1	6.7	64	69	71	74	78	81	85	89	91	93	99
	30～34	291	90.2	6.4	68	71	74	77	81	85	87	90	94	97	103
	35～39	300	90.9	6.7	66	71	75	78	81	86	89	92	96	98	104

续表2-4

性别	年龄	n	mean	SD	P3	P10	P15	P25	P35	P50	P65	P75	P90	P85	P97
	40～44	318	92.1	6.9	67	73	76	81	83	87	91	94	96	98	105
	45～49	314	92.5	6.5	71	75	77	81	84	87	91	93	97	99	106
	50～54	309	92.8	6.9	69	73	76	80	83	87	91	93	97	101	107
	55～59	306	92.4	6.8	69	73	76	80	83	87	91	93	96	98	103
女	20～24	306	82.3	5.8	61	64	65	67	69	71	74	77	79	81	87
	25～29	310	83.2	5.9	62	64	66	67	70	72	74	77	79	82	89
	30～34	298	85.4	6.2	61	65	67	70	72	75	79	82	84	86	90
	35～39	309	86.6	6.1	62	67	69	71	73	76	78	81	85	87	95
	40～44	313	86.9	6	65	68	70	72	74	77	80	82	85	88	95
	45～49	313	88.7	6.2	67	71	72	74	76	79	82	85	87	89	97
	50～54	314	90	6.4	67	72	73	75	77	81	84	86	89	90	98
	55～59	311	89	5	7.8	66	71	73	76	77	81	85	88	91	93
臀围(cm)															
性别	年龄	n	mean	SD	P3	P10	P15	P25	P35	P50	P65	P75	P85	P90	P97
男	20～24	300	76.2	9.2	80	84	85	87	89	92	95	97	99	100	104
	25～29	296	80.3	9.3	82	86	87	90	91	94	96	98	101	102	106
	30～34	290	83.2	9.4	84	87	88	90	92	95	97	99	101	103	106
	35～39	294	84.2	9.8	82	87	88	90	92	95	97	99	101	104	107
	40～44	318	85.8	9.6	82	87	89	91	93	96	98	100	102	103	106
	45～49	318	86.3	9.2	84	88	90	91	93	95	97	100	102	103	106
	50～54	310	85.9	10.3	84	87	88	90	91	94	97	100	102	105	107
	55～59	310	85.4	9.4	81	85	86	89	92	95	97	99	101	103	105
女	20～24	302	70.9	6.9	82	84	85	87	88	90	91	93	95	96	99
	25～29	306	71.6	6.9	80	84	85	87	88	90	92	93	96	97	101
	30～34	300	74.8	7.9	82	84	86	88	89	91	94	95	97	99	103
	35～39	305	75.4	8.1	83	86	87	88	90	91	93	95	97	99	104

续表2-4

性别	年龄	n	mean	SD	P3	P10	P15	P25	P35	P50	P65	P75	P90	P85	P97
	40～44	314	76.7	7.9	83	86	87	89	90	92	94	95	97	99	103
	45～49	313	78.7	7.7	85	87	89	90	91	93	95	96	98	100	106
	50～54	314	80	7.8	84	87	89	90	91	93	95	96	98	99	103
	55～59	311	80.6	8.6	83	86	87	89	90	92	94	95	98	99	103

上臂皮褶厚度(mm)

性别	年龄	n	mean	SD	P3	P10	P15	P25	P35	P50	P65	P75	P85	P90	P97
男	20～24	297	10.7	5.9	4	5	6	7	9	11	13	16	18	20	23
	25～29	297	11.9	5.9	4	6	6	9	10	12	14	17	19	21	26
	30～34	291	11.8	5.6	5	6	7	9	10	12	14	16	19	21	25
	35～39	300	12.2	6	4	5	6	9	11	13	15	17	19	21	27
	40～44	320	12	5.4	4	6	7	9	11	13	15	16	19	21	23
	45～49	316	11.3	5.1	4	6	7	9	10	12	13	15	18	20	23
	50～54	310	11.1	5.9	4	6	6	8	9	11	13	16	17	21	27
	55～59	309	11.6	5.4	5	6	7	9	10	11	14	16	18	21	26
女	20～24	306	15.2	5.1	8	10	11	13	14	16	17	19	21	23	28
	25～29	310	16	5.5	7	10	11	13	15	16	19	21	23	25	29
	30～34	300	16.8	5.7	8	10	12	14	15	18	20	22	24	25	29
	35～39	309	17.6	5.6	9	12	13	15	16	18	21	22	24	26	31
	40～44	314	18.3	5.8	9	12	13	16	17	19	21	23	25	27	32
	45～49	314	19	6.2	9	12	13	16	17	20	22	24	26	27	32
	50～54	314	19.4	5.6	10	13	15	17	18	20	22	24	26	28	31
	55～59	312	18.6	5.8	9	12	13	16	18	20	21	23	25	26	33

肩胛皮褶厚度(mm)

性别	年龄	n	mean	SD	P3	P10	P15	P25	P35	P50	P65	P75	P85	P90	P97
男	20～24	298	13.3	6.7	6	7	8	9	11	13	15	17	21	25	31
	25～29	297	16.1	7.8	7	8	9	11	13	16	19	22	25	27	34
	30～34	290	18	7.7	7	9	10	13	15	19	22	24	28	29	32

续表2-4

性别	年龄	n	mean	SD	P3	P10	P15	P25	P35	P50	P65	P75	P90	P85	P97
	35～39	299	18.2	7.1	7	10	11	14	16	19	21	24	27	29	33
	40～44	320	18.4	7.6	6	11	12	14	16	19	22	24	27	29	33
	45～49	317	19	7.4	8	11	12	14	17	20	23	25	27	29	36
	50～54	308	17.9	7.3	7	10	11	13	15	19	21	23	26	28	36
	55～59	307	18	7.2	8	10	11	13	15	18	21	24	27	29	34
女	20～24	306	15.2	5.8	8	10	11	12	13	15	18	20	22	24	29
	25～29	310	16.4	6.9	6	9	11	13	14	16	19	22	25	27	33
	30～34	299	17.7	6.6	8	10	11	14	16	18	21	23	26	28	33
	35～39	309	19.5	6.9	9	12	13	15	18	20	23	25	28	31	34
	40～44	312	20.5	7.6	9	12	14	16	18	21	24	27	29	31	37
	45～49	314	22.6	7.8	10	14	15	18	21	23	26	28	31	34	39
	50～54	313	22.4	7.2	11	15	16	18	21	23	25	27	31	33	39
	55～59	311	21	7.3	9	13	14	17	19	22	24	26	29	32	39
腹部皮褶厚度(mm)															
性别	年龄	n	mean	SD	P3	P10	P15	P25	P35	P50	P65	P75	P85	P90	P97
男	20～24	302	19	10.5	6	7	8	11	14	18	24	28	31	35	41
	25～29	294	24.2	11.5	7	10	11	16	21	26	31	32	37	41	46
	30～34	288	25.6	10.7	7	11	13	19	23	27	31	34	38	41	45
	35～39	296	25.9	10.2	7	12	15	21	23	27	31	35	39	41	46
	40～44	317	26.1	10.4	8	13	16	20	23	27	32	35	39	41	47
	45～49	316	27	9.9	8	14	17	21	25	29	31	34	38	41	47
	50～54	307	25.7	9.8	8	13	15	20	22	27	31	33	37	41	46
	55～59	309	25.5	10.5	8	13	15	18	22	27	31	35	38	41	47
女	20～24	306	21.1	6.6	10	14	16	17	19	22	24	26	29	31	36
	25～29	310	21.3	7.6	7	13	15	17	19	22	25	27	31	32	38
	30～34	300	22.4	7.7	11	13	15	18	20	23	26	29	31	34	39
	35～39	330	23.7	7.7	11	16	17	19	21	24	27	30	33	35	41

续表2-4

性别	年龄	n	mean	SD	P3	P10	P15	P25	P35	P50	P65	P75	P90	P85	P97
	40～44	314	25.4	8.8	11	15	17	20	22	26	30	33	36	38	45
	45～49	314	27.7	8.7	13	18	21	23	25	28	31	35	37	41	46
	50～54	314	28.8	8.1	16	19	21	24	26	29	33	36	39	41	46
	55～59	311	28.5	8.5	13	19	21	23	26	29	33	36	39	41	46
安静心律(次/分钟)															
性别	年龄	n	mean	SD	P3	P10	P15	P25	P35	P50	P65	P75	P85	P90	P97
男	20～24	302	78.6	9.5	62	69	71	73	75	79	82	85	91	92	99
	25～29	297	78.3	9.7	61	69	71	73	75	79	81	85	89	91	103
	30～34	289	77.8	8	64	70	71	73	75	78	81	85	87	89	97
	35～39	296	77.7	8.7	65	68	69	73	74	77	81	85	87	91	97
	40～44	320	76.1	8.7	63	68	69	73	73	76	79	81	85	89	97
	45～49	315	76.2	9.1	60	65	69	73	73	77	79	83	87	89	96
	50～54	311	75.8	8.4	61	66	69	71	73	76	79	82	86	89	94
	55～59	308	75.3	8.3	61	67	69	71	73	75	79	81	85	87	92
女	20～24	306	80.5	9.7	64	71	71	75	77	81	85	87	91	94	103
	25～29	311	78.8	9	66	70	71	73	75	79	83	85	91	91	98
	30～34	300	78.1	8.6	65	69	71	73	74	77	82	85	89	91	97
	35～39	309	77.1	8.8	65	69	70	72	74	77	79	83	86	89	97
	40～44	314	76.6	8.8	62	67	88	71	73	77	79	83	87	89	96
	45～49	314	76.6	8.6	61	67	69	73	75	77	79	83	86	90	97
	50～54	314	75.8	8.2	61	67	69	71	73	76	79	83	86	87	93
	55～59	310	75.3	8.1	61	67	69	71	73	76	79	81	85	87	91
收缩压(mmHg)															
性别	年龄	n	mean	SD	P3	P10	P15	P25	P35	P50	P65	P75	P85	P90	P97
男	20～24	301	119	10.7	101	106	111	111	116	121	123	129	131	132	139
	25～29	299	119.5	12.3	96	102	109	111	115	121	126	131	133	135	141
	30～34	292	120	11.4	93	103	109	113	119	121	124	131	133	137	146

续表2-4

性别	年龄	n	mean	SD	P3	P10	P15	P25	P35	P50	P65	P75	P90	P85	P97
	35～39	300	122.4	11.5	101	111	111	117	121	121	128	131	135	139	147
	40～44	318	122.4	13.6	103	111	111	115	119	121	129	131	135	139	145
	45～49	312	123.3	13.3	101	109	111	115	121	121	128	131	139	141	151
	50～54	303	125.6	13.7	101	111	112	182	121	126	131	136	141	143	155
	55～59	302	126.2	12.7	101	111	111	119	121	129	131	137	141	143	153
女	20～24	304	108.1	10.1	91	96	99	101	105	111	111	116	121	121	128
	25～29	310	108.5	10.3	91	96	101	101	106	111	113	116	121	121	131
	30～34	298	109.2	10.9	91	96	100	101	105	111	115	118	121	124	131
	35～39	307	110.8	12.6	91	99	101	101	109	111	117	121	123	125	133
	40～44	313	86.9	6	76	79	80	83	84	87	89	91	93	95	99
	45～49	309	117	15.5	95	101	101	109	102	119	121	121	131	135	143
	50～54	306	120.9	15.5	91	101	103	111	117	121	129	131	138	141	155
	55～59	296	120.7	13.5	95	101	106	111	113	121	129	131	139	141	151
舒张压(mmHg)															
性别	年龄	n	mean	SD	P3	P10	P15	P25	P35	P50	P65	P75	P85	P90	P97
男	20～24	300	72.6	7.9	59	63	65	69	71	72	77	81	81	81	89
	25～29	299	75	8.4	61	65	67	71	71	76	81	81	83	87	91
	30～34	292	75.7	8.7	61	66	69	71	73	77	81	81	84	87	96
	35～39	300	78.1	8.7	61	69	71	71	76	81	81	83	87	91	99
	40～44	318	77.9	9.1	61	69	71	71	75	81	81	83	88	91	97
	45～49	312	79.1	10.2	61	67	69	73	76	81	81	86	91	93	101
	50～54	307	79.1	9.3	61	71	71	73	76	81	81	86	91	91	101
	55～59	306	78.2	9.9	61	68	69	71	75	81	81	83	91	91	101
女	20～24	303	68.7	7.9	55	61	61	63	66	71	71	76	81	81	83
	25～29	309	68.9	7.8	57	61	61	65	67	71	71	75	77	81	88
	30～34	298	68.4	7.6	55	61	61	63	68	71	71	73	77	81	82
	35～39	305	70.8	7.8	59	61	61	67	69	71	75	77	81	81	88

续表 2-4

性别	年龄	n	mean	SD	P3	P10	P15	P25	P35	P50	P65	P75	P90	P85	P97
	40～44	308	70.8	9	55	61	61	65	69	71	75	79	81	81	91
	45～49	310	73.2	8.8	60	61	65	69	71	73	78	81	81	85	91
	50～54	310	75.2	10.1	59	63	66	71	71	76	81	81	87	89	98
	55～59	299	73.6	9.8	58	61	63	69	71	73	79	81	85	89	97
台阶指数															
性别	年龄	n	mean	SD	P3	P10	P15	P25	P35	P50	P65	P75	P85	P90	P97
男	20～24	288	57.8	8.5	45	49	50	51	54	58	62	65	69	71	77
	25～29	284	55.9	7.3	46	48	49	51	53	57	59	61	65	68	72
	30～34	278	56.8	7.9	47	48	49	51	54	57	60	63	68	69	74
	35～39	287	57.6	8.2	47	50	51	52	54	57	61	64	68	70	75
	40～44	305	58.7	7.4	48	50	52	54	57	59	62	64	67	70	76
	45～49	299	58.3	8.4	46	49	51	54	56	58	62	65	69	72	77
	50～54	296	60.2	8.1	47	51	53	56	57	60	64	67	70	72	77
	55～59	298	58.7	7.9	46	50	52	54	56	59	62	65	68	70	78
女	20～24	290	59	8.9	46	50	51	53	55	59	64	66	70	72	79
	25～29	300	59	7.9	47	50	51	54	57	59	64	66	68	70	76
	30～34	281	58.7	7.6	47	50	51	54	56	59	63	66	68	69	76
	35～39	291	60.7	7.8	48	52	54	57	58	61	64	67	70	72	77
	40～44	300	61.9	8.2	47	53	54	57	60	63	67	69	71	73	79
	45～49	296	61.6	7.9	49	53	54	57	59	62	66	68	72	74	77
	50～54	301	61.9	8.6	48	51	54	57	59	63	66	69	73	75	78
	55～59	281	61.8	9	48	51	53	56	59	63	66	69	72	75	78
握力(kg)															
性别	年龄	n	mean	SD	P3	P10	P15	P25	P35	P50	P65	P75	P85	P90	P97
男	20～24	304	44	7.6	31	35	37	40	42	45	48	50	52	53	60
	25～29	300	44.4	7.3	30	36	38	41	43	46	48	50	52	54	59

续表2-4

性别	年龄	n	mean	SD	P3	P10	P15	P25	P35	P50	P65	P75	P90	P85	P97
	30～34	289	46	7	34	39	41	42	44	47	50	51	54	56	61
	35～39	302	44.7	7	33	37	39	42	43	45	48	50	53	55	59
	40～44	318	45.8	7.1	32	38	40	42	44	47	49	52	54	56	60
	45～49	317	45.2	7.5	33	37	39	41	43	46	49	51	53	55	63
	50～54	312	42.9	7.2	30	34	36	39	41	44	47	49	52	53	58
	55～59	306	39.3	7.3	27	30	32	36	38	40	43	44	48	50	55
女	20～24	305	26.5	4.9	20	21	22	24	25	27	29	31	33	34	38
	25～29	309	26.1	4.8	19	22	22	24	25	27	29	30	32	34	38
	30～34	299	27.2	5	20	22	23	25	26	28	30	32	33	36	38
	35～39	308	27.9	5.2	20	23	23	25	25	28	31	33	35	36	40
	40～44	313	27.8	4.6	21	23	24	24	27	29	31	32	34	35	39
	45～49	312	27.2	5.2	20	22	23	24	26	28	30	32	34	36	38
	50～54	314	25.9	4.9	19	21	22	23	25	27	29	31	32	33	37
	55～59	311	24	4.4	18	19	20	22	23	25	27	28	29	31	33
坐位体前屈(cm)															
性别	年龄	n	mean	SD	P3	P10	P15	P25	P35	P50	P65	P75	P85	P90	P97
男	20～24	304	10.2	7.7	−4	2	3	6	8	12	14	17	20	21	25
	25～29	299	8.6	8	−8	−1	2	5	7	10	13	15	18	20	25
	30～34	292	6.4	7.6	−9	−3	0	3	6	8	10	12	15	17	21
	35～39	300	5.7	7.6	−8	−4	−1	2	4	7	10	12	15	17	21
	40～44	320	5.3	8.3	−10	−6	−3	2	4	7	10	12	15	17	21
	45～49	317	4.1	7.8	−10	−6	−4	0	3	5	8	11	13	16	19
	50～54	312	2.5	8.1	−12	−7	−6	−3	0	4	8	9	12	14	18
	55～59	310	3	9.3	−12	−9	−7	−3	1	4	7	10	14	16	18
女	20～24	305	12.7	6.2	2	6	7	10	11	14	16	18	20	22	25
	25～29	311	11	7.3	−3	3	5	8	9	12	14	17	20	22	25
	30～34	300	10	7.3	−4	2	4	6	8	11	14	16	19	20	23

续表2-4

性别	年龄	n	mean	SD	P3	P10	P15	P25	P35	P50	P65	P75	P90	P85	P97
	35～39	309	9.2	6.7	−3	1	3	6	8	10	12	15	17	19	23
	40～44	314	8	7	−6	−1	2	5	7	9	12	13	16	18	22
	45～49	314	7.3	7.8	−7	−3	2	3	5	9	11	14	16	18	23
	50～54	313	8.7	7.8	−5	0	2	4	6	10	13	15	18	20	24
	55～59	310	8	8.5	−8	−3	−1	3	6	10	13	15	18	20	24
闭眼单脚立															
性别	年龄	n	mean	SD	P3	P10	P15	P25	P35	P50	P65	P75	P85	P90	P97
男	20～24	303	25.4	27.4	6	7	8	10	13	17	23	30	45	62	104
	25～29	300	24.9	27.2	4	6	7	9	11	14	21	36	53	64	101
	30～34	292	25.6	27.8	5	7	6	10	13	16	22	32	48	63	103
	35～39	302	23.3	23.4	5	6	6	8	10	15	21	33	49	57	78
	40～44	320	18.4	19	4	5	6	7	8	12	18	25	37	44	70
	45～49	317	16.1	15.8	4	5	5	7	9	11	15	20	31	37	61
	50～54	312	11.6	12	4	5	5	6	7	9	11	14	19	26	46
	55～59	310	10.6	12.9	4	5	4	6	7	8	10	13	18	21	36
女	20～24	305	30.4	30.4	6	8	9	11	14	21	29	40	61	71	121
	25～29	310	27.1	25.9	5	7	8	11	13	19	28	38	49	62	99
	30～34	300	26.8	27	5	6	8	9	11	16	26	36	55	65	101
	35～39	308	21.1	22.5	4	6	7	11	10	14	19	26	42	52	81
	40～44	314	19	21.3	5	6	6	7	8	11	17	24	37	50	78
	45～49	313	14.2	14.6	4	5	6	7	8	10	14	17	23	31	64
	50～54	314	10.1	9.5	4	5	5	6	7	8	10	12	16	20	38
	55～59	312	9.3	11.4	3	4	5	5	6	7	9	11	15	20	30
背力(kg)															
性别	年龄	n	mean	SD	P3	P10	P15	P25	P35	P50	P65	P75	P85	P90	P97
男	20～24	298	117.5	25.6	73	87	93	102	107	118	127	137	145	152	168
	25～29	286	118.1	27.6	55	82	99	107	112	120	127	134	146	151	172

续表2-4

性别	年龄	n	mean	SD	P3	P10	P15	P25	P35	P50	P65	P75	P90	P85	P97
	30～34	286	122.5	27	66	89	99	108	115	125	135	140	146	153	174
	35～39	301	118.6	26.1	68	89	97	106	112	119	127	133	143	151	169
女	20～24	302	68.5	15.1	41	54	57	60	63	69	74	78	83	88	101
	25～29	299	68.8	16.9	40	47	57	58	63	70	76	81	86	90	105
	30～34	295	70.8	15.6	44	53	55	61	66	72	77	81	86	91	104
	35～39	300	72.7	16.3	48	53	57	61	66	75	79	82	90	94	108
纵跳（cm）															
性别	年龄	n	mean	SD	P3	P10	P15	P25	P35	P50	P65	P75	P85	P90	P97
男	20～24	303	34.9	7	22	27	28	32	33	36	38	40	43	45	51
	25～29	299	33.4	6.3	25	26	28	30	32	34	37	39	41	42	51
	30～34	293	33	7.2	22	24	28	29	31	34	36	39	42	43	49
	35～39	300	31.4	6.6	21	23	25	28	29	33	35	37	39	41	46
女	20～24	303	22.7	4.8	16	18	19	21	22	23	25	26	27	29	37
	25～29	299	22.8	4.2	16	18	19	21	22	24	25	26	28	29	37
	30～34	293	22	4.2	16	18	19	20	21	23	24	26	27	28	14
	35～39	300	21.4	4.3	15	17	18	19	21	22	24	25	27	28	32
俯卧撑、仰卧起坐（次、次/分钟）															
性别	年龄	n	mean	SD	P3	P10	P15	P25	P35	P50	P65	P75	P85	P90	P97
男	20～24	303	25.3	10.4	9	12	16	21	21	26	31	31	36	41	51
	25～29	301	23.5	9.8	8	12	15	17	21	23	29	31	34	37	46
	30～34	293	19.9	9.4	6	11	11	15	17	21	22	26	30	31	43
	35～39	302	17.9	8.8	5	9	11	12	15	19	21	23	28	31	38
女	20～24	303	19.4	9.7	3	12	10	13	16	21	24	27	31	33	39
	25～29	311	18.8	9.1	4	12	10	13	15	21	23	26	29	32	38
	30～34	300	16.7	9	3	11	7	11	13	17	21	24	27	30	36
	35～39	307	14.8	8.3	3	9	7	10	11	14	17	21	25	28	34

（二）甘肃省人体质数据比较与分析

1.形态

表2–5 身高

（单位：cm）

性别＼年份	2000年	2005年	2010年	2014年
男	169.5±5.6	170.0±5.8	169.8±5.7	169.7±5.9
女	157.8±5.4	158.4±5.5	158.3±5.4	158.0±5.3

表2–5显示，2000年、2005年、2010年和2014年成年男性身高比较，峰值出现在2005年，达到了170厘米， 2000年、2010年与2014年总体保持平稳，无显著差异。

2000年、2005年、2010年和2014年成年女性身高比较，峰值同样出现在2005年，之后有所下降，2014年比2005年下降了0.4厘米。

表2–6 体重

（单位：kg）

性别＼年份	2000年	2005年	2010年	2014年
男	67.1±8.9	67.8±9.9	68.8±10.7	69.4±10.0
女	57.2±7.6	56.3±7.3	57.1±8.1	56.8±7.4

表2–6显示，2000年、2005年、2010年和2014年成年男性体重比较，2000年至2014年整体呈上升趋势，总计增加了2.3千克，增幅明显。

2000年、2005年、2010年和2014年成年女性体重比较，经历了先降后升再降的波浪形变化趋势，峰值出现在2000年，谷值出现在2005年，峰谷相差0.9公斤，差异明显。

表2–7 胸围

（单位：cm）

性别＼年份	2000年	2005年	2010年	2014年
男	88.6±6.0	89.3±6.8	91.2.±7.2	90.6±6.7
女	85.8±6.7	85.8±6.4	87.1±7.1	86.6±6.2

表2-7显示，2000年、2005年、2010年和2014年成年男性胸围比较，2000年至2010年整体呈上升趋势，2010年比2000年增长了2.6厘米，涨幅明显。2014年则比2010年有所减少，减少了0.6厘米。

2000年、2005年、2010年和2014年成年女性胸围比较，变化情况与男性一致，2000年至2010年整体呈上升趋势，2010年比2000年增长了1.3厘米。2014年则比2010年有所减少，减少了0.5厘米。

表2-8 腰围

（单位：cm）

性别＼年份	2000年	2005年	2010年	2014年
男	81.1±8.1	82.3±9.1	84.0±10.1	83.4±9.4
女	74.8±7.4	74.8±7.6	76.2±9.1	76.1±7.7

表2-8显示，2000年、2005年、2010年和2014年成年男性腰围比较，2000年至2010年整体呈上升趋势，2010年比2000年增长了2.9厘米，涨幅明显。2014年则比2010年有所减少，减少了0.6厘米。

2000年、2005年、2010年和2014年成年女性腰围比较， 2000年与2010年整体呈上升趋势，2010年比2000年增长了1.4厘米，涨幅明显。2014年则比2010年有所减少，减少了0.1厘米。

表2-9 臀围

（单位：cm）

性别＼年份	2000年	2005年	2010年	2014年
男	93.2±5.9	92.7±6.4	94.1±6.7	93.4±6.3
女	91.3±6.0	90.2±5.4	91.8±6.3	90.8±5.2

表2-9显示，2000年、2005年、2010年和2014年成年男性臀围比较，2000年至2014年整体呈先降后升又降的波浪形变化趋势，峰值出现在2010年，谷值出现在2005年，峰谷相差1.4厘米，差异明显。

2000年、2005年、2010年和2014年成年女性臀围比较，变化情况与男性一致，2000年至2014年整体呈先降后升又降的波浪形变化趋势，峰值出现在2010年，谷值出现在2005年，峰谷相差1.6厘米，差异明显。

表2-10　上臂皮褶厚度

（单位：mm）

年份 性别	2000年	2005年	2010年	2014年
男	11.2±5.1	10.4±5.8	10.1±4.8	11.6±5.7
女	16.8±6.4	16.8±6.8	16.6±6.0	17.6±5.7

表2-10显示，2000年、2005年、2010年和2014年成年男性上臂皮褶厚度比较，2000年至2010年整体呈下降趋势，2010年比2000年减少了1.1毫米，降幅明显。2014年则比2010年有所增加，增加了1.5毫米，增幅明显。

2000年、2005年、2010年和2014年成年女性上臂皮褶厚度比较，2000年和2005年持平，2010年则略有下降，之后又有明显的增加，2014年比2010年增加了1毫米，增幅明显。

表2-11　肩胛皮褶厚度

（单位：mm）

年份 性别	2000年	2005年	2010年	2014年
男	17.2±7.4	16.2±7.1	15.3±6.5	17.4±7.4
女	21.5±8.3	19.8±8.6	17.1±6.2	19.4±10.5

表2-11显示，2000年、2005年、2010年和2014年成年男性肩胛皮褶厚度比较，2000年至2010年整体呈下降趋势，2010年比2000年减少了1.9毫米，降幅明显。2014年则比2010年有所增加，增加了2.1毫米，增幅明显。

2000年、2005年、2010年和2014年成年女性肩胛皮褶厚度比较，变化趋势与男性一致，2000年至2010年整体呈下降趋势，2010年比2000年减少了4.4毫米，降幅明显。2014年则比2010年有所增加，增加了2.3毫米，增幅明显。

表2-12　腹部皮褶厚度

（单位：mm）

年份 性别	2000年	2005年	2010年	2014年
男	21.3±9.8	22.8±9.4	18.5±8.0	24.9±10. 4
女	24.9±10.2	27.7±9.6	19.8±7.6	24.9±8.0

表2–12显示，2000年、2005年、2010年和2014年成年男性腹部皮褶厚度比较，经历了先升后降再升的波浪形变化趋势，峰值出现在2014年，谷值出现在2010年，峰谷相差6.4毫米，差异明显。

2000年、2005年、2010年和2014年成年女性腹部皮褶厚度比较，变化趋势与男性一致，经历了先升后降再升的波浪形变化趋势，峰值出现在2005年，谷值出现在2010年，峰谷相差7.9毫米，差异明显。

2.机能

表2–13 安静心率

（单位：次/分钟）

年份 性别	2000年	2005年	2010年	2014年
男	78.2±8.2	76.5±8.4	75.7±7.9	77.0±8.8
女	76.2±8.3	74.8±8.4	74.8±8.4	77.3±9.8

表2–13显示，2000年、2005年、2010年和2014年成年男性安静心率比较，2000年至2010年整体呈下降趋势，2010年比2000年减少了2.5次/分钟，降幅明显。2014年则比2010年有所增加，增加了1.3次/分钟，增幅明显。

2000年、2005年、2010年和2014年成年女性安静心率比较，变化趋势与男性基本一致，2000年至2010年整体呈下降趋势，2010年比2000年和2005年减少了1.4次/分钟，降幅明显。2014年则比2010年和2005年有所增加，增加了2.5次/分钟，增幅明显。

表2–14 收缩压

（单位：mmHg）

年份 性别	2000年	2005年	2010年	2014年
男	117.4±13.8	115.9±12.9	117.9±15.0	122.3±12.4
女	112.2±14.9	108.3±12.7	110.3±14.6	113.5±12.7

表2–14显示，2000年、2005年、2010年和2014年成年男性收缩压比较，2000年至2005年有所下降，2005年至2014年整体呈上升趋势，峰值出现在2014年，谷值出现在2005年，峰谷相差6.4毫米汞柱，差异较明显。

2000年、2005年、2010年和2014年成年女性收缩压比较，变化趋势与男性一致，2000年至2005年有所下降，2005年至2014年整体呈上升趋势，峰值出现在2014年，谷值出现在2005年，峰谷相差5.2毫米汞柱，差异较明显。

表2-15 舒张压

（单位：mmHg）

性别\年份	2000年	2005年	2010年	2014年
男	77.5±9.6	77.4±10.0	78.9±10.0	77.0±9.0
女	74.3±9.9	72.2±9.6	77.8±9.7	71.2±8.6

表2-15显示，2000年、2005年、2010年和2014年成年男性舒张压比较，经历了先降后升再降的波浪形变化趋势，峰值出现在2010年，谷值出现在2014年，峰谷相差1.9毫米汞柱。

2000年、2005年、2010年和2014年成年女性舒张压比较，变化趋势与男性一致，经历了先降后升再降的波浪形变化趋势，峰值出现在2010年，谷值出现在2014年，峰谷相差6.6毫米汞柱，差异较明显。

表2-16 肺活量

（单位：mL）

性别\年份	2000年	2005年	2010年	2014年
男	3501±646	3355±666	3423±713	3489±656
女	2423±506	2154±539	2260±533	2323±491

表2-16显示，2000年、2005年、2010年和2014年成年男性肺活量比较，经历了先降后升的变化趋势，峰值出现在2000年，谷值出现在2005年，峰谷相差146毫升。

2000年、2005年、2010年和2014年成年女性肺活量比较，变化趋势与男性一致，经历了先降后升的变化趋势，峰值出现在2000年，谷值出现在2005年，峰谷相差269毫升。

表2-17 台阶指数

（单位：个）

性别\年份	2000年	2005年	2010年	2014年
男	56.9±9.9	57.6±10.0	59.2±10.8	58.0±8.0
女	57.9±10.8	60.5±10.4	63.2±11.3	60. 6±8.2

表2-17显示，2000年、2005年、2010年和2014年成年男性台阶指数比较，2000年至2010年逐渐上升，2010年至2014年逐渐下降，峰值出现在2010年，谷值出现在2000年，峰谷相差2.3个。

2000年、2005年、2010年和2014年成年女性台阶指数比较，变化趋势与男性一致，2000年至2010年逐渐上升，2010年至2014年逐渐下降，峰值出现在2010年，谷值出现在2000年，峰谷相差5.3个。

3.素质

表2-18　坐位体前屈

（单位：cm）

年份 性别	2000年	2005年	2010年	2014年
男	7.2±7.4	5.3±8.0	6.0±8.3	5.7±5.3
女	8.8±6.8	8.6±7.7	9.0±8.0	9.4±7.4

表2-18显示，2000年、2005年、2010年和2014年成年男性坐位体前屈比较，经历了先降后升又降的波浪形变化趋势，峰值出现在2000年，谷值出现在2005年，峰谷相差1.9厘米。

2000年、2005年、2010年和2014年成年女性坐位体前屈比较，经历了先降后升的变化趋势，峰值出现在2014年，谷值出现在2005年，峰谷相差0.8厘米。

表2-19　握力

（单位：kg）

年份 性别	2000年	2005年	2010年	2014年
男	46.0±7.5	45.7±7.5	44.7±7.4	44.0±7.3
女	27.8±5.4	27.7±5.3	26.5±5.1	26.6±4.2

表2-19显示，2000年、2005年、2010年和2014年成年男性握力比较，整体呈下降趋势，峰值出现在2000年，谷值出现在2014年，峰谷相差2千克，差异明显。

2000年、2005年、2010年和2014年成年女性握力比较，2000年至2010年呈下降趋势，之后略有反弹，峰值出现在2000年，谷值出现在2010年，峰谷相差1.3千克，差异明显。

表2-20　背力

（单位：kg）

年份 性别	2000年	2005年	2010年	2014年
男	138.1±24.3	131.7±24.6	127.0±23.7	119.2±26.6
女	74.2±17.8	73.1±18.5	69.6±16.8	70.2±16.0

表2-20显示，2000年、2005年、2010年和2014年成年男性背力比较，整体呈下降趋势，峰值出现在2000年，谷值出现在2014年，峰谷相差18.9千克，差异非常明显。

2000年、2005年、2010年和2014年成年女性背力比较，2000年至2010年呈下降趋势，之后略有反弹，峰值出现在2000年，谷值出现在2010年，峰谷相差4.6千克，差异明显。

表2-21　纵跳

（单位：cm）

年份 性别	2000年	2005年	2010年	2014年
男	30.9±6.3	34.1±7.0	33.5±6.8	33.2±6.8
女	19.8±4.4	21.8±5.3	21.4±4.2	22.2±4.4

表2-21显示，2000年、2005年、2010年和2014年成年男性纵跳比较，整体呈现先升后降的变化趋势，峰值出现在2005年，谷值出现在2000年，峰谷相差3.2厘米，差异明显。

2000年、2005年、2010年和2014年成年女性纵跳比较，整体呈现先升后降又升的变化趋势，峰值出现在2005年，谷值出现在2000年，峰谷相差2厘米，差异明显。

表2-22　男俯卧撑/女仰卧起坐

（单位：次、次/分）

年份 性别	2000年	2005年	2010年	2014年
男	17.6±8.3	20.6±10.1	21.6±10.4	21.2±9.6
女	10.4±9.5	14.7±9.4	16.3±10.1	17.4±9.0

表2-22显示，2000年、2005年、2010年和2014年成年男性俯卧撑比较，2000年至2010年呈上升趋势，之后略有下降，峰值出现在2010年，谷值出现在2000年，峰谷相差4次，差异明显。

2000年、2005年、2010年和2014年成年女性仰卧起坐比较，整体呈上升的变化趋势，峰值出现在2014年，谷值出现在2000年，峰谷相差7次/分，差异非常明显。

表2-23 闭眼单脚站立

（单位：s）

性别＼年份	2000年	2005年	2010年	2014年
男	23.2±25.0	23.9±30.3	20.5±28.3	19.5±20.7
女	22.8±26.1	19.7±25.2	19.7±26.6	19.8±20.3

表2-23显示，2000年、2005年、2010年和2014年成年男性闭眼单脚站立比较，2000年至2005年呈上升趋势，之后持续下降，峰值出现在2005年，谷值出现在2014年，峰谷相差4.4秒，差异明显。

2000年、2005年、2010年和2014年成年女性闭眼单脚站立比较，2000年至2005年（含2010年）呈下降趋势，之后略有上升。峰值出现在2000年，谷值出现在2005年（含2014年），峰谷相差3.1秒，差异明显。

表2-24 选择反应时

（单位：s）

性别＼年份	2000年	2005年	2010年	2014年
男	0.42±0.00	0.52±0.13	0.53±0.14	0.50±0.10
女	0.47±0.12	0.58±0.16	0.53±0.17	0.53±0.12

表2-24显示，2000年、2005年、2010年和2014年成年男性选择反应时比较，2000年至2010年呈上升趋势，之后略有下降，峰值出现在2010年，谷值出现在2000年，峰谷相差0.11秒，差异明显。

2000年、2005年、2010年和2014年成年女性选择反应时比较，2000年至2005年呈上升趋势，之后略有下降，峰值出现在2005年，谷值出现在2000年，峰谷相差0.11秒，差异明显。

（三）甘肃省人体质变化规律分析

1.形态

2000年、2005年、2010年和2014年成年男性身高比较，呈现“凸”形变化，2005年最高，2010年、2014年降低，但整体无显著差异。成年女性身高则经历了先升后降的变化趋势，2000年至2005年增高了0.6厘米，增幅比较明显，2005年至2014年整体降低了0.4厘米，降幅也较明显。

2000年、2005年、2010年和2014年成年男性体重相比较，呈现上升趋势，整体相差2.3千克，差异显著。成年女性体重呈波浪形变化，但整体有所下降，2014年比2000年降低了0.4千克，降幅比较明显。

2000年、2005年、2010年和2014年成年男性胸围相比较，整体呈现上升趋势，峰值出现在2010年。成年女性胸围与男性变化一致，整体呈现上升趋势，峰值也出现在2010年，但增长幅度没有男性明显。

2000年、2005年、2010年和2014年成年男性腰围相比较，整体呈现上升趋势，峰值出现在2010年。成年女性腰围与男性变化一致，整体呈现上升趋势，峰值也出现在2010年，但增长幅度没有男性明显。

2000年、2005年、2010年和2014年成年男性臀围相比较，整体呈现波浪形变化趋势，峰值出现在2010年，谷值出现在2005年。成年女性臀围与男性变化一致，整体呈现波浪形变化趋势，峰值出现在2010年，谷值出现在2005年。

2000年、2005年、2010年和2014年成年男性上臂皮褶厚度比较，整体呈现先降后升的变化趋势，峰值出现在2014年。成年女性上臂皮褶厚度与男性变化基本一致，整体也呈现先降后升的变化趋势，峰值出现在2014年。

2000年、2005年、2010年和2014年成年男性肩胛皮褶厚度比较，整体呈现先降后升的变化趋势，峰值出现在2014年。成年女性肩胛皮褶厚度与男性变化一致，整体也呈现先降后升的变化趋势，峰值出现在2000年。

2000年、2005年、2010年和2014年成年男性与女性腹部皮褶厚度比较，整体均呈波浪形变化，男性腹部皮褶厚度峰值出现在2014年，女性腹部皮褶厚度峰值出现在2005年，男性与女性的谷值均出现在2010年。

2.机能

2000年、2005年、2010年和2014年成年男性与女性安静心率比较，都经历了先降后升的趋势。男性安静心率峰值出现在2000年，谷值出现在2010

年，峰谷相差2.5次/分钟，差异具有显著性。女性安静心率峰值出现在2014年，谷值出现在2005年和2010年，峰谷相差2.5次/分钟，差异具有显著性。

2000年、2005年、2010年和2014年成年男性与女性收缩压比较，都经历了先降后升的趋势，但总体来看，男性与女性收缩压存在缓慢上升的趋势。

2000年、2005年、2010年和2014年成年男性与女性舒张压比较，整体均呈先降后升再降的波浪形变化趋势，男性与女性舒张压峰值均出现在2010年，谷值均出现在2014年，整体变化平稳。

2000年、2005年、2010年和2014年成年男性与女性肺活量比较，整体均呈先降后升的变化趋势，男性与女性肺活量峰值均出现在2000年，谷值均出现在2005年，整体变化平稳。

2000年、2005年、2010年和2014年成年男性与女性台阶指数比较，2000年至2010年上升，2010年至2014年下降，峰值出现在2010年，谷值出现在2000年，整体变化平稳。

3.素质

2000年、2005年、2010年和2014年成年男性与女性坐位体前屈比较，2000年男性柔韧度最好，2005年、2010年和2014年柔韧度整体有所降低；女性柔韧度则有整体向好的趋势。

2000年、2005年、2010年和2014年成年男性与女性握力比较，男性与女性都是2000年最好，之后都有整体下降的趋势。

2000年、2005年、2010年和2014年成年男性与女性背力比较，男性与女性均是2000年最好，之后都有整体下降的趋势，男性下降趋势更为明显。

2000年、2005年、2010年和2014年成年男性与女性纵跳比较，男性与女性均是2005年最好，2000年最差。

2000年、2005年、2010年和2014年成年男性俯卧撑与女性仰卧起坐整体呈向好的趋势，尤其女性仰卧起坐进步明显。

2000年、2005年、2010年和2014年成年男性与女性闭眼单脚站立比较，男性2000年至2005年上升较为明显，女性则有所下降，之后变化较为平稳，整体呈下降趋势，降幅较明显。

总体来看，2000—2014年，甘肃省成年男女的身高整体变化较为平稳，无显著差异。成年男女的体重，男子增幅明显，14年间增加了2.3千克，女子则比较平稳，无显著变化。从三围变化来看，成年男女的胸围和腰围整体呈上升趋势，成年男女的胸围分别增加了2厘米和0.8厘米，成年男女的腰围分别增加了2.3厘米和1.3厘米，增幅明显。成年男女的臀围整体变化平稳，无显著差异。从三皮变化来看，成年男女的上臂皮褶厚度整体呈上升趋势，分别增加了0.4毫米和0.8毫米；男子的肩胛皮褶厚度整体变化较为平稳，无显著差异，女子的肩胛皮褶厚度整体呈下降趋势，下降了2.1毫米；男子的腹部皮褶厚度整体呈上升趋势，上升了3.6毫米，女子的腹部皮褶厚度整体变化平稳，无显著差异。

2000—2014年，甘肃省成年男女的安静心率，整体变化较为平稳，无显著差异。成年男女的收缩压均呈上升趋势，其中男子上升了4.9毫米汞柱，女子上升了1.3毫米汞柱。成年男子的舒张压整体变化较为平稳，无显著差异，女子的舒张压整体呈下降趋势，下降了3.1毫米汞柱。成年男子的肺活量整体变化较为平稳，无显著差异，女子的肺活量整体呈下降趋势，下降了100毫米。成年男女的台阶指数均呈上升趋势，分别上升了1.1个和2.7个。

2000—2014年，甘肃省成年男子的坐位体前屈整体呈下降趋势，下降了1.5厘米，女子的坐位体前屈整体呈上升趋势，上升了0.6厘米；成年男女的握力整体呈下降趋势，男子的握力下降了2千克，女子的握力下降了1.2千克，降幅明显；成年男女的背力整体呈下降趋势，男子的背力下降了18.9千克，女子的背力下降了4千克，降幅明显；成年男女的纵跳呈上升趋势，男子的纵跳上升了2.3厘米，女子的纵跳上升了2.4厘米，增幅明显；成年男子的俯卧撑与成年女子的仰卧起坐均呈上升趋势，男子的俯卧撑增加了3.6次，女子的仰卧起坐增加了7次，增幅明显；成年男女的闭眼单脚站立整体呈下降趋势，男子的闭眼单脚站下降了3.7秒，女子的闭眼单脚站下降了3秒；成年男女的选择反应时整体呈上升趋势，男子的选择反应时上升了0.08秒，女子的选择反应时上升了0.06秒。

综上所述，2000年至2014年，从形态来看，甘肃省成年男女的身高变化不大，比较平稳，反映出近14年来，成年男女在身高上没有显著提升，但成年男子的体重增加较快，女子则变化不大；成年男女的胸围均有不同程度的增加，男子的增幅比女子的增幅显著许多；成年男女的腰围也增加明显，相比较而言，男子仍然比女子增加得更为显著；成年男女的臀围则相对稳定，变化不大。从统计数据看，成年男女的上臂皮褶厚度都有不同程度的增加；成年男子的肩胛皮褶厚度无显著变化，成年女子的肩胛皮褶厚度则下降较多；成年男子的腹部皮褶厚度呈上升趋势，增幅较大，女子的腹部皮褶厚度则相对平稳。

从机能来看，甘肃省成年男女的安静心率变化都比较平稳，无显著差异；成年男女的收缩压都有不同程度的上升；成年男子的舒张压较平稳，成年女子的舒张压则有所下降。从统计数据来看，成年男子的肺活量变化较为平稳，成年女子整体有所下降；成年男女的台阶指数都有一定程度的上升。

从素质来看，成年男子的坐位体前屈整体呈下降趋势，成年女子的坐位体前屈则有所上升；成年男女的握力、背力均呈下降趋势，降幅都较明显，男子的背力总体下降了18.9千克，背力的流失可以用“陡然”来形容；成年男女的纵跳均有所上升，且升幅都比较明显；成年男子的俯卧撑和成年女子的仰卧起坐都呈上升趋势，增幅都比较明显；成年男女闭眼单脚站立呈下降趋势，降幅都较为明显；成年男女选择反应时呈上升趋势，但上升幅度都不大。

第三章 甘肃省特有民族传统体育概况

甘肃是中华民族灿烂文化的重要发祥地，境内发现的各种远古文化类型遗存证明了这里早在旧石器时代就已有先民存在，古人类遗址中出现了石弹丸、石球、骨镞、尖锐鹿角等器具，有些器具被古人类当作生产工具，其中也有现代体育器械的雏形，这些器具是先民们亦农亦牧亦运动的真实写照。在我国商周时期，甘肃东部的泾渭流域一带是周人的发祥地之一，从这里出土的文物可以看出，当时甘肃境内已有赶车、武艺、射箭、对力、田猎等体育活动。

在甘肃的有些壁画中也反映出原始社会晚期有不少体育活动，如集体操练图案、狩猎图案、手持圆环武艺图案、投掷石球图案、骑马图案、射雁图案、格斗图案、古代舞蹈图案等。在武威汉墓出土的木雕彩绘六博俑和天水甘谷出土的西汉“摇钱树”上也有部分关于体育的图案，在敦煌马圈湾汉代烽燧遗址出土的“鞠”等也是珍贵的体育史料。在这些历史遗迹中，最引人注目的当属敦煌体育壁画，敦煌体育壁画形象而生动地反映了我国十六国至元代时期的人们的体育活动内容，其中包括棋艺、马术、射箭、摔跤、相扑、举重、射箭、武术、武艺、戏水等民间体育活动。此外，拉卜楞寺、天水麦积山石窟内的体育壁画和雕塑，也生动地反映了当时甘肃境内丰富的体育活动。

隋唐以后，甘肃古代体育随着历史的发展而不断丰富，变得更加绚丽多彩。甘肃有史以来就是一个多民族聚居的地区，全省现有多个少数民族，少数民族的总人口达219.9万，占全省总人口的8.7%。世居甘肃的少数民族有藏族、回族、东乡族、土族、裕固族、保安族、蒙古族、撒拉族、哈萨克族、满族等，东乡族、裕固族、保安族为甘肃特有的民族。省内现有甘南、临夏两个民族自治州，有天祝、肃南、肃北、阿克塞、东乡、积石山、张家川等7个民族自治县，有39个民族乡，民族自治地方的总面积约17.9万平方公里，占全省总面积的39.8%。

从分布情况来看，回族主要聚居在临夏回族自治州和张家川回族自治县，散居在兰州、平凉、定西等地市；藏族主要聚居在甘南藏族自治州、天祝藏族自治县和河西走廊祁连山的东、中段地区；东乡族、保安族、撒拉族主要分布在临夏回族自治州；裕固族、蒙古族、哈萨克族主要分布在河西走廊祁连山的中、西段地区。全省86个县、市、区中，除少数民族聚居的21个县、市外，其余65个县、市、区均有散居的少数民族。这些少数民族有着悠久的历史、灿烂的民族文化，其中包括民族体育文化，它根植于各民族的深厚土壤中，是各民族文化的宝贵遗产。数千年来，甘肃地区的民族间交往不仅给甘肃少数民族传统体育的发展奠定了深厚的思想基础，而且提供了丰富的物质基础和广泛的群众基础。

甘肃幅员辽阔，自然环境独特且资源丰富，独特的地域文化孕育了具有厚重历史继承性和丰富文化内涵的少数民族群众体育文化，它是各少数民族传统文化的一个重要组成部分。长期以来，由于地理环境、风土人情和历史变迁诸多因素的影响，甘肃广大少数民族发明和创造了丰富多彩、形式多样的体育竞技、健身和娱乐项目，具有鲜明的地域特色和民族特色，无不打上地理环境、传统观念等方面的印记。少数民族传统体育与生产劳动相结合，与宗教信仰、风俗习惯紧密相连，是各民族在不同的历史发展进程中，为适应生存和生活而创造出来的智慧结晶。

第一节　甘肃省特有民族及其传统体育概述

一、东乡族

（一）东乡族基本概况

我国有东乡族621500人（2010年），主要聚居在甘肃省临夏回族自治州境内洮河以西、大夏河以东和黄河以南的山麓地带。临夏回族自治州居住着43.8万东乡族人，其中以东乡族自治县最为集中，有21.5万人，其余分别聚居在和政县、临夏县和积石山保安族东乡族撒拉族自治县。在甘肃的兰州市、定西市和甘南藏族自治州等地，还散居着一小部分东乡族人。新中国成立后，部分东乡族人从甘肃迁徙到新疆居住，目前新疆的东乡族有五六万人。

东乡族聚居的地区，处于青藏高原与黄土高原的过渡地带，属高原浅山丘陵区，平均海拔2000米。该地区三分之一面积为河谷川塬地区，三分之一面积是黄土干旱山区，三分之一面积则高寒阴湿。这里属温带大陆性气候，冬无严寒，夏无酷暑，四季分明，气候适宜。

生活在这片土地上的东乡族，以农业生产为主，农作物有土豆、小麦、青稞、大麦、糜谷、玉米、蚕豆等，其中以土豆最为有名。经济作物有胡麻籽、油菜籽等。沿洮河、大夏河地区，还出产大量瓜果，其中以唐汪川的桃杏最为出名。山区还生长有秦艽、冬花、狼毒、甘草、防风、柴胡、麻黄等多种野生药材。

东乡族的语言属阿尔泰语系蒙古语族。其语言内部比较一致，大体可分为锁南、汪家集、四甲集3个土语，各土语之间仅有个别语音和词汇方面的差异。东乡语中借词数量较多，其中汉语借词占的比例最大，还有少数突厥语借词。东乡族没有本民族的文字，大多数东乡族都兼通汉语，汉文成为东乡族的通用文字。[①]

1.东乡族自治县

东乡族多数聚居在甘肃省临夏回族自治州东乡族自治县，东乡族自治县位于甘肃省中部西南面，临夏回族自治州东面，东经103°10′～103°44′，北纬35°30′～35°36′。东临洮河与定西市毗邻，南与广河、和政两县接壤，西接大夏河与临夏市、临夏县为界，北隔黄河与永靖县相望。东乡族自治县现全县辖8镇16乡、215个行政村、14个社区、1893个社，总人口31.47万人，其中东乡族27.76万人，东西长51千米，南北宽47千米，总面积1510平方千米，其中陆地面积1462平方千米，耕地面积36.78万亩，最高海拔2664米，最低海拔1736米，平均海拔2610米。东乡族自治县境内山峦起伏，从地貌外形上看，全县呈伞状，以位于中部靠西的县府所在地锁南坝为中心，向周围辐射状地伸展出15～20千米长的六个大山梁。基本地形为六大山梁夹着六条山沟，即韩则岭—妥家沟，沿岭梁—白家沟，官结连梁—苦格力沟，张王家梁—陈家沟，春台梁—直属沟，阿娄池梁—麦池沟。这里沟壑纵横，四面环

① 中华人民共和国国家民族事务委员会：《民族问题五种丛书》之《中国少数民族》卷，民族出版社2009年版，https://www.neac.gov.cn/seac/ztzl/dxz/gk.shtml，最后访问日期：2020年3月14日。

水，境内缺水，植被稀疏。由这些大梁大沟分出几十条支岭、支沟，形成了一幅领属清晰、绵亘不断、纵横交错的山峦图景。境内有大量的黄土斜梁状丘陵和黄土丘陵。黄土斜梁状丘陵主要分布在西南部及县城四周，占山地总面积的70%左右，梁顶起伏不大。位于县境内西北部的丹霞地貌，是东乡族自治县的又一名胜景观。丹霞地貌发育始于第三纪晚期的喜马拉雅造山运动。这次运动使部分红色地层发生倾斜和舒缓褶曲。在东乡土地上拔地而起的尖峰窄脊，夹杂在丹霞红沟之间，像“玫瑰色的云彩”，远看似霞红染，近看色彩斑斓。许多悬崖峭壁，像刀削斧劈，直指蓝天，景色瑰丽，具有很高的旅游观赏价值。东乡地形的河谷阶地主要由二级阶地构成，一、三、四级阶地零星分布，五级阶地主要分布在黄河、洮河沿岸。一级阶地高出河面80米左右，梁顶与沟底相对高度差为400米左右。一、二级阶地主要为嵌入岩，其他为基座阶地。川塬台地主要分布在靠近河岸的河滩、东塬、达板、唐汪等乡镇，面积约10平方千米，其中河滩大塬面积最大，约7平方千米。

全县31万多群众分散居住在1750条梁和3083条沟壑中，自然资源十分匮乏，经济社会发展滞后，常年气候干燥，冬长夏短，无霜期年平均138天，年降雨量为200～500毫米。年蒸发量高达1387毫米，冬无严寒，夏无酷暑，四季分明，属于典型的温带大陆性气候。

东乡族自治县是全国唯一的以东乡族为主体的民族自治县，也是东乡族的发祥地和主要聚居区。

2.风俗习惯

东乡族在长期的历史的发展过程中，形成了自己独特的生产、生活习俗，创造了丰富多彩的文化艺术。

东乡族的服饰衣着大方整洁。古时的妇女爱穿一种有领圈、大襟和宽袖的绣花衣服，袖子宽大，袖口上镶一道花边。下穿套裤，裤管镶两道绣花边，裤管的后面开小叉，用飘带束住脚管。逢喜庆大事，穿绣花裙子，她们把这种绣花裙子叫“过美”。足登后跟高寸许的绣花鞋，当时不戴盖头，只戴包头巾，发髻上插饰物，胸前一般都佩戴银饰。当时，妇女的上衣还流行用各色布缝成数段的假袖，并在假袖各段绣有花边。后来，妇女的服饰逐渐变化。妇女一般都戴盖头，分绿、黑、白三种颜色。少女和新媳妇戴绿绸和绿缎子盖头，结婚一两年后的妇女和中年妇女戴黑盖头，老年妇女戴白盖头。衣着都是藏青色或黑蓝色布衣，青年妇女穿红的或绿的，上衣宽大，齐膝盖，大襟在后边，并外加一件齐膝的坎肩，长裤一直拖到脚面。过去，男子多穿宽大的长袍，束宽腰带，腰带上挂有小刀、荷包、鼻烟壶和眼镜盒之类的物件，头戴黑、白二色的平顶软帽。中年人和老年人喜穿长袍和“仲白”。“仲白”类似维吾尔族的对襟长服，一般用黑布和灰布缝制，穿用时，要整齐净洁，纽扣系端正。

东乡族主要以小麦、豆子、青稞等面食和洋芋为主食，以牛、羊、鸡、鸭、鱼等为副食，忌吃猪、狗、马、驴、骡和凶猛禽兽的肉。不能反手倒水，吃饼子、馒头都要掰开或掰碎后吃，不能吃整的。

东乡族特别喜欢饮茶，一般每餐必有茶，喜用云南春尖茶和陕青茶，来客人则待以“三香茶”。在盖碗内放有茶叶、冰糖、桂圆或烧熟的红枣、葡萄干等物，叫“三泡台”。忌抽烟、喝酒。

东乡族尊老爱幼，热情好客。客人到家，立即请到炕上，用最好的茶、饭招待。主人陪客，但不和客人一起饮茶用餐，而是在一旁端饭倒茶，自己不坐也不吃，以示尊敬。炸油果、手抓羊肉、炖鸡都是待客的食品。

东乡族把家叫“格儿”（房子的意思），普遍实行一夫一妻制。祖父母都住“富格个”（即上房），父母亲住“乔也个”（即厢房），儿女住单间的尕房。儿子结婚十多年以后，便另打庄窠（院）与父母分居。分居时，父母要给儿子划分财产土地。幼子可一直留在父母身边，继承权比其他儿子多一点，并为父母养老送终。父母亡故时的殡葬费，由儿子们共同负担。父母或者祖父母居住的老底窠（院）或者是上房，归幼子所有。在财产分配方面，长孙的地位几乎与儿子们一样，亦可分得一份财产。在几代同堂家庭成员中，翁媳之间、兄与弟媳之间均有回避的习惯，经常不见面，也不交谈，以表示尊重。

东乡族的婚姻，实行男娶女嫁。男子到了结婚的年龄，男方家通过媒人向女方家送去茶、冰糖、衣物等，俗称“订茶”。送了“订茶”就等于已经“订婚”。嗣后，男方家要给女方送“彩礼”。“彩礼”的多少视男方家经济情况而定。一般是由媒人、男方家长及儿子一起向女方家送礼，女方家请来本家的老人，备以饭菜招待，称为接礼。结婚日期多选在秋收后或冬闲时的“主麻”日。结婚这天，要进行简单的伊斯兰教仪式，即男方到女方家娶亲时，由阿訇主持仪式，并当众念“尼卡哈”。之后，人们把预先摆好的一盘红枣、核桃，撒给围观的大人和小孩，表示早得儿女。第二天新娘同客人见面，称“拜客”，下午新娘第一次进灶房，擀长面，称“试刀面”，并请客人品尝新媳妇的手艺。

东乡人对丧葬很重视。对所有亡者，不分年龄性别，一样对待，一般不过夜，实行土葬。丧葬仪式比较节俭，亡人埋葬不用棺材，不穿衣服，无论贫富都不陪葬东西，只需3.6丈白布包裹，裹尸布叫“凯凡”。墓坑呈长方形，墓坑下另挖一偏洞，将亡人缓缓地安放在偏洞内，面容朝西，然后用土块将偏洞堵起来，再填满土。这时，阿訇开始诵《古兰经》有关章节，送葬的人们跪坐旁听，念完后，大家一齐接“都哇”，表示替亡人祈祷，至此，仪式结束。

东乡族每个月都有节日，每过了年逐月轮换，一年12个月，每个月36年后循环往复一次。这和宗教信仰有着密切的关系。东乡族有四大节日：开斋节、古尔邦节、圣纪节、阿守拉节，都来源于伊斯兰教。

东乡族的民间文化和艺术形式多样，内容丰富，独具特色。其中，尤以东乡族民歌“花儿”最有特点。“花儿”是东乡族群众喜闻乐见的一朵艺术奇葩，几乎人人会唱，人人会编。东乡语中把“花儿”称为“端”，“端拉斗”就是“漫花儿”。近一二百年来，“端”在东乡族人民的文化生活中占有十分重要的位置。过去，“花儿”以苦歌和情歌为多，唱出了对旧社会悲惨生活的控诉，表达了青年男女对封建婚姻制度的反抗以及追求忠贞爱情的愿望。新中国成立后，歌颂共产党、歌唱新生活的“花儿”已替代了过去的悲苦歌曲。

东乡族还有不少流传在民间的叙事诗和故事。用东乡语演唱吟诵的民间叙事长诗，都是说唱体，形式比较自由，中途换韵较多，旋律结构随着唱词的长短和变化自由伸缩，两段曲谱交替，不断地反复，有较强的吟诵性，至今尚在流传的有《米拉尕黑》《战黑那姆》《诗司尼比》《和哲阿姑》《葡萄蛾儿》等。东乡族民间的传说和故事，按其内容可分为人物传说、地名传说、风物传说等，据调查，已基本定型的传说和故事多达1600多种。

此外，东乡族民间的板柜画和墙壁布兜画也很有特色。板柜画主要以黑白色为主，工笔勾勒，内容以描绘自然景色为主，朴拙典雅。墙壁布兜画多以蜡笔绘彩，内容也大多为花卉树木。新中国成立后，东乡族的美术工作者从本民族文化艺术传统中不断吸取营养，创作出了一幅幅反映东乡族人民生活面貌的美术作品，其中，《婚礼》以中国画兼带工带写的细腻手法，展示了东乡族婚礼的风俗人情。①

3.人口状况

1953年第一次全国人口普查时，东乡族有人口155761人，占全国人口的0.27‰，占全国少数民族人口的4.45‰。2010年第六次全国人口普查时，东乡族人口已达621500人，占全国人口的0.41‰，占全国少数民族人口的5.63‰，人口所占比例有明显提高。东乡族人口在中国10个信仰伊斯兰教的民族中，规模大于柯尔克孜族、撒拉族、塔吉克族、乌孜别克族、保安族、塔塔尔族，小于回族、维吾尔族和哈萨克族，居第四位。

根据2010年全国第六次人口普查数据，东乡族人口中，男性317490人，女性304010人；19岁以下人口236078人，20～59岁329957人，60岁以上55465人，相对国际人口老龄化标准，东乡族人群接近人口老龄化。根据2010年全国第六次人口普查数据，东乡族人在受教育程度上，本科以上4058人，受教育程度普遍较低。

表3-1 东乡族2010年全国第六次人口普查数据

年龄＼性别	男	女	小计
全年龄段	317490	304010	621500
0～4岁	32713	26586	59299
5～9岁	28754	24057	52811
10～14岁	31006	27780	58786
15～19岁	33323	31859	65182
20～24岁	31837	33625	65462
25～29岁	26168	26416	52584
30～34岁	23284	24295	47579
35～39岁	24231	24642	48873
40～44岁	23396	23632	47028
45～49岁	17533	15979	33512

①中华人民共和国国家民族事务委员会：《民族问题五种丛书》之《中国少数民族》卷，民族出版社2009年版，https://www.neac.gov.cn/seac/ztzl/dxz/fsxg.shtml，最后访问日期：2020年3月14日。

续表3-1

性别 年龄	男	女	小计
50～54岁	8899	8705	17604
55～59岁	8579	8736	17315
60～64岁	8671	9038	17709
65～69岁	7526	7285	14811
70～74岁	5720	5571	11291
75～79岁	3203	3005	6208
80～84岁	1658	1688	3346
85～89岁	629	678	1307
90～94岁	260	301	561
95～99岁	75	90	165
100岁及以上	25	42	67

表3-2 东乡族人受教育程度

性别 受教育程度	男	女	小计
未上过学	36244	61018	97262
小学	180617	176701	357318
初中	44423	24045	68468
高中	10738	6311	17049
大学专科	4230	2811	7041
大学本科	2438	1488	3926
研究生	83	49	132

（二）东乡族传统体育项目

1.赛马

赛马是勇敢而顽强的东乡族人民最为喜爱的一项体育运动。这项运动不仅是骑技和马术的比赛，更是胆量、胆识的较量。在赛马、跑马的队伍中，有白发老人，也有十几岁的少年，他们面对陡峭险峻的大山，没有丝毫畏惧，他们在这项比赛中表现出的勇敢顽强的精神令人钦佩和赞叹。

东乡族的赛马是一项当地民族传统体育运动，马匹是东乡族人民的重要生产工具，东乡族人对马匹的体态体形十分熟悉，看形态便知马力，对马匹的驾驭能力很高，他们擅长骑射，赛马活动逐渐成为地方乡俗。东乡族的赛马，从类型上讲有两类：一类是结婚喜宴时举办的新郎跑马；另一类是在民族传统节日中举行的一系列赛马活动，其中包括速度赛马、耐力赛马、花样赛马、形态赛马、压走马等项目。

结婚喜宴时举办的新郎跑马，在当地东乡族婚礼上以新郎、男伴郎等青年人为主，他们在娶亲的路途中进行跑马表演，后来演变为婚礼跑马赛，这项活动为的是让东乡族新郎有机会在新娘的家族和亲戚朋友面前充分展示自己的勇敢善骑、英武潇洒、强健体魄和威武形象。这些优点在东乡族人看来是十分重要的，因为这一地区的地貌奇特、沟壑纵横、山道陡峭蜿蜒，当地人民认为具备勇敢善骑、强健体魄等特质，才能更好地适应相对恶劣的生存环境。经过一系列的跑马表演后，亲朋好友都要给获胜的选手披红挂彩，并且还要在马匹的脖子上绾一束红绸子，以表示庆祝。

节庆赛马一般包括速度赛马、耐力赛马、花样赛马、形态赛马、压走马等项目。

（1）速度赛马

速度赛马的比赛距离为500米至800米，赛骑均不备马鞍。比赛人员不限，谁到达终点谁就获得胜利。在速度赛马活动中，主要是竞速赛马，这是一种被大众熟知的高速奔跑，以速度快慢决定胜负。

（2）耐力赛马

耐力赛马的比赛距离相对较长，选择路线的地形不定。比赛时一般不备马鞍。耐力赛马主要考验马匹的耐久力以及骑手驾驭马的能力和意志品质。

（3）花样赛马

花样赛马的参赛者在马背上做各种各样的技巧动作，如马背站立、马背侧立、镫里藏身、马上平衡、“黄鹰展翅”及“黄鹰钻窝”等技巧动作，评判标准以动作难易程度、技巧熟练程度和技术稳定程度等因素为主。在花样赛马中，人们可以充分地发挥想象力，创造各种形式的赛马动作。这种活动主要是人在马背上各种技巧表演，对人的协调性和毅力的要求很高。

（4）形态赛马

形态赛马主要看马匹的体态、牙齿、身高、肢体比例、裆距、踝围、腹围等，这些因素都是马匹的外部形态。在形态赛马中，先远看马的全貌，包括马匹的毛色、体格大小、体型结构等，主要看全身形态是否匀称。再细看各个关键部位，比如四肢与马蹄，因为马匹的四肢和蹄与马的奔跑能力关系极大，要看四肢是否端正，四肢骨棒的粗细程度，以及马蹄的大小、蹄质的好坏、护蹄毛长短等。同时，还要参照马匹性情是否良好，马匹是否平静、友善等外在表现。在东乡的马匹贸易市场，行家们一般看到马匹的形态就能知道其能力，东乡族人民以“骏”来评价是不是好马。所谓“骏”，就是对马的身高、肢体比例、裆距、踝围、腹围等的综合评价。

（5）压走马

东乡族的走马、走骡项目和田径运动项目中的竞走有相似之处，马匹竞走的距离因地形而定。比赛规定要给马备鞍鞯，披红挂绿，这样显得马威武雄壮。比赛时，先划定距离，然后看马的走姿，要求马的过步大，重心稳，四蹄交替频率快，但不得腾空。

2.放鹰野猎

鹰猎，即驯养猛禽进行捕猎，早在4000年前，我国部分少数民族就有养鹰、驯鹰的习惯。随着时代的变迁，鹰猎渐渐淡出人们的视线。鹰猎文化自在我国出现，至今延续了近2000多年。鹰猎文化属于独具特色的民俗文化，包括了悠久的民族性与浓郁的文化性，古代的鹰猎文化体现了权贵文化特点，现今的鹰猎文化则主要表现为民众的娱乐休闲活动和生产生活方式。随着时代的更迭，经济形态、社会生活的现代化以及多民族文化的融合使得这种民俗文化在不同历史时期发生着种种改变。

在古代，鹰猎活动首选用鹰为猛禽之王——金雕，金雕作为最大、最危险的羽毛掠食者，会经常攻击比它大几倍的猎物。它栖息于山地，常高踞山崖巅顶或飞翔于高空中，身长76～102厘米，翼展达2.3米，体重2～6.5千克。金雕的爪子伸展开可达8厘米长，其握力是人手的3倍。在猛禽生态系统中，金雕处于食物链顶端，在空中基本没有竞争对手，即使是比较大的陆地掠食者——土狼，也是它的狩猎对象。现在，金雕被列入中国国家I级重点保护动物，因此用金雕来进行鹰猎活动已被禁止。

东乡族的先民通过驯化鹰来帮助他们捕猎，之所以选择这种猛禽进行狩猎，是因为鹰的视力是人类的数倍，它能在几公里之外的高空判断猎物的大小，能以极高的速度猎捕动物，所以在生产力低下的冷兵器时代，鹰猎不仅大大提高了狩猎效率，还有效扩大了狩猎范围。在东乡地区山大沟深的自然环境下，鹰除了帮助先民获得食物外，也成为他们的精神伙伴。在东乡，鹰被认为是坚毅、勇敢的象征，所以东乡族先民对鹰充满着喜爱和崇拜，当地与鹰相关的图腾足以证明其在东乡地区的影响力。

东乡族的先民一般在农闲时进行鹰猎活动，通常有几种方式。一种是选择较高且视野宽阔的山峰上放鹰。在放鹰之前，一人站在山上，其他几人站在山下，山下的人用棍杖拨打草丛，惊动野兔、雉鸡等猎物，当猎物四处跑动时，猎鹰便迅速准确地捕获猎物。一种是马上放鹰，也就是放鹰者带着鹰骑上马，当发现猎物时，鹰猎者放鹰捕猎。还有一种是配合放鹰，一般由三人完成，三人的位置呈一个三角形，每人手持一长杆，一人在中间发起进攻，另外两人在两翼进行迂回、配合，手中的长杆不停地敲打草丛，猎物跑动起来，三只鹰可协同作战。

在东乡，先民把鹰猎俗称为“玩鹰”，并流传一句俗语：“春要细，夏要松，鹞子大鹰过一冬。”意思是春天训练体型较大的鹰，夏天训练体型较小的鹰。当地人将养鹰叫作“笼鹰”，“笼鹰”的过程是比较复杂的，关键在于换羽毛，羽毛换不好，按照当地说法就是“不出活”，也就是不擅长捕猎，所以“笼鹰”的过程很是讲究。首先，驯鹰者需要给鹰提供充足的食物，为其提供营养。其次，训练鹰的捕猎技能。驯鹰者一般在幼鹰3个月大的时候就要对其进行训练，这个时期关键要保持鹰的体型。

放鹰野猎是东乡族先民在秋高气爽的季节里最喜欢的一项体育活动。由于长期鹰猎，使他们对驯鹰有着丰富的经验。选鹰时，一般会选用裆（两腿之间的距离）较宽、爪子较大的鹰。训练鹰的主要方法是“熬”“架”“把式上”。在当地有句话叫“架倒的鹰，遛倒的马”，所以说架鹰是需要花费一些精力的。在训练鹰时最忌讳的就是鹰的满膘，也就是没有控制好鹰的体重，人们会通过控制食量和加强训练来保持鹰的体型，同时建立起鹰与人之间的感情。

东乡族人选择适合的鹰进行驯化，当地人将这种活动称“鹰把式”，捕鹰的过程也是个艰难的过程，需要一步步完成。

第一，捕鹰要选在秋季。进入秋季，食饱后的鹰通常会在山冈之上闭目养神，这时猎鹰者会选择鹰经常出没或停留的地方，在此设上捕鹰架，当鹰爪踏上捕鹰架时，捕鹰架就会立刻把鹰爪索住，捕鹰人看准时机将鹰捉住。

第二，就是当地人所称的“熬鹰”。熬鹰就是将捕捉来的鹰进行驯化，让它适应人类环境。通常情况下，猎鹰人会将鹰放在自己的肩上或胳膊上进行驯养，其目的就是让鹰适应主人，经过长期的驯养，鹰对人产生依赖，有了归属感，就为后期鹰猎打下基础。

第三，训练跳架。跳架就是训练鹰的捕猎技能，此阶段不能将鹰喂得过饱。猎鹰人手拿着肉，相距鹰有1米多的距离，并从嘴里发出类似鹰的叫声，这时的鹰见到肉后会进行捕食，需要飞向猎鹰人，经猎鹰人叫喊，鹰通常会跳到猎鹰人拿肉的胳膊上，这一过程就称为“跳架”。

第四，训练鹰的选择性捕猎技能。猎鹰人通常会拿出大小不同的两块肉进行喂食，当鹰飞向较小的肉时，猎鹰人则会发出训斥的声音，当鹰飞向较大的肉块时，猎鹰人则会发出安抚的声音，反复操作后，鹰就会明白应该飞向放着较大肉块的地方。

第五，“破鹰”环节。所谓“破鹰”，就是训练鹰见到猎物就开始捕捉的技能，此环节是鹰猎活动的关键。“破鹰”训练一般要选择相对开阔的地形放兔子等猎物，在选用兔子时最好选用幼兔，因为幼兔跑动较慢，有利于鹰能成功捕捉兔子。放兔子后要立即放鹰，鹰扑过去捉住兔子时，猎鹰人要给予奖励。这样反复训练之后，就可以进行正式“放鹰”。东乡族的猎鹰人在正式放鹰时一般不将鹰喂饱，要让鹰保持饥饿状态，等到成功捕到猎物后，猎鹰者人就会让鹰吃饱。

3.三连石击

三连石击属于抛击类民族传统体育运动。这项比赛中，选手一手拿3块30克左右的石子，对准设有一定距离的目标连续击打3次，以击准目标的准确程度判胜负。这项运动来源于战争，战时的军人拿着手中的石头击打敌人，手握3块约30克重的石头，对目标连击3次，当第1石击不中时，连续投掷第2石、第3石，使敌人防不胜防。后来，先民们就将战时所用的“三连石”用于对年轻人的训练和比赛，一则强健身体，二则以备战时使用。比赛以击中目标判胜负，要求快速、连发、准确。

4.吉咕杜

吉咕杜是东乡族的一项传统体育活动，吉咕杜是东乡语，也叫“别烈棍”，又称“打地骨都”。该项目所使用的工具分为“别烈”和“伽”。东乡族民众将比赛时所使用的木棒称为“别烈”，手握的一头圆，击球的一头略扁，“别烈”由树枝削制而成，长约80厘米，直径约5厘米。“伽”一般由鸡蛋大小的椭圆或圆形木球制成，木球由木块削制而成。东乡族人民在农闲时会选择一处空旷的场地，这个场地一般选在碾场地较多，其原因是碾场地为农民秋收碾麦子之地，较为平坦且宽广，非常适合开展吉咕杜这样的传统体育项目。通常在场地上挖一半径约40厘米的或用石头土块围一半圆的坑，称为岗沿。

这项活动分两队，分别为攻方和守方。进攻一组先由一人开始，一手拿“别烈”，一手拿“伽”，攻方队员站于岗沿一侧，然后一手将“伽”抛起，在空中用“别烈”进行击打，“伽”被打得越远，对攻方越有利，这时防守的一方分布在场地接球，从接住之地将“伽”抛向岗沿。若抛进岗沿，则进攻队这名队员就为失败，换下一人进攻；若抛不进，则用“别烈”长度来测量没抛进的“伽”落的位置到岗沿的距离，用“别烈”计数。第一次抛不进，待量完“别烈”数之后，从第一次没抛进的“伽”所落的位置再次向岗沿内抛球，进攻的队员则在岗沿一侧拿“别烈”对抛来的“伽”进行防守，把握好“伽”来的方向进行击打，打得越远越好。如击打到“伽”，则从被二次击出的“伽”落之地到岗沿再次进行丈量，依次类推，直至将“伽”抛进岗沿内为止。若防守队员接不到被击打的“伽”，就从“伽”落地位置进行抛掷。向岗沿内抛“伽”的防守队员，抛“伽”时可用假动作干扰对手，如突然做欲抛“伽”的动作，待对手误判挥“别烈”迎来“伽”的动作时，迅速将球抛进岗沿内。比赛中的双方有攻也有守，待两队所有队员完成比赛后，按两队的棒数总数分出胜负，输的一方接受惩罚，惩罚形式一般为喊“啦素”，即胜的一方让输的一方吸气后不得中断地喊“啦素”，跑到被击出“伽”落地的位置，中断者就会受到惩罚。

这项游戏用东乡语唱道：“不用眼力不得窍，不用臂力不得窍。吉咕杜乒乓飞得高，看我再敢傲不傲。”此项运动需要用到跑、跳、走等一系列动作，要求双方有较高的眼力和较强的互动，发展了下肢和腰部力量，锻炼了柔韧性和身体协调能力，若不能做到眼疾手快，就有可能错失接球的机会，甚至可能受伤。由于这项传统体育项目的运动量比较大，对呼吸系统是一种很好的锻炼。抛、投、扔、接等一系列动作也多次出现在比赛当中，这些动作的反复出现，发展了队员的上臂力量。由于比赛中球的快慢缓急变幻莫测，这就要求队员要合理迅速地做出预判，从而锻炼了队员的脑力和眼力，发展其灵敏性和反应能力。

5.竞渡黄河

“羊皮筏子”这项东乡族传统体育活动与东乡地区独特的地理环境有关，东乡地处山大沟深的干旱山区，俗称“干东乡”。东乡虽然常年干旱，但四面环水，东面是洮河，西面是大夏河，南面是广通河，北面是黄河。东乡族的先民们早期就有频繁的贸易活动，他们通过贩卖羊皮和收羊、收牛来养家糊口，但是由于东乡四面环水，这就给贸易活动带来了极大的阻碍，在生产力还不发达时期，先民们为了生产生活，发挥自己的聪明才智，自制过河工具，比如羊皮袋、牛皮袋、羊皮筏子、羊皮袋等。所谓的羊皮袋，就是将宰好的羊剥皮，将皮晾干之后吹气使其膨胀，做好的羊皮袋在下水时就会飘起来。牛皮袋的制作也是同样的方法。所谓羊皮筏子，就是将4～8个羊皮袋捆扎在一起，在扎好的一排羊皮袋上搭几根竹板或木材，供人乘坐或用于运货。在当地，1人用1个羊皮袋，称为“单抱”；2人用1个牛皮袋，1人装在牛皮袋内，1人骑在牛皮袋上用手足划水，称为“双乘”；3人以上过河就用羊皮筏子。东乡族先民们就是靠羊皮筏子、羊皮袋、牛皮袋这样的渡河工具，往返于河流两侧进行贸易。自古以来，无数边将使节、中外商贾渡河，羊皮筏子、牛皮袋等发挥了积极作用，古人曾留下“不用轻帆并短棹，浑脱飞渡只须臾”的诗句。

随着社会的不断发展，先进的交通工具替代了古老的渡河方式，羊皮筏子等工具逐渐退出历史舞台，但是，这一行为逐渐演变为民族传统体育项目。东乡族人在闲暇时开展此类比赛，训练自己驾驭筏子的能力，在比赛中一展自己的比赛技艺与奋勇直前的精神。羊皮筏子不仅是一种工具，更体现了东乡族人民的智慧与艰苦奋斗的精神，也是人类适应大自然的见证。

6.骑木划水

骑木划水是一项东乡族人民结合当地的地理环境，逐渐演变而来的传统体育项目，骑木划水多出现在洮河西岸。东乡四水相环，其独特的地理环境使当地人练就了过硬的水性，洮河两岸沿线常常是汉族人和东乡族人的聚集之地，所以东乡族的水上活动多发生于这里。

骑木划水通常在洮河支流相对平静的水域或岸边聚集的水池进行。水中放置一根长3～5米、直径50厘米左右的木头，当地人通常用柳木，柳木放置水中不易下沉，并且不易腐烂。比赛前，选手二人背对背分别骑在木头的两端。比赛开始后，选手立即用双手划水前进，各自都竭尽全力，将木头划向自己的一边。这项传统体育项目的技巧为：划水者在划水时一定要掌握划水的频率，且不能无频率乱划，在划水时手指尽量合拢不可五指分开，一定要注意划水的力度和深度。选手每划一水都会吆喝一声，一来是给自己打节奏，二来是为自己呐喊助威，在岸边观看的民众也会不约而同地跟着选手的节奏呐喊。比赛以选手在规定的距离内将木头划引到自己一边者为胜一局。然后调换方向再赛，以同样的方法定胜负。最终，在规定的局次内，以引向自己方向次数多者为胜，输的一方会接受一些具有娱乐性的惩罚措施，比如“揪耳朵”“压鼻子”等。

7.夹木过河

夹木过河源于洮河伐木，自古有之。一种说法是这一传统体育项目主要分布在东乡达板和科妥附近，因为这一带地处沙椤林场附近，所以这一带散落木材较多，居住在洮河沿岸的东乡族人便发明了这种实用的夹木过河竞赛运动。还有一种说法是东乡族人民自古热衷贸易，夹木过河最初产生于东乡先民们过往洮河运送货物，后来渐渐发展为东乡居民日常的娱乐活动，夏季农闲时，在那潺潺静流、水波荡澜、山树映水而出的河面上，就有许多东乡族民众聚集在河边游泳，当地人叫“打交戏”，不少人就会来几次夹木过河比赛。

夹木过河简单来说就是夹木单臂速游，每人腋下夹着一根长50～80厘米、直径30～40厘米的木头，所夹的木头要保持一致，谁先夹着木头游到河对岸，谁就获得胜利。比赛开始，选手顺河一线展开，一臂夹着木头，另外一只手划水，通常采用自由泳。这项传统体育活动要求参赛选手要有较高的水性，选手在行进时把脸转向身体侧方的同时配合手的滑动。这一动作既不能太早，也不能太晚，划水的同时双脚踩水。有经验的选手一般都是手扶木头但不夹实，这样有利于划水速度，夹木头时可以靠木头的漂浮力进行支撑，选手只需向前划水，划水技巧一般为右腋夹木或右手扶木，左手进行划水，划水时手通过身体侧前方，脸开始转向侧面进行呼气，这样前伸的手在滑行时才不会破坏身体的平衡姿势。在划水时要有意识地把手向前推，这样就能维持水流方向。有些水技不佳的选手在游到河面中部时会被湍急的河水冲向下游，使他们很难快速上岸，这就要求前边的手臂做连续划水和移臂的动作，使肩的转动和头部位置相对稳定。呼吸则要求选手向划水手臂的同侧吸气，夹木手臂维持不动，选手高高地露出水面，维持这样的泳姿快速进行前游。这项传统体育项目的最难点在于单臂划水控制身体平衡进行前游。

此项民族传统体育项目不仅丰富了当地民众的娱乐生活，更锻炼了当地民众的体质。长期的夹木过河运动，改善了东乡族民众的心血管系统，也促进了他们的新陈代谢与血液循环。同时，这项运动有效增强心肺功能，它不同于别的泳姿，需要一臂夹木一臂划水这一独特的动作来完成，既锻炼了呼吸肌的收缩能力，又有效改善心肺功能，还增强了当地民众的协调能力和反应能力。与此同时，洮河水属于自然水域，相对室内水域而言温度较低，这就要求肌体动员更多能量以保持身体足够的热量，所以经常参与该项活动，可有效增强身体对外界的适应能力。

8.拔棍

拔棍作为东乡族传统体育项目，在东乡族自治县流传极为广泛，拔棍在当地也被称为“呔哑强啦”。据说，拔棍来源于东乡族放羊人的牧羊行为，是他们在“荡羊”（游荡也称放羊）空闲时，将牧羊鞭进行抢拔的娱乐活动。放羊人为了给放羊生活增添乐趣，以比试力量和技巧为目的，将手中的牧羊鞭进行抢拔。在东乡族人看来，牧羊鞭象征着富有吉祥。

直到后来，此项游戏逐渐演变为拔棍。拔棍受场地、时间和人数因素的限制较小，所用的比赛工具也是随处可以获得，因此也广受东乡族群众喜爱。拔棍的规则为：由两人或者多人参与，棍子通常为柳木，棍子长60～100厘米，直径约6厘米，棍子前后粗细要一致，改进之后的棍子两端通常缠有麻绳，以防止脱手。现在拔棍分为竞赛式拔棍和舞蹈式拔棍。

（1）竞赛式拔棍

竞赛式拔棍分为单人单手拔棍、双手拔棍，多人拔棍，男女混合拔棍。

单人单手拔棍：两人相对而站，单手各抓棍子一头，两腿分开成弓步，支撑点在左弓步腿，身体略微前倾，裁判在地上画一道分界线，比赛开始后，参赛双方各自向后拔，只要是一方将对方前脚拔过界线，这一方就获胜。

单人双手拔棍：两人相对而站，双手各抓棍子一头，两腿分开成弓步，身体重心较单手拔棍有所变化，双手拔通常中心稍往后仰，靠全身力量进行拔棍，中间画有界线，当裁判开始发令，双方立即向后拔，只要一方将对方前脚拔过界线，该方就获胜。

男女混合拔棍及多人拔棍：这种拔棍的棍子比较长，直径也比较粗，参加多人拔棍的人数为4～12人，分为两方，其中还有男女混合拔棍，要求两队人数一致且男女比例一致。比赛时，两队都呈后弓步站立，棍子中间地面画界线，当裁判发令开始，两队同时分别向后拉，将对方握棍者前脚拉过界线就算胜利。拔棍一般采用三局两胜制的比赛规则，各拔一次，每一局相互更换一次位置。

竞赛式拔棍运动通常有三个环节，即预备环节、开始发力环节和后期调整姿势环节。在预备环节，裁判还未发令时，选手就要紧紧握住棍子，左脚向后跨一大步，身体略前倾，扎马步，重心向后压。此时重心一定要低，但是也不能太低，太低会影响选手用力，一般情况下前腿为120～130度，后腿为90～110度，两脚之间的距离应该大于肩，上身和握棍的基本动作不变，下身一定要站稳，握棍的手要用力。在开始发力环节，当裁判发令时，选手左脚迅速往后移动，以腰部发力，依靠向后的爆发力使其能抢得先机。上身姿势保持不变，同时应通过脚的移动来调整姿势，不可大步调整。在后期的调整姿势环节，在未获得明显力量优势的情况下，选手通常会产生双方僵持状态，这时就要利用拔棍技术，包括拉、移、推等，目的就是使对方失去重心，拉动棍子，最终赢得胜利。

（2）舞蹈式拔棍

东乡族的拔棍舞蹈是第七届全国少数民族传统体育运动会的第一个室外表演项目，这也是第一次将地方民族传统体育项目以舞蹈的形式呈现在大众面前。拔棍舞蹈通常有12人参加，分别为六男六女，男子头戴“号帽”，身穿“仲白”，脚踏长靴，女子身穿领圈、大襟和宽袖的绣花衣服。舞蹈式拔棍以东乡族舞蹈和拔棍比赛为主要内容，同时伴有具有东乡族特色的音乐，舞蹈用的棍子通常缠绕着花带。在表演形式上，先进行单人单手拿棍表演，后进行双人拔棍表演，最后进行多人拔棍表演，期间伴随东乡族特有的民族舞蹈。拔棍舞蹈从角力方面展示东乡族独特的民族传统文化形态及其古朴、自然、拼搏的民族精神。

拔棍舞蹈将东乡族的民族舞蹈文化内涵与拔棍这一强身健体的体育运动有机结合起来，既发挥传统体育的健身功效，又具有民族文化传播功能，体现了东乡族独特的传统体育形式。民族传统体育舞蹈是东乡族文化传播与传承的产物，是东乡族民族文化的重要组成部分，充分彰显了东乡族浓郁的民族文化和地域特色。

9.当尕打

当尕打是指东乡族民众互相投掷土块的游戏，称其为当尕打。当尕打来源于古代战争攻城攻村时的战斗方式，战争中重要的攻击工具就是田地间的土块，之后演变为田间地头的游戏。当尕打间接反映了战争场景，是蕴含着人类战斗战术的一项传统体育游戏。

当尕打一般在夏季傍晚举行，由于对场地的要求不是特别高，所以当地民众吃完晚饭后便会举行这项体育游戏，游戏以青少年居多。当地东乡族青少年一般选择在麦场进行游戏，主要原因是麦场有很多麦堆，这些麦堆可以在游戏中充当掩体。参与游戏的人少则几人，多则十几人，甚至更多，在游戏开始前，双方先分队并清理场地，各队的人数必须保持一致。队伍确定后，开始画地界，一般以掩体多、位置较高、视野较好的地界为最佳。在双方选择好地界后，开始收集土块，为了保证人员安全，土块要求质地松软，不能用石块。收集好土块后，各队队长就可以开始战略部署，麦堆、磨台、废弃的羊圈和堆放的苞谷草都是队员的阵地，然后观察进攻路线，选择进攻路线的原则为路线掩体较多，并且与后方队友的距离不能太远。当裁判发令开始，“战役”就打响了。

游戏开始时，双方队员都会互相吆喝，目的是让对方先进行攻击，双方队员一般都选择按兵不动，按捺不住的一方就开始零散投掷土块。

当尕打的基本战术分偷袭和突击。偷袭战术要求队员静肃敏捷，不让目标掩体的对方发现自己，免遭对方的土块攻击。突击战术则是队长安排其他队员成立突击组或攻击小分队，人数一般为2～3人，他们在队长的指挥和其他队友的掩护下行动，掩护队员制定策略，合理投掷土块，突击队员一般都一手将自己衣服的衣角拉向头部，另一只手拿着数个土块进行突击。掩护队员则一边吆喝一边嬉笑，一边向对方投土块，突击队员发起突击后，需要一路迅速小跑，但有时突击的路线太长，不可能一口气跑到对方的大本营，这时就需要找掩体做掩护，进行短暂的休息，其他队员此时会三三两两地冲到突击队员的掩护地。进攻的一方都会选择交替掩护，分段突击。当对方土块丢得特别猛烈时，进攻一方通常会保持不动，等待对方土块数量消耗再进行下一波攻击。有时，对方会在掩盖物攻击，如果对方是单个的、孤立的掩盖物，攻击一方的队员通常会在地形许可的情况下，由突击队员绕至对方背后门口处向对方投掷土块，逼对方停止攻击。有时，负责突击的队员会选择地势较高的地方进行攻击，甚至会攀上废弃羊圈顶部，居高临下地向对方丢土块，对方会因密集的攻击而选择投降，此时进攻方就会选择下一个目标，待对方地界内的障碍物被进攻方逐一攻占，攻击方就会集中火力攻占对方大本营，直至对方投降，这时，当尕打“战役”就结束了。

当尕打这项民族传统体育项目盛行于东乡地区，深受少年儿童的喜爱，它是一场斗智斗勇、模拟战争的游戏，在娱乐健体的同时，还不乏培养团队协作能力，这项民族传统体育项目充分发展了少年儿童的上肢力量，培养了他们灵活、敏捷、反应迅速的能力，并提高了投掷的准确性。

10.拔腰

拔腰是东乡族传统体育项目，东乡族先民们在长期恶劣的自然环境下，时常要与野兽做近身搏斗，搏斗的技巧与体能不仅决定胜负，更决定存亡。在物竞天择、适者生存的环境中，东乡族先民们形成了强悍的民风，拔腰这项活动为提高人的搏斗能力提供了练习机会。

通常情况下，拔腰比赛中是没有级别之分的，有的只是姿势的差异，体重和实力存在差异的选手是可以同场竞技的，但是不能过于悬殊。在学校和民族传统体育赛事中开展的拔腰比赛，通常会限定性别和体重。这种以小个对战大个、以一战多等情况也反映了东乡族人民粗犷和好强的个性特点。在东乡族村落里，一个优秀的拔腰腰手会受到同辈的称赞和孩子们的敬爱。东乡族青少年总盼着自己能成为一个拔腰能手，他们在上山捡柴、放羊甚至放学回家的路上总要比试比试，并且常常在一起交流技艺。拔腰运动对场地器材的要求比较简易，十几平方米且平整的地方就可以成为一块很好的场地。

拔腰是一种类似于抱腰摔跤的运动，是一种较量力气的运动，一般在两人之间角逐。其规则为：双方先选择一块空旷平整的场地，其次要有裁判，有时双方也会提前说定惩罚措施。拔腰要求两人相对而站，左右稍稍错开，然后上体前躬，正臂从侧面相互抱住对方的腰部，然后互相将右腿站在对方双腿之间，降低重心，双腿半蹲，臀部外顶。双方选手示意准备好之后，裁判发令开始，双方随即发力，尽力将对方拔起，使其双脚离开地面，两脚被拔离地面悬空者为败。比赛采取三局两胜制，每局分出胜负后，双方休息片刻，便开始下一局，双方可以协商确定休息的时间。拔腰这项体育活动方式简便，不受场地和器材的限制，对培养人的耐力、灵敏性和柔韧度等身体素质都有积极作用。

11.打抛嘎

打抛嘎是东乡族民众经常开展的体育活动之一。设备有绳子和装石子的“窝子”，绳长约1.5米，中间是装石子的“窝子”。选手使用时，将绳子的一头系一个圆孔，将圆孔套在中指上，另一端折叠上来夹于拇指与食指间，中间“窝子”处可装约30克的石子，运动开始时预摆环绕，盯准目标，松开拇指与食指夹住的一端绳头，石子随即飞出，这项比赛主要分为比远、比高、比准。由于“抛嘎”的制作非常简单，只需在一根绳子中间粘贴一个“窝子”便可，再加之它与现代体育的链球相似，玩法又比链球丰富，所以成为大众体育、学校体育甚至竞技体育中广受欢迎的体育项目和竞技素材。

12.踢毛丫

踢毛丫在东乡地区的女孩中较为盛行。在东乡，“毛丫”的制作有三种，一种是羊毛制成的，一种是鸡毛制成的，一种是鸭毛或者鹅毛制成的。制作方法是先制作一个钱币大小中间镂空的底座，底座一般1厘米厚，再用收集来的羊毛、鸡毛、鸭毛或鹅毛从底座镂空部位插下，再用麻绳将羊毛、鸭毛或鹅毛从底部固定好，与底座平行。底座通常用的是铁质的瓶盖，先将铁质的瓶盖用石头砸平，使其变为圆形片状，再选择羊毛、鸡毛等，一般选择公鸡的两三根尾毛和数根翅膀上的毛，公鸡尾毛通常绑在“毛丫”的中部，较短的翅膀上的毛围绕着尾毛均匀扎紧，这样的“毛丫”落地匀速，而且落地较正。

踢毛丫分为单踢、对踢和两组对踢。单踢就是几个人围成一片，一个人接一个人踢，比谁踢得多。对踢就是所有人围成一个圈，随便进行接踢，“毛丫”落下的位置离谁近就由谁来踢，如果“毛丫”落下位置的人没有踢到，就会受到相应的惩罚。分组对踢就是在“踢毛丫”前，先将人分成两组，在地面画上界线，两组对踢，以踢到对方界内为目的，接“毛丫”的一方在界内没有接到对方踢来的“毛丫”或者踢出对方界内时，认定为输。

“踢毛丫”一般有盘、绷、拐、磕、抹、背、勾等踢法，方法的使用要根据不同的场景进行选择。

盘踢，是最常用的踢法，这类踢法相对简单，就是当“毛丫”从空中落下的那一刻，将左腿或右腿盘起，用脚的内侧将“毛丫”在身体前方或侧面向上踢，这种踢法之所以常用，是因为在“毛丫”落地前，其位置是可以提前判断的。这个动作的重点是用脚的内侧踢，人在盘腿的一刻要适度，太过向上或向下，“毛丫”的方向就会偏离。

绷踢，是将“踢毛丫”的腿绷直，用脚面将“毛丫”在身体前方或侧面向上踢起。这种踢法一般使用在“毛丫”与身体的距离较远时，动作要点就是将小腿和大腿以及脚面绷直，掌握好脚面的方向，以控制“毛丫”的方向。

拐踢，也就是脚外侧外踢，就是向外曲小腿，用脚的外侧将“毛丫”向上踢，它与盘踢的方向相反。当“毛丫”在身体外侧时，就要用脚外侧将“毛丫”踢起，动作重点在于向外翻腿时，小腿向外不能翻得太高或太低，角度合适才能更好地控制“毛丫”的方向。

磕踢，就是屈膝后用大腿面将“毛丫”向上顶起。当“毛丫”与身体位置较近时，磕踢是最好的接“毛丫”的方式。磕踢的技术要求为：将踢“毛丫”的腿向前屈膝，用大腿的正面将“毛丫”垫起。

抹踢，通常是单腿向后侧方屈腿，用屈腿一侧的脚跟将“毛丫”向上踢起。

背踢，是难度最大的踢法，当“毛丫”向后落下时，单腿做后抬的动作，用后撩腿的脚跟将“毛丫”踢起。这个踢法要求选手的技术高超，有较强的位置感，一般用在视线受影响的时候。当“毛丫”落到身体后侧且距离身体较近时，头需要尽量向后转，以寻求最大视野，单腿迅速向侧后方抬起，用脚后跟将“毛丫”踢起。

勾踢，将“踢毛丫”的腿伸直，脚面略微向内，将“毛丫”向身后踢起。这种踢法一般使用在“毛丫”快要落地时。动作要点是：身体重心稍稍向下，腿伸直，腿面向上稍勾，用力将“毛丫”踢向身后。

这项民族传统体育项目可以增强腰腹、下肢肌肉的力量和关节的柔韧性。因为在“踢毛丫”时，会频繁出现盘腿、外翻等动作，这一系列动作能够很好地锻炼肌肉力量和关节的柔韧性。与此同时，随着“毛丫”的起起落落，头、颈、肩、双臂相互配合摆动，保持身体的平衡，所以该运动对全身都起到了有效的锻炼作用。

13.下方

在东乡的田间地头，常能看见两人用树棍或石头在地上画一个方块下棋，当地人称其为下方，属于博弈类、益智类游戏。下方虽然规则简单、容易入门，但是变化多端、方法繁多，且十分讲究布局、开局、行棋，集趣闻性、娱乐性、参与性于一身，因此被广大群众所喜爱，并以传统体育项目的形式被保留下来。它既能启发人的思维，又可以陶冶情操，使对弈双方的综合判断能力和统一协调能力得到了全面的提高，参与者因此获得较高的成就感。

下方的规则相对比较简单，对棋谱、棋盘也没有特殊要求，就地取材、两人参与、棋子分两类即可，棋子以田间或路边的石子和细树枝居多。下方一般有“七路八”“大方”“顶四路”“围和尚”等，但最为普遍的是“七路八”。

在平坦的地面上用石子或树枝画出相互交叉的7条横线和8条竖线，形成一个方形棋盘，线与线之间的位置均匀，这样画出的棋盘便为42个方格、56个棋眼的棋盘。双方开始行棋，一般不容许悔棋，比赛双方各执一种棋子(石子和树枝)。“七路八”的原则就是落子部阵使自己占据有利的位置，然后互相拔对方一子开局。其规则为：一方4枚棋子围住对方1枚棋子，4枚棋子占满1个方格的四角便为“方”。“方”是下方的核心，成“方”后，对方中间那枚棋子就可以被“吃掉”，除对方已经成“方”的棋子不能被吃外，其他任何要害部位的棋子都可以被“吃掉”。

“大方”是与“顶四路”相对而言的。它的棋盘由七纵七横的线组成，这种棋盘为正方形，横竖都是七路，下棋的方法和“七路八”相同，都是布局形成“方”后“吃掉”对方的棋子，下“大方”和“七路八”的要点是一样的，都要求棋手在开棋时就提前布阵，要多形成“方”。

在下方时，可以有很多布阵的方法，比如“七角”“六角”“连搭”等，都是棋手常用的布阵方法，目的就是利用阵法使自己占优势，“吃掉”对方要害部位的棋子。所谓“七角”阵法，就是把三组成方棋子尽量排为矩尺状。所谓“六角”阵法，就是两组方阵连接为菱角形。所谓“连搭”阵法，就是把左右两个方阵相连，“吃掉”对方棋子。经双方激战，以棋子所剩无几、不能迎战者为负。

还有一种规则为“页四路”，这种规则就更为简单，用4条线路相交成阵进行“吃子”，通常“页四路”布阵方法有“单顶”“双顶”“成四”和“串矛子”等布阵方法。所谓“串顶”，就是在一条棋路上双方各有一子，如果一方连下两子，就可把对方棋子“吃掉”；“成四”为一方在同条线路上连占三子，另一方如在这条线上下一子，对方的三子就会被顶掉。

下方的输赢一般为两种情况：一是自己的棋子被对方全面包围，没有可下子的空间；二是棋子的总数不足四枚，成不了“方”。

14.压走骡

在早期的东乡，由于东乡地区山大沟深，这里的运输以马、驴、骡驮运为主，当地把从事此种运输的劳动者称作“脚户”。伴着环铃的叮当作响，“脚户”一边赶着骡子，一边唱着“花儿”，这就是当地“脚户”的真实写照。所谓压走骡，也叫训走骡，其目的不在于使骡子奔跑得多快，而在于使骡子走得稳。没有受过训练的骡子在走骡时上下颠簸、快慢不一，这就导致在长期的运输中会使运输的货物散落，但是受过训练的骡子行走在山沟的小路上时都比较稳，而且快慢适度。在东乡，不但“脚户”们拥有骡子，普通人家也有骡子，每到农闲时，当地人都会赶集访友，骡子就是他们主要的交通工具，人们会给心爱的走骡配上精致的鞍具，搭上华丽漂亮的羊褥，戴上驼铃，披红扎彩。

东乡族人训练骡子十分讲究，首先要挑选牙口健全、毛色油润、体格健壮、四肢比例匀称、性情温和的幼骡。在挑选好幼骡后，再进行调教驯养。第一步是调教骡子的走姿，骡子走姿的好坏直接影响骡子是否能成为好的压走骡，先训练骡子在行走时要将头高高昂起，训骡者经常在拴骡桩上用缰绳将骡头稍稍吊起，训练一段时间后，他们会让骡子在山间爬坡越沟、跳河过桥，以适应各种环境，同时培养与骡子的感情。第二步是训练骡子行走的速度、步子大小等，以求达到过步得体合理、速度节奏适度、步子大小标准。训骡者通常在地上每隔一段距离挖一个深坑，让骡子踩在坑里，在前蹄走过后，后蹄必须要踩在前蹄踩过的坑里，要求过步大小一致。这种训练通常由训骡者先进行牵引，一步一步踩在坑里，训练初期的坑较大，后来就逐渐将坑缩小，每天训练之后，骡子的步伐一致性也就慢慢训练出来了。第三步是训练骡子行走的耐力，训骡者会让骡子每天行走十几公里山路，并定时喂食。最后一步就是训练骡子的稳定性。这一系列的训练完成后，走骡基本上就成形了，骡子也就可以被人当作脚力了。

随着东乡族压走骡的传承与发展，现在逐渐演变为一项赛事，通常分为竞速赛骡和压走骡。比赛前，赛骡者和骡子都会先装饰一番，赛骡者给骡子装鞍辔，扎上羊毛绒褥，手持藤条或皮子编织的软鞭以耀“人强骡威”。竞速赛骡就是骡子进行速度的比试，以速度快慢决定胜负。压走骡通常比的是骡子的走姿，训骡者通常跃身上骡，把全身重心压在骡子上，使骡子向前行走，压走骡一般会设置比赛距离，比赛时要求骡子过步均匀，不能有腾空动作，重心起伏平稳，四肢交替前移时频率快，以骡子行走时平稳、轻快、敏捷等一系列标准动作最先到达规定地点者为胜。

15.耍火把

东乡族的耍火把不同于南方少数民族的火把节，它没有唱歌跳舞的聚会场面，而是突出个“跑”字。在特别的节日，东乡族少年会高举火把，跑遍地垄山头，老年人以及妇女则站在村头观望，从满山遍野的火把中看火的颜色。如果火色通红，则预示着来年的小麦和玉米定会大丰收。

在农历正月十五这天，每家每户基本都会制作一个火把。年长者会在白天到田间地头寻找一根长3米左右的木棍，一手可以握住即可，再找一些麦草，在木棍2～3米处用铁丝将麦草绕木棍捆扎，麦草需要被一圈一圈捆扎到半径约30厘米才可，捆扎完毕后，再将两三双废旧胶鞋均匀捆扎在麦草之上，木棍另一端约1米处用于手握。待火把制作完毕，年长者就将火把立在院中，待正月十五晚饭后，天色渐黑，预示着一年一度的耍火把就要开始了。这时，由家中14～15岁的小孩手握火把，长辈将火把浇上煤油或少许汽油，然后将火把点燃，点燃后的火把要先在家里的每一个屋子里停留片刻，再绕院中三圈，其用意是将家中的晦气除去，这一系列活动结束后，耍火把正式开始。小孩们三五成群，挥动着火把在村落中奔跑穿梭，他们时而驻足挥动火把，时而又奔向别处，远远看去，整个村落被这些灵动的火光点缀得很是绚烂，充满着祥和与活力。之后，孩子们再举着火把跑入田间，人们聚集到田间地头耍火把、舞火把，并且在最后一个地方进行送火把仪式。

16.人牛泅渡

洮河两岸的东乡人民，常常赶牛群到对岸河滩放牧。年轻人中有抓牛尾渡河的比赛，先到达对岸的为优胜者，优胜者在当天可以不放牧，由输者代劳。赛前要选择身强体壮、善泅渡的牛。比赛中，人与牛的动作要相互协调，才有可能获得比赛的胜利。

17.跳跎跎

跎跎是东乡族少女非常喜爱的一种文娱活动。参与游戏的人先在空地上画一个大方格，然后在大方格里画若干个小方块，再在小格子里扔一小石子或自制的沙包，单腿按顺时针顺序，一个格子接一个格子地踢小石子或沙包，如果踢出方块外则换另一个人继续，先踢完所有方格的人获胜。

18.打鞭子

打鞭子是牧童中经常开展的一项竞赛。等到七八月的麻熟了，牧童取麻自制三节鞭，分大套、二套、鞭梢三个部分，三节鞭系拴于木棍一端。比赛一般分为单人、双人、集体三种形式。单人赛，即每人甩五鞭，以响亮程度判胜负。集体赛则将所有人分成两队，在设定的两个区域内同时甩鞭子，一方要用清脆响亮的鞭声压倒对方，直至出现明显的优势才作罢。

二、裕固族

（一）裕固族基本概况

在甘肃河西走廊的中部，雄伟的祁连山北麓，居住着历史悠久的裕固族人民。裕固族人口共有14378人（2010年），主要聚居在甘肃省肃南裕固族自治县和酒泉黄泥堡地区。

裕固族聚居区大部分处于祁连山地，平均海拔约3200米。海拔4700米以上的高山终年白雪皑皑，有冰川分布，是河西走廊的众河之源。山地牧草繁茂，是优良的天然牧场。黄泥堡和明花乡属于戈壁绿洲地貌，东海子和西海子宛如戈壁滩上的两颗明珠，是草原上的天然水源。

裕固族自称“尧乎尔”“西喇玉固尔”，历史上曾被称为“黄番”“黄头回鹘”“撒里畏吾”“撒里畏兀儿”等。1953年，经群众协商同意，取与“尧乎尔”音相近的“裕固”（兼取汉语富裕巩固之意）作为自己民族的名称。

由于历史的原因，裕固族使用三种语言：住在肃南自治县西部的使用阿尔泰语系突厥语族的裕固语（一称尧乎尔语）；住在肃南自治县东部的使用阿尔泰语系蒙古语族的裕固语（一称恩格尔语）；黄泥堡裕固族长期以来使用汉语。现在，各地裕固族普遍会讲汉语。大河乡有少数人兼通尧呼尔语和恩格尔语。

裕固族是以畜牧业为主的民族。畜种以羊（绵羊、山羊）、牛（牦牛、犏牛、黄牛）和马为主，还有少量的驴、骡，明花乡过去养有大量的骆驼。肃南民间流传着“水关的驴，杨哥的马，皇城的羊毛赛棉花；白银的山羊，大岔的牛，明花的骆驼力量大”的俗语。黄泥堡的裕固族主要从事农业，农作物有小麦、糜、谷、洋芋、青稞、豆类和胡麻等。[①]

1.肃南裕固族自治县

肃南裕固族自治县隶属于甘肃省张掖市，是中国唯一的裕固族自治县，地处河西走廊中部、祁连山北麓，整个区域横跨河西五市，同甘青两省的15个县市接壤，处于东经97°20′～102°12′、北纬37°28′～39°04′之间，东西长650公里，南北宽120～200公里，总面积2.38万平方公里（2014年），有祁丰文殊寺景区、明花乡旅游景区、皇城景区、马蹄寺风景名胜区等著名景点。

截至2014年，肃南裕固族自治县辖2个镇：红湾寺镇、皇城镇，6个乡：马蹄藏族乡、康乐乡、白银蒙古族乡、大河乡、明花乡、祁丰藏族乡。肃南裕固族自治县有草原170万公顷，有耕地7万亩，是甘肃高山细毛羊基地县；有金属矿和非金属矿31种，分布在262处；有河流33条，总流域面积2.15万平方公里，年出境水量43亿立方米，水能蕴藏量204万千瓦。

祁连山横贯全境，冰川总储量159亿立方米，有水源涵养林33万公顷，是河西地区乃至内蒙古西部的“生命线”和“绿色水库”。

2.风俗习惯

新中国成立前，为适应游牧生活，裕固族以帐篷为主要居住方式。裕固族帐篷是用牛毛或羊毛褐子缝制而成的。帐篷正中为炉灶，是做饭和取暖的地方。过去是三块石头顶一口锅（裕固语叫“加格斯”），后来改为石块和泥巴砌成的炉灶，1958年以后逐渐改用有烟囱的铁皮炉，可烧粪烧煤，火旺又干净。帐篷顶端为天窗，白天掀开，晚上或雨雪天盖住。

裕固族牧民的饮食以酥油茶、糌粑（裕固语叫“塔勒坎”）、奶皮子、曲拉（一种块粒状奶制品）等乳制品为主。每日通常是三茶一饭，即早晨、中午、下午各喝一次酥油奶茶，晚上全家人在一起吃一顿羊肉面片或米饭，有时也吃烤馍馍和烤花卷（习称“烧壳子”）等。手抓羊肉、肉肠、“支果干”是裕固族人最喜爱吃的风味食品。

因为裕固族是游牧民族，所以在传统服饰中有很多游牧元素，多为纯手工制作。男子一般穿着为戴毡帽，穿长袍，系腰带，穿长筒靴。长袍上的长盘扣与蒙古族的相似，但裕固族服装上的扣子的数目只能是单数。束红蓝色

①中华人民共和国国家民族事务委员会：《民族问题五种丛书》之《中国少数民族》卷，民族出版社2009年版，https://www.neac.gov.cn/seac/ztzl/ygz/gk.shtml，最后访问日期：2020年3月14日。

腰带，腰带上带腰刀、火镰、鼻烟壶等物品。

裕固族妇女戴大圆顶帽，形似礼帽，顶比礼帽细而高，大多先用芨芨草和羊毛编制成丕，再用红布缝为帽里，用白布缝为帽面，帽边也缝有黑边，帽面上镶有各色花边，帽顶都用红线缝成帽缨，这成为裕固族服饰中最为醒目的标志性特征。裕固族妇女的帽子和头面，是区分未婚和已婚的标志，姑娘到了成婚年龄，举行出嫁戴头面仪式时，才戴上帽子和头面，表示已婚。已婚妇女戴喇叭形白毡帽子（裕固语叫“拉扎帽”）。过去妇女戴有长带形头面，上面镶有各种饰品，构成图案式样。但头面很重，垂在发上不利于劳动和健康，现在已经去掉。裕固族妇女的衣服一般为高领、大襟的绸缎长袍，长度在小腿部，按季节分为夹、棉和皮衣。长袍衣领较高，衣领边缘还绣有像彩虹一样的图案，其颜色顺序各地区不同。长袍一般以绿色、蓝色为主，两侧开衩，边缘绣有花边。腰带一般为粉红色或者紫色，当地称之为“呼而”，腰带上挂有刺绣的荷包，绣花荷包一般为五个外形和颜色都各不相同的荷包组成。长袍上一般还穿戴一件缎子缝制的高领马甲，以红色、紫色居多，马甲的衣领与长袍的衣领一样高，领边一般绣有彩色花边。鞋子一般为长靴，在裕固语中将其称作“亢沉”，前面较尖且上翘。随着时代的变化，今天裕固族男女平时大都以现代服装为主，只有在重大节日或喜庆活动中才穿戴传统服饰。

裕固族传统的婚姻习惯有正式婚姻与非正式婚姻两种形态。正式婚姻，即男娶女嫁婚，婚礼仪式繁多而隆重。在女方家最重要的仪式是“戴头面”。迎亲路上，男方要在途中铺毡毯、备羊酒迎候，谓之打尖（裕固语叫“杜苏尔池”）。在男方家的婚宴上，还要举行有名的“阿斯哈斯”仪式，即由“总东”（负责主持礼仪的人）向大家讲述裕固族婚礼的古老来历。裕固族的非正式婚姻主要指帐房戴头婚。女孩到15岁或17岁时举行戴头面仪式，即成年礼。父母这时候要为女儿另立一顶帐篷（裕固语叫“道尔朗”）。姑娘戴头面后就有了社交自由，可与称心的情侣在“道尔朗”同居，共同生活，生儿育女不受非议。新中国成立后，裕固族的婚姻状况有了很大改变。青年男女自由恋爱结婚，家长一般不加干涉。裕固族与其他民族通婚也很常见。

裕固族的葬礼以前有火葬、天葬和土葬等三种方式。丧葬要请喇嘛念经，给寺院很多布施，对群众是十分沉重的负担。1958年后，各地都改以简便易行的火葬为主。

春节是裕固族一年中最大的节日，节前要包饺子（用作冻饺）、炸油馃子、馓子等，并有祭祖的习俗。节日期间放鞭炮，点酥油灯，互送哈达、礼品以示祝福。

裕固族民间口头文学非常发达，包括历史传说、民间故事、叙事长诗和民歌等多个种类。民间故事内容丰富，语言生动，流传较广的有《莫拉》《神箭手射雁》《珍珠鹿》等。最有名的叙事长诗是《黄黛琛》，叙写了一位年轻姑娘在旧社会包办婚姻下的不幸遭遇。民歌是裕固族人最喜爱的一种口头文学形式，题材非常广泛。关于生产劳动的民歌有擀毡歌、割草歌、垛草歌、放羊歌、放牛歌、拉骆驼歌等，关于婚嫁礼仪的民歌则有戴头面歌、离别歌、待客歌、"瑶达曲戈"、"阿斯哈斯"等。新中国成立后，群众又创作了许多歌颂新时代、赞美新生活的新歌。

裕固族人民还擅长造型艺术，主要是实用工艺美术。他们在自制的毛口袋、毯子和马缰绳上编织出各种美丽的图案。裕固族妇女吸取了汉族的刺绣技术，在妇女的衣领、衣袖和布靴上绣出各种花草虫鸟、家畜、家禽等，色彩和谐，形象生动。明花地方的裕固族男子还擅长根雕艺术，他们将生长在沙漠中的梭梭根，依照其原始形状进行加工，刷上清漆，就是一件很有价值的艺术品。

裕固族皈依藏传佛教后，仍保留着古老的信仰，即对"汗点格尔"的崇拜。从讲两种语言的裕固族在敬奉"汗点格尔"时都用尧呼尔语的传统来看，这可能是原始萨满教的遗留。"点格尔"在裕固族语中是"天"的意思，"汗"是"可汗"的意思。"汗点格尔"意为"天可汗"。裕固族人认为"汗点格尔"能使他们避邪免灾，一年四季太平吉祥。所说的"汗点格尔"，就是一根细毛绳，上面缠有各种牲畜的毛穗和各色布条，下端是一个小白布袋，里面装有带皮和脱皮的五谷杂粮，供奉在帐篷内的右上方。

现在，裕固族地区重建并开放的寺院有3座，即康隆寺、明海寺和长沟寺，基本满足了信教群众的宗教生活需要。[①]

3.人口状况

我国裕固族有14378人（2010年全国第六次人口普查），主要聚居在甘肃

①中华人民共和国国家民族事务委员会：《民族问题五种丛书》之《中国少数民族》卷，民族出版社2009年版，https://www.neac.gov.cn/seac/ztzl/ygz/fsxg.shtml，最后访问日期：2020年3月14日。

省河西走廊中部、祁连山北麓，以肃南裕固族自治县境内最为集中，根据2010年全国第六次人口普查数据，裕固族人口分布男性7325人，女性7053人；19岁以下人口3737人，20～59岁人口9139人，60岁以上人口1502人。根据2010年全国第六次人口普查数据，裕固族人本科以上学历824人。

表3-3　裕固族2010年全国第六次人口普查数据

性别／年龄	男	女	小计
全年龄段	7325	7053	14378
0～4岁	382	397	779
5～9岁	457	416	873
10～14岁	524	488	1012
15～19岁	540	533	1073
20～24岁	590	667	1257
25～29岁	552	476	1028
30～34岁	623	571	1194
35～39岁	752	694	1446
40～44岁	863	773	1636
45～49岁	609	592	1201
50～54岁	330	326	656
55～59岁	361	360	721
60～64岁	293	242	535
65～69岁	213	209	422
70～74岁	133	148	281
75～79岁	61	107	168
80～84岁	31	34	65
85～89岁	9	11	20

续表3-3

年龄＼性别	男	女	小计
90～94岁	2	6	8
95～99岁	—	3	3
100岁及以上	—	—	—

表3-4 裕固族人受教育程度

受教育程度＼性别	男	女	小计
未上过学	240	582	822
小学	2469	2587	5056
初中	2062	1703	3765
高中	969	819	1788
大学专科	685	501	1186
大学本科	406	368	774
研究生	25	25	50

生活在甘肃省的裕固族人，沿祁连山主脉呈“一”字形分三个不连贯地域居住，80%的人口聚居在肃南裕固族自治县，传承着主要的民族特质，其余大部分居住在酒泉的黄泥堡裕固族乡，还有一小部分散居于张掖、高台等地。在肃南裕固族自治县，共管辖两镇六乡，裕固族人口主要分布在皇城镇、红湾寺镇、明花乡、大河乡、康乐乡。

皇城镇位于祁连山东段北坡，南与青海省门源回族自治县毗邻，北接永昌县、武威市，东连天祝藏族自治县，西靠山丹军马场，2010年全镇辖18个行政村、1个社区，有裕固族、汉族、藏族、回族、蒙古族、土族等居民7674人，其中裕固族1568人，占全镇人口的20.4%。

红湾寺镇坐落在杨柳依岸、灌木丛生、河水奔流不息的隆畅河畔，是肃南县政府所在地，基本位于县境中心，1985年4月建镇。2010年全镇有7863

人，其中裕固族2108人，占全镇人口的26.8%。

明花乡地处河西走廊中部，巴丹吉林沙漠南缘，东北与高台县毗邻，西南与酒泉市肃州区接壤，居住有裕固族、藏族、蒙古族、回族、土族、汉族等民族。2010年全乡4143人，其中裕固族1911人，占全乡人口的46.1%。

大河乡地处河西走廊中部，东靠康乐乡，西依祁丰乡，南与青海省祁连县接壤，北与高台、临泽县为邻。全乡辖18个行政村和1个社区，居住着裕固族、藏族、回族、土族、蒙古族、苗族、汉族等7个民族，2010年全乡有3318人，其中裕固族1680人。

（二）裕固族传统体育项目

1.摔跤

摔跤是裕固族的一项重要的传统体育运动，当地人称之为“玛勒啊拉斯”。它既是力量的对抗较量，也是兼顾技巧、智慧和毅力的综合运动。获胜者会受到人们的赞誉，被人们视为“好汉子”，裕固族民众将“好汉子”称为“巴特尔”。相传，裕固族先民在经历几代部落迁徙的争斗中练就了强健体魄，摔跤运动由此应运而生。摔跤比赛分三个回合，谁先胜出两个回合，谁就获得胜利。裕固族摔跤介于古典跤和自由跤相结合，通常有两种摔法，一种是在摔跤的过程中不允许用任何多余的动作，比如推、拉、抓或用脚勾绊等，就是单纯靠身体力量压倒对方或扳倒对方，不准用手或腿进攻对方的下肢，这种摔法叫作死跤，是真实力量的角逐，这种跤术对腰腹力量和上肢力量的要求极高。还有一种摔法叫作活跤，这种跤法相对自由，技术和摔法较多，与现在竞技摔跤项目的自由式摔跤相类似。

摔跤比赛中，双方可以使用推、拉、绊、勾等一系列动作将对方摔倒，这不仅对跤手上肢和腰腹力量有所要求，还对跤手的技术要求较高。一般有五种技巧：（1）夹脖子背摔法：一方跤手将对方的右臂夹在自己的腋下，然后握住对手的右上臂，将左脚放置对手右侧，直接进行转体，在转体过程中左脚进行勾绊，当对方身体出现移动，失去平衡时，迅速用脚进行支撑，致使对方失去重心而摔倒。（2）后倒背摔法：进攻方左臂夹住对手颈部或前臂于腋下，这时通常会上左步卡在对手右脚外侧，同时右脚也上步到对手右脚外侧；身体进行向左或向右扭转，靠腰腹力量和上肢的力量将对手摔过去。（3）腋下背技术：跤手将左臂插入对手右臂腋下，这时上右脚卡在对方右脚前，右手从对手左腋下插入并穿过，贴紧对方的背部，同时降低重心，进行转体填腰，在腰部发力时上肢进行拉、拨的动作，下肢进行蹬腿，伸膝提腰，将对手从背上摔出并控制。(4) 摔跤过胸技术：当两位裕固族跤手互相插捧时，一名跤手用左臂将对手的右臂夹在左腋下，用右臂从对方的左腋下插出并向上捧；同时上右步于对手两脚之间，左脚上步于对手右脚外侧，两膝微屈，右臂猛力向上捧，同时要主动后倒，两腿蹬地发力，用右侧腹部顶住对方腹部；抬头向左侧后仰挺胯挺胸侧甩，发力将对手两脚捧离地面时向右将对手摔倒。(5) 下潜抱腿摔法：跤手降低重心，直接下潜至对方下肢，双手抱住对方下肢，再进行提高重心，使对方失去平衡而被摔倒，这种摔法要求有虚晃动作，因为直接进行下潜抱腿很难得到机会，虚晃时做一个类似夹颈背摔法、腋下背技术等假动作，使得对手的注意力在上肢，这时突然下潜就会有较大机会。

跤手在日常练习中通常会进行甩手腕、接胳膊、倒地、背摔、拧腰、横拉等技术的练习：(1) 甩手腕：当对方抓住自己的手腕时，就要凭借前臂用力往后下方的甩力使对方脱手。(2) 接胳膊：当对方抓自己上臂时，就用两手来接拿对方的手臂，前手要将对方的大臂往下按压，使对方感到不便用力。(3) 倒地：两腿挺膝伸直，上体自然前倒，同时两臂屈肘，放到胸前，以双手及小臂着地。(4) 背摔：跤手两脚分开下蹲，然后降低重心向前提臀，同时两手由肩上往下甩。(5) 拧腰：跤手单手抱住对方躯干或呈抓拉姿势，两脚分开站立，拧腰前将重心移到两脚前脚掌上，以前脚掌为支点，脚跟用力向左（右）猛转，上体随着向左（右）猛转成左（右）弓步。(6) 横拉：用手拉对方的手腕或在对方握着自己的手腕时把对方抓拉贴近自己身体。

2.赛马

肃南裕固草原处于祁连山之中，是中国六大草原之一。千百年来，裕固族和我国其他游牧民族一样，由于生活环境与生产方式的原因，一直离不开马，也被称为“马背上的民族”。在农闲或放牧之余，裕固族青年男女为了比试骑术高低、坐骑优劣，经常自发即兴赛马。裕固族在传统节日、祭祀、婚礼等重大场合也会举行正式赛马活动。赛马一般分为两个项目——速度赛和走马赛。速度赛主要是赛马匹的速度，马跑完规定路程，决出名次。现在的速度赛，规定长度为3000米和5000米，并且对马匹高度有了明确要求，高度在1.45米以上的马匹参加项目为5000米项目，高度在1.45米以下马匹参加3000米项目。走马赛比的是马的走势，要求马匹走得快且稳，马步不能乱，参赛马种为本地马种，马匹高度不得高于1.45米，参加长度为2000米。

裕固族民众在赛马时对马匹的要求很高，他们善于选马，根据马的体格特征和平时的速度及马在奔跑时的动作，来确定该马应该训练成走马还是奔马，还可以根据马的特点和体能，合理安排训练的强度和运动量。除此之外，还要合理掌握马在赛前或训练中的喂料，使马能够保持充沛的体力。对马匹有更加细化的要求，如体型较为长方、躯干粗壮、耳小、额部宽、颈长且倾斜、背部平且宽等，选马时要求马的体型修长，四肢有力。当地人流传着一句话，“好马出在腿上，好人出在嘴上”，所以裕固族民众在选马时首先看马的四肢与蹄，看其是否端正，管骨骨棒的粗细是否适中，对蹄的大小、蹄质的好坏、护蹄毛长短等都要详细观察。除了看还要摸，比如摸筋腱强度等。在马匹跑动时，要看马的步幅是否较大、步态是否较快而有弹性。这些指标都是当地人选马的重要参考标准。同时，裕固族民众也很注重培养人和马的感情，尽量懂得马的脾气秉性，使马和人之间能够有一种亲密感。在裕固族草原上流传着一句话：“骏马还要有好骑手。”一个好的骑手不但要有很好的骑术，还要有胆量和勇气。赛马获胜，是马和骑手互相配合的结果，也是骑手多年辛勤努力的成果，是力量、技巧、胆量和勇气的巧妙结合。

3.拉爬牛

拉爬牛作为传统的民族体育项目，是在祁连山特殊的自然环境和独特的裕固族生活习俗基础上形成的，并以独特的形式世代相传，在裕固族聚居区广为流传的拉爬牛，有着上百年历史。拉爬牛模仿的是牛拉犁时奋力向前的姿态，这项运动因易于开展，所需场地条件相对简单（一块空地就能当场地），所以深受广大裕固族群众的喜爱，从而得以保存和发展。每逢节假日或农牧闲暇之余，裕固族民众就会在草场、田间进行拉爬牛，人们互相把两条背带或腰带连在一起，以游戏的形式练习和比赛。拉爬牛的基本技术、比赛规则和场地设备比较简单，所以男女老少都可参与，是一项比较容易开展的民族传统体育项目。此项运动不仅有效地提高了力量素质和全身协调发力的能力，丰富了裕固族民众的闲暇娱乐生活，也充分体现了裕固族民众勇敢果断、坚韧不拔、勇于进取的意志品质，展现了他们粗犷、豪放、坦诚的民族气质。

拉爬牛的比赛方式：选一根长4～5米的粗麻绳，麻绳两头各有一个用绳子做成的圆环结扣，麻绳中间系一个标志物。比赛前，双方选手将结扣套于脖颈上，绳子从两腿间向后通过，两人方向相反，背靠背，四肢撑地，双手和脚前掌着地，两人先慢慢将绳拉直，待绳子拉直之后，裁判会让绳子中间的标志物垂直于中线。听到裁判发令，两位选手身体整体向前，用脚、手臂、腰、颈等全身力量向前爬拉，绳子的标志物先到哪方区域，哪方取得胜利。

拉爬牛运动基本技术包括蹬、爬、拉、压等：（1）蹬：用前脚掌蹬地面，使身体向前移动，前脚掌发力，避免打滑，蹬的核心在于双脚蹬地角度应合适，蹬地要有力，蹬地时要保持身体平衡。（2）爬：体现腕关节和手的力量，作用力于地面产生一定的抓地力，这样才能使身体向前移动（3）拉：体现肩背和腰腹力量，拉的技术是这项运动的发力核心，它动用全身力量将对方拉过来，在拉的过程中不仅要将对方拉入自己的区域，还要时刻保持平衡，这也是核心力量的体现（4）压：双方选手在相互牵拉时，为保持向前产生的拉力，就要求双方必须降低重心，沉肩低头，弯腰屈膝，引体向前扑压，从而防止自己被对方悬空拉起。

4.顶杠子

顶杠子，裕固族称作“木尔格”，是一项最能体现个人力量、智慧魅力的民族体育活动之一，起源于裕固族祖先在南西伯利亚大森林中狩猎、采集等活动，全国其他少数民族地区也广为流传。在劳动之余，人们以顶杠子为游戏，表现出勇敢、外向的性格。起初，该运动项目的规则和形式都很随意，以后逐渐演变为一种具有民族特色的传统体育项目。每逢喜庆的节日和重大的民族盛会，裕固族人民都要举行顶杠子比赛。

顶杠子运动一般用长1.5米左右，直径7～10厘米的木杠作为双方对抗的工具，场地选在一片空地上，自从其被纳入少数民族传统体育运动会（简称民运会）项目后，比赛场地就有了明确要求，比赛场地为正方形，场地中间画一条直线。顶杠子一般分三个部位进行，分别为左肩、右肩和腹部。肩部顶杠子时，要求双脚前后或左右站立，身体前倾，两手托着顶在肩上的杠子。每个部位对抗一局，对抗时双方部位要一致，裁判发令，双方开始发力，哪一方先“顶”到中线，哪一方获胜。胜局多者为赢，反之则输。腹部顶杠子时，要求比赛前两人对站，以腹部顶住杠子的两头并向前推。每比一场就交换一次场地，在比赛时不能借助外力或在脚下挖坑。

现在，顶杠子被列为民运会表演项目，对规则也有了明确的要求，参赛者为8人，分4组进行比赛。在12米×12米的正方形场地进行，比赛技巧主要是：先把重心降低，身体向对手倾斜。在发力时，移动步法是取得胜利的关键，分为弓步走和马步走。

顶杠子是裕固族民族精神的真实写照。这项运动能锻炼人的手臂、胸部、腰腹部、腿部等力量，更能锻炼人的协调性和核心力量，同时还能提高神经系统的灵敏性。因此，顶杠子是一项较为全面的健身运动。

5.射箭

早期的裕固族是游牧民族，其长期的游牧生活造就了这个民族英勇善战的民族特征。在裕固族长期的游牧生活中，狩猎是最为普遍的一种生产劳动方式，因为弓箭携带方便、杀伤力强等特点，成为重要的狩猎工具。裕固族的射箭活动一般出现在两种场合，一种是在婚礼仪式上，一种是射箭射靶运动。

裕固族婚礼一般举行三天，射箭仪式就是婚礼中的一个环节，让新郎射箭主要是为了考验其武艺的高超。在男方家的帐篷外，新娘由伴娘陪同，从两个间隔一二米的火盆中走过，与此同时，新郎站立在帐篷的另一侧，用事先准备好的柳条制成的弓箭象征性地向新娘射出一支无镞的箭（或三支无镞的箭）。红柳在裕固族文化中象征着旺盛的生命力，所以在裕固族婚礼上用红柳制成的箭射向新娘，也是祈求多子多福和家族兴旺。除此之外，射箭还有驱妖辟邪的寓意。在裕固族婚礼中，如果射中新娘，则表示吉利，如果射不中，则会被大家认为射箭技艺不佳。射完箭之后，新郎要把射出的弓箭折断，由老人投进火中烧掉，象征着两人永结同心、矢志不渝。

射箭射靶是裕固族民众在闲暇时进行的活动，他们通常会自制弓箭，弓箭通常为双曲反弯弓，弓的长度通常在60厘米。在射箭活动中，人们自选靶心，靶心和射箭人的距离大多为5～8米。现在，射箭射靶活动已由三五成群聚集在一起的游戏演变为具有一定规则的正式比赛。

6.拔棍

拔棍在甘肃多个少数民族传统体育中都有出现，但各具特色。裕固族的拔棍起源于裕固族先民在放牧时为了获取更多的放牧区域而采取的一种决斗方式，后来也成为裕固族民众在放牧闲暇时进行的娱乐活动。祁连山肃南裕固草原，夏天的草场水草丰茂、气候宜人，这个时节牛羊成群，由于水草丰美，牛羊群一般不会到处寻找水草，它们会选择在小范围内聚集吃草，裕固族青壮年男子就会用一根木棍进行相互牵拉，获胜的一方可以获取更多的放牧区域。因此项活动场地无限制，两人以上就可进行，而且所需木棍随处可备，所以得到了裕固族民众的喜爱。

木棍一般长1.5米，直径8～9厘米，木棍的质地坚硬。在拔棍前，两个人相对而坐，脚心相对，两人的双手同握木棍，手握木棍的位置没有明确要求，以有利于自己发力为原则，双方准备完毕后，裁判一声令下，比赛双方双腿蹬直开始发力，使劲将木棍往自己怀里拉，在拉的过程中要将对手的臀部拉离地面。谁先脱手或臀部先离开地面，谁就算输。比赛一般为三局两胜制，每一局结束要交换场地。这项民族传统体育活动主要是选手腰腹力量、上肢向心力量和手的抓力的角逐，抓力不足则双手在拔棍时容易脱手，上肢和腰腹力量不足时则容易被对方拔起。

7.赛骆驼

赛骆驼是我国北方部分少数民族在长期游牧生活中所形成的传统体育项目。这一活动在我国新疆、内蒙古、青海、甘肃等地方较为盛行。赛骆驼在裕固族盛行有其特殊的原因，肃南裕固族地区大多为牧区，作为游牧民族，裕固族人主要表现为以毡帐为家，逐水草而居。随着我国经济的不断发展，裕固族牧民的生活方式逐渐变为半游牧形式，帐篷的使用也慢慢减少。在肃南特殊的地域环境下，马、骆驼、牦牛、驴和骡子成为裕固族人的主要交通运输工具，骆驼因具有耐饥渴、耐寒暑、能负重等特点，在河西走廊戈壁沙漠地区使用较多，直到近代社会，驼队运输也仍然是当地裕固族人得以谋生的一个重要手段。裕固族人有较高的骑驼能力，随着时间的推移，这一活动也就慢慢演变为裕固族人的民族传统体育项目。

在肃南裕固族部分牧区的赛骆驼主要分为走驼和跑驼。走驼主要比的是骆驼走得是否平稳，赛驼人手端一碗水，比赛结束时，哪位选手碗中的水最多，哪位就获得胜利。跑驼则是规定一定距离，参赛选手先按一定顺序，整排成一列，当裁判喊开始，参赛选手和骆驼开始冲刺，哪位骑手率先冲过终点，哪位骑手获胜。由于骆驼本身以步行为主，要使骆驼跑起来且跑得快，对骑手有较高难度。

8.顶牛

裕固族民众常在聚居场合中做顶牛游戏，比赛时，两个人分别将长1.5米至2米的木棒的两头分别顶在各自的肩胛处。所站之处画有中线，能把对方顶过线者为胜。

9.打撂抛

打撂抛源于裕固族先民在游牧生活中的狩猎和放牧行为，是手臂旋转四五圈后选择合适的时机松脱其中一条绳，就可使石块沿切线方向投掷出去，它是近代裕固族游牧时利用皮绳、石块制造的狩猎工具。裕固族人民赶着自己的牛羊在草原放牧时，时常会有头畜带领牛羊进入他人放牧领域的情况，这时裕固族人就会用打撂抛的方法击打头畜，使其改变方向。另外，在游牧时经常会出现一些小型野兽攻击牛羊，裕固族人会通过打撂抛来驱赶野兽。

裕固族放牧者将打撂抛绳系在腰上，抛击时将绳双叠并置上石子，对准目标甩上数下，将一端抛出，使石子飞出击中目标。由于裕固族人打撂抛的技艺不断提高，打得越来越远、越来越准，所以这项运动也成为当地人们相互比试的体育项目。通常情况下，参赛人员选定目标，两人或两人以上进行回合制较量，每回合进行固定次数，最后以击中目标次数多者为胜利。

打撂抛所使用的绳子长60～70厘米，绳子一端制作一个指扣，便于用手握住。打撂抛分为单股和双股两种，单股由长度为60～70厘米的绳子制成，在一端绳头制作一个指扣，另一头制作一个兜，用来拴石头。双股的绳索是两条，长度要比单股的长50～60厘米，一般为130厘米左右，在绳中间有一个兜，用来盛石块，石块重20～30克。

人们通过投掷的反复实践得知，投掷物若是几何形石块，则投出去，阻力大，常偏离方向，命中率差；投掷物若是球形石块，则阻力小，运行较稳，命中率也高。打撂抛时，选手利用旋转的力量摇动右臂，使兜里的石头与绳以肩部为中心垂直旋转，当旋转达到一定速度时，对准一定方向和目标，利用旋转的惯性力量将兜里的石头甩出去，一般射程可达五六十米，远的可达百米。

10.叼羊羔

叼羊羔是裕固族少年儿童非常喜欢的一项民间游戏。游戏规则是：由一个孩子在前面打头，后面跟若干个孩子，拽住前面伙伴的“羊尾巴”（即衣服后摆或腰带），打头的孩子用手捕捉后面的小伙伴，而后面的孩子们则灵活地左右闪躲，不让捉住。游戏中，谁捉的小伙伴最多，下一次仍由他来打头，反之则进入“羊羔”队伍，另换一名打头的人。

11.套马

曾经过着游牧生活的裕固族先民，在生活中处处离不开马，如出征、放牧、探亲访友等，对他们来说，马不仅仅是坐骑，更是生活、生产中离不开的朋友，马匹同时也象征着财富。在长期的发展进程中，裕固族形成了独特的套马文化。每个裕固族牧人都与他们的马演绎着一段段动人的故事。

在生产生活中，不同的用途需要不同的马匹，但马匹都是在马群中，这就需要牧民通过捉马来选择需要的马匹，因此，捉马成为裕固族人挑选马匹的主要方式，他们把这项活动称为套马。在放牧时，牧民常备有一条绳索，一端挽成套扣，套马时将手甩向要套的马（或牛、羊）头。牧民也经常用这种方式进行竞赛，看谁套得准，后来就演变为当地的一项传统体育项目。

套马的工具由马杆和马绳组成。套马杆由两部分组成：一是用长4～5米、直径粗5厘米左右、上细下粗的柳棍（主杆），绑上1米多长、直径1厘米左右的柳条（撑杆）；二是用熟牛皮条编织成的皮绳绑在柳条上下两端，成为半月形套马索，正好可以套住马头。套马杆的材质一般为白蜡树或柳树幼苗，在选取木材后，裕固族牧民通常会先用清水进行浸泡，使木杆变得柔韧，并且有一定的湿度和弹性，这样制作是为了便于之后夹直。

在套马活动中，套马手靠近需要套取的马匹，然后挥出马杆将绳套伸向马头，一般将绳套下在最靠近马喉咙的位置，当马套下到马脖时，马因受惊吓而奔跑，这时马套会自动收紧，马的喉咙会被勒紧，马此时会前腿跃起，套马手坐在马上，身体向后仰，双腿夹紧自己骑的马，以防止被套的马拉下，一人一马的合力会征服被套的马匹。

在套马的整个过程中，套马手必须具备高超的骑术、精准的手法和勇敢的精神。整个过程都考验着套马手的手眼配合能力，是一项锻炼体力和技巧的运动。套马人的坐骑（即杆子马）也是经过精心挑选，并进行过专门训练的，这些马眼力好、速度快，为套马时专用，只要套马手的套马杆指向要套的马，杆子马就会认定目标而拼命追赶，绝对不会丢掉目标。

12.民间舞蹈

裕固族民间舞蹈可分为民间舞蹈和宗教舞蹈两大类。民间舞蹈又可分为劳动舞、欢庆舞等。劳动舞主要表现裕固族人民割草、捻线、织子等生产和生活的场面。表演时，男子动作刚健有力，女子动作轻柔灵活。这类舞蹈在裕固族现代舞蹈中也较为常见。欢庆舞多在欢庆节日、喜庆丰收或喜迎嘉宾的时候表演。牧民们聚集在一起，伴以鼓声和歌声，载歌载舞，在人群的中间放置篝火，气氛十分热烈。欢庆舞是裕固族人民非常喜欢的一种舞蹈形式，因为其没有太多专业的要求，表演起来比较随意，男女老少都可以练习表演，所以深受裕固族牧民喜爱，并得到广泛开展。

三、保安族

（一）保安族基本概况

保安族是甘肃特有的三个少数民族之一，总人口20074人（2010年）。聚居在甘肃省临夏回族自治州积石山保安族东乡族撒拉族自治县的保安族有14116人，占总人口的88.5%，主要分布在大河家镇的大墩、甘梅、高李三个村（习惯上称之为“保安三庄”）和刘集乡的高赵李家村、柳沟乡的斜套村。其余散居在甘肃省的临夏回族自治州其他各县和兰州市以及青海、新疆等地。

保安族聚居的大河家，位于临夏的西部，西靠巍峨的积石山，北临滔滔黄河，气候温和，有茂密的森林、丰美的水草，是个宜农宜牧的好地方。

保安族的语言属于阿尔泰语系蒙古语族，和土族、东乡族的语言比较接近。由于和周围汉族、回族长时期的交往，保安语中汉语借词较多。保安族通用汉文，以汉文作为社会交往的工具。

保安族的族称来源于原居住地——青海省同仁县隆务河边的保安城。据记载，保安族大约自明朝初年起，居住在保安城、下庄、尕撒尔（当时俗称“保安三庄”）一带，自称“保安人”。清同治元年（1862年）迁徙到甘肃省积石山地区。历史上，历代统治者不承认保安族是一个单一民族，一直称其为“保安回”“番回”。新中国成立后，根据本民族意愿，中华人民共和国政务院于1952年3月25日正式批准“保安族”为单一民族。①

1.甘肃省积石山保安族东乡族撒拉族自治县

经甘肃省政府报请国务院批准，于1980年7月13日成立积石山保安族东乡族撒拉族自治县，这是甘肃省第一个多民族联合自治县。

积石山保安族东乡族撒拉族自治县地处甘肃省西南部，黄河上游，是黄

①中华人民共和国国家民族事务委员会：《民族问题五种丛书》之《中国少数民族》卷，民族出版社2009年版，https://www.neac.gov.cn/seac/ztzl/baz/gk.shtml，最后访问日期：2020年3月14日。

土高原和青藏高原交会处，临夏州西北角小积石山东麓，处于东经120°41′～103°05′、北纬35°34′～35°52′，东南和临夏州临夏县接壤，西与青海省的循化撒拉族自治县毗邻，北与青海省民和回族土族自治县隔河相望，东北部与永靖县以黄河为界，全县南北宽约33千米，东西长约37千米，总面积约909.97平方千米。县内生活着保安族、东乡族、撒拉族、回族、汉族、土族、藏族、维吾尔族、羌族、蒙古族等民族，少数民族人口占全县总人口的52.04%。全国保安族人口有95%以上居住在该县。

积石山保安族东乡族撒拉族自治县地形呈现出西南高、东北低，西南向东北逐渐海拔逐渐下降，西南地处青藏高原，东北地处黄土高原，为寒冷干旱地区，全县地形处于第一阶梯和第二阶梯分界处，全县海拔1787～4308米。全县属于典型的大陆性季风气候区，因为特殊的地理位置，全县既含山地、高山综合气候特征，受地势影响，全县气候差异较大，又受青藏高原的影响，全县呈现区域性气候特征。该县年均降水量为660.2毫米，平均年蒸发量约880毫米。全年日照时数1754.2小时，无霜期在113～177天。

在历史上，该县是中西部地区建立沟通的重要通道，且是南丝绸之路的必经之地，同时也是通往吐蕃地区的交通要道。在南北朝时期，曾在此地建有黄河大桥。很多朝代都在该县建关设驿，同时由于地处青藏高原和黄土高原的交汇处，这里是中部地区与边远少数民族地区的过渡地带，也是耕种农业文化和游牧草原文化的结合地，所以该县是一个多元文化荟萃之地，可以称得上是天然的地质民俗博物馆。

2.风俗习惯

保安族是我国信仰伊斯兰教的少数民族之一。早在青海同仁居住时，保安族就全民信仰伊斯兰教。保安族的生活习俗一方面受伊斯兰教信仰的约束，一方面由于长期与汉、回、蒙古、藏、土等民族交往，不同程度地相互影响，在此基础上，形成了具有自己特点的民族文化。

保安族起先与蒙古族相邻而居，服饰与蒙古族相似。如今，保安族男子平时戴白色号帽（用白布或黑布做的一种圆顶布帽），身穿白色衬衣，黑色坎肩，蓝色或灰色裤子；走亲访友或外出时，多穿中山服、军便服或夹克。女子喜穿色彩艳丽的右衽上衣、长裤，外套坎肩，并嵌有花边；一般戴盖头，通常少女戴绿色的，婚后戴黑色的，老年戴白色的。

保安族日常饮食多以小麦、青稞、玉米、豆子等加工制成的面食为主。

保安族的肉食品以牛羊肉为主，忌食猪、马、驴、骡等和其他凶猛禽兽的肉，忌食一切自死动物的肉和血。喜欢炖食，如手抓羊肉、碗菜（熟牛羊肉切块，加胡萝卜、土豆、粉条，用牛羊肉汤烩成）等，以全羊席最为知名。保安族喜欢饮茶，新中国成立前多喝茯茶和盖碗茶，新中国成立后一般多喝云南的春尖茶，来客人用“三香茶”（在盖碗茶内放有茶叶、冰糖、桂圆、红枣、葡萄干、杏仁干等）招待。保安族忌饮酒、吸烟。

保安族早期与藏族、土族的居住形式相同，以土木结构的土房为主。迁徙定居甘肃大河家后，保安族家庭居住形式也有所变化。早先，户与户之间屋顶相连，平顶、高墙，墙体厚实，并且房连房、墙连墙，一旦有事，不出院门，而是上屋顶，全村就可迅速联络到。这是保安族战乱时期互助、团结的历史见证。如今，仍可看到少量这类房屋，不过更多的则是独家独院，一般为瓦房。

保安族十分注重礼节，讲究礼貌。相见时先说“赛俩目”（意为问候祝安）。保安族非常尊重长者，忌子女不孝，长幼无序。保安族人民热情好客。客人到家，立即请到炕上，用最好的茶饭招待。先是倒茶，接着端上干鲜果品、手抓羊肉、鸡肉等食品，并再三揖让，客人吃得越多，主人越感到高兴。

保安族的婚姻习俗，为男娶女嫁及一夫一妻制。结婚之前的仪式，主要包括说亲、下聘礼和送大礼等。送大礼时，保安族中还有女方的亲房户族分别请男方送礼人吃席的习俗，名曰“叫客”。叫客越多，越能显示女方亲房户族多和彼此团结。女方接受大礼后，便商定举行婚礼的日期。婚礼一般包括娶亲、送亲、闹宴席场等程序。整个婚礼过程呈现喜庆的色彩，男女老少同乐，有“三天无大小”之说。婚礼大都选在伊斯兰教的“主麻日”（星期五）举行。按保安族的习俗，新娘三天不吃男方家的饭，以示父母对女儿的关怀和女儿不忘父母养育之恩。

保安族丧葬习俗严格遵循着伊斯兰教规定的“土葬”“薄葬”和“速葬”的原则。一般早亡午葬，晚亡晨葬。“麦体”（即尸体）停留最多不超过一天。人去世后要请阿訇念经，由本教阿訇或教徒中有名望的两人给亡人“抓水”（洗尸）、“穿卡凡”（用白布裹尸），然后移入“塔卜”（清真寺内用的公共抬尸匣）。安葬时，亡者亲属要请阿訇在“麦咱”（墓地）诵读《古兰经》，亲属将亡人安葬于挖好的“拉海堤”（即坟墓西壁挖好的偏洞），堵好洞口，将土缓缓填入坑内，并向每人散发“海底耶”（施舍金），钱数根据家庭条件而不同。亡人的衣物，分送阿訇、亲友及困难人，或遵遗嘱送到别处，但亡者家属不能留。葬后三天，家里人还要去墓前悼念，以油香等食品分赠亲友，以示对亡人的追悼。

尔德节、古尔邦节、圣纪节既是宗教节日，也是保安族的民族节日。尔德节又称开斋节、肉孜节，是保安族最盛大、欢乐的节日，一般庆祝三天。古尔邦节，又叫小尔德、宰牲节、赎身节，汉语称"宰牲节"。在尔德节后的第七十天，即回历十二月十日举行。圣纪节是纪念"先知"穆罕默德诞生和逝世的日子。保安族人在每年"圣纪"这一天，诵读《古兰经》，赞颂穆罕默德，进行集体纪念活动。

保安族文学可分为口头文学和书面文学。保安族人民在生产生活的历史长河中，创作了不少反映本民族的精神世界和社会风貌的传说故事。比较有名的有《积石山的来历》《妥勒尕尕上天取雨》《神马》《保安腰刀的传说》等。保安族神话故事的一个显著特点，就是主人公大都以平民百姓为主。通过这些平常人物，来反映保安族人民的宗教信仰、社会生活、思想美德，以及当时当地的自然风物。

宴席曲是保安族举行婚礼时，在宴席场地演唱的一种民间传统乐曲，曲调优美，欢快明朗，节奏性强，有时还伴有简单的舞蹈动作。保安族的宴席曲，大致可分为散曲、叙事曲、说唱曲。

"花儿"是一种产生和流传在甘、青、宁、新部分地区，以爱情为主要内容的山歌。"花儿"在保安族民间文学中占相当大的比重，是保安族人人都能触景生情、即兴而唱的山歌。保安族"花儿"在"回汉花儿"的基础上，吸收了蒙古族、藏族民歌的艺术特点，曲调高亢激扬，并带有颤音，独具特色。"花儿"内容十分丰富，有反抗旧社会统治阶级压迫剥削的，有表现保安族日常社会生活的，有表达保安族青年男女真挚和坚贞不渝爱情的，有表达对新生活的追求的，等等。其中，爱情花儿内容丰富、数量众多、艺术性强，在保安族花儿中占有重要的地位。

保安族的舞蹈刚健有力，节奏明快，热情豪放，既带有蒙古族舞蹈的传统特征，又巧妙地吸收和融合了汉、回、土等民族歌舞的长处，形成了自己独特的风格。舞蹈《保安腰刀》曾获1980年全国少数民族文艺会演优秀节目奖。

保安族的传统体育是在长期的实践和适应本民族特点中发展起来的，一般在冬闲时举行竞赛活动。保安族现在保留下来的民间传统体育项目，主要有顶牛、打石头、夺腰刀、响铃操、打五枪等，其中“夺腰刀”“打石头”被列为全国少数民族传统体育运动会表演项目。①

3. 人口状况

保安是保安族的自称，新中国成立后，根据本民族人民的意愿，正式定名为保安族。2010年第六次全国人口普查统计，保安族人口数为20074，其中男性10016人，女性10058人；0～19岁7953人，20～59岁10387人，60岁以上1734人；本科以下17216人，本科以上301人。

积石山保安族东乡族撒拉族自治县是一个多民族自治县，居住着汉族、回族、保安族、东乡族、撒拉族、土族等民族。2011年底，全县总人口为25.8万人，其中，汉族11.89万人，占46.1%；回族8.18万人，占31.7%；东乡族2.19万人，占8.49%；保安族1.76万人，占6.82%；撒拉族1万人，占3.88%；其他少数民族0.78万人，占3.02%。

表3–5　保安族2010年全国第六次人口普查数据

性别 / 年龄	男	女	小计
全年龄段	10016	10058	20074
0～4岁	1173	1030	2203
5～9岁	954	878	1832
10～14岁	951	881	1832
15～19岁	1033	1053	2086
20～24岁	1005	1102	2107
25～29岁	709	684	1393
30～34岁	611	748	1359
35～39岁	795	822	1617
40～44岁	839	795	1634
45～49岁	485	492	977

①中华人民共和国国家民族事务委员会：《民族问题五种丛书》之《中国少数民族》卷，民族出版社2009年版，https://www.neac.gov.cn/seac/ztzl/baz/fsxg.shtml，最后访问日期：2020年3月14日。

续表3-5

年龄＼性别	男	女	小计
50～54岁	335	352	687
55～59岁	309	304	613
60～64岁	272	289	561
65～69岁	223	269	492
70～74岁	160	167	327
75～79岁	93	107	200
80～84岁	38	49	87
85～89岁	19	25	44
90～94岁	7	6	13
95～99岁	5	5	10
100岁及以上	—	—	—

表3-6 保安族受教育程度

受教育程度＼性别	男	女	小计
未上过学	636	1294	1930
小学	4871	5571	10442
初中	1893	1148	3041
高中	729	473	1202
大学专科	336	265	601
大学本科	170	121	291
研究生	9	1	10

（二）保安族传统体育项目

保安族传统体育项目源远流长，内容丰富，是在长期的实践和适应本民族特点中发展起来的，主要有射箭、打五枪、抹旗、夺腰刀、打石头、皮筏渡河、顶牛、赛马、摔跤、武术、响铃操等。这些项目大都与保安族先民生活的地理环境和生产生活有关。一是原始社会和奴隶社会中的生产劳动，在原始条件下，保安族先民的跑、跳、投、攀岩、狩猎等活动都以生存为目的。二是封建社会的宗教活动，例如抹旗和赛马活动，就是通过一系列的比赛形式来乞求狩猎成功、生活平和、庄家丰收。三是民国期间的军事战争，保安族的一些体育活动来自军事活动的演变和模仿，打五枪、射箭等就是颇具影响力的军事体育活动，如甩抛尕原是产生于战争和放牧，后逐渐发展为一种锻炼体魄的民族传统竞技项目。

1.射箭

在保安族射箭运动中，使用的工具一般为弓和箭，弓选用桦木或分劈的大竹竿做成，大竹竿制成的弓用2片或3片细皮质扎成一股，弓长1～1.2米，重量约300～500克，保安族人在制作完弓后，还要在上面涂上羊油或牛油防止干裂。箭一般由桦木制成，箭头一般削尖或者夹置铁质箭头，铁制箭头呈长三角形，重约250克，选用桦木和铁质箭头制成的箭射程较远，箭尾夹置鸡毛或鹅毛，射程在100～200米。保安族人在射箭时通常带有护指，拉弓时以拇指勾弦，并在拇指上套戴护指的拇指环，拉弦时用食指和中指压住拇指，箭杆置于弓于右侧。弓箭手必须具有过人的臂力、强健的体魄，否则，拉不开弓，即使拉开弓，射程也不远。弓绳是几根拧在一起的牛筋绳，箭绳系有红缨穗。

每年冬季，保安组人都会举行射靶比赛。射箭采用站立姿势，在射箭规则上有打靶和射远两项。打靶比赛时，会在一个地方放置固定的靶物，参加射箭的选手有三次射箭机会，谁射中靶物的次数多谁就取得胜利。在射远比赛中，谁的箭射得远谁就取得胜利，有三次射箭机会，主要赛选手的臂力和弓箭的制作工艺。

射箭一般分为七个步骤：第一步是站位和握弓。箭手身体站正，胸部要垂直于人和靶物之间的连线，双脚稍微分开，与肩部同宽，两个脚掌的相对位置成内“丁”字形状，左手握弓心。第二步是搭箭。一般用三指射法，箭身搭在弓把上。第三步是拉弦。拉弦一般用食指和中指完成，拇指做辅助。第四步是开弓。开弓要求前手推、后手拉，开弓时要求弓从上向下开，前手在身体的前上方画出一道弧线。第五步是满弓。满弓要求每次开弓射箭时，弓要拉满。第六步是瞄准。眼睛瞄准靶物，一般双眼睁开瞄准，用右眼瞄准箭和靶物，箭要稍高于靶物。第七步是放箭。放箭要求箭手在对准靶物后，食指和中指轻轻松弦。这七步为当地保安族民众射箭的全过程，这一过程要求连贯舒畅。

2.甩抛尕

甩抛尕是保安族的传统体育项目，是保安族先民根据长期的放牧需要和中远程战斗而形成的一项技能。甩抛尕除了可用于放牧时驱赶畜群，使头畜转换方向之外，还用来驱赶野兽。甩抛尕的用具由绳和装石子的布袋组成，“抛尕”总长约160厘米，绳由牛毛线织，有大拇指粗，绳的中间是布袋，装鸡蛋大小的石子。使用时，将绳子一头的小孔套在中指上，另一端折叠上来，夹于食指和拇指之间，开始用力绕环旋转，同时瞄准攻击目标，然后松开拇指和食指，石子飞驰而去，击中目标。甩抛尕的射程可达30米，远的可达百米甚至更远。

这个项目的比赛方法有三种：一是比远，参赛选手站成一列，每人之间相互拉开2～3米的距离，谁抛得最远谁获胜；二是比准，在离起点几十米处放置靶物，每人3～5次机会，谁击中目标次数多谁获胜；三是成队攻击比赛，一直把对方攻跑为止，这种方法没有一定的掩体地形，容易发生事故，一般很少采用。

3.赛抹旗

这是在马背上进行的一项传统民族体育比赛项目，是在百米距离内完成五个方向挥旗动作的竞赛项目。参加的选手将旗套在特制的旗杆上，旗杆由四五片竹子扎成，抹上骨胶水，再用青布缠绕，这种旗不易折断，保安族人称之为“篡竹”，分为2.67米、3米、3.33米三个规格。比赛时，各个参赛选手牵马站在的起跑线后，右手扶住插在马鞍右侧铁孔里的旗杆，听到起跑令后迅速上马，急驰而去，同时，骑手要在百米的距离内握住旗杆末端，以强大的臂力、敏捷的动作连续完成五个方向的挥旗动作，动作依次为：从右到左，从前到后，最后从头顶挥过去。保安族人称之为抹“五门旗”，这是一项比骑技、赛胆量、较臂力的活动，谁先挥完五个方向，谁就获胜，后者以完成规定动作的早晚、多少排定名次，以此类推。

4.打石头

打石头也叫“打缸”，是流行在保安族群众中的一项民间体育活动，至今已有200多年的历史。打石头受场地、器材、人数、时间的限制较小，因此成为当地民众经常开展的一项农闲游戏，开展这项体育活动只需在空地上拣几块高约20厘米的石砖和长与宽各10厘米左右的圆滑石头，再选一块4～5

米见方的平地即可，选手竖起方石头或砖当作“靶子”，就可开始比赛。比赛者按规定将被击打的石块立于一端，再将打击石放在脚背上，在指定的地点击打目标，或将打击石放在额头、眼部或肩部走到目标前进行击打，或将打击石夹于两腿或两脚间，双脚跳起击打目标，以不同形式击中目标的次数决定胜负。

5.打五枪

打五枪是保安族民众几乎每年都要举行的体育比赛。相传，打五枪是保安先民在长期狩猎过程中流传下来的。打五枪的用枪一般为保安族自制的土枪，整个过程为：装置火药，扣压引火帽，最后射击。这一系列动作必须在飞驰的马背上完成。长期以来，保安族民众不仅练就了射击的本领，而且具有高超的骑马技术，当地保安族民众之中不乏打五枪的高手，通常在200米内即可完成打五枪的任务。

比赛前，保安三庄会各自推举在本庄技艺高超的骑手参加比赛。在比赛时，骑手们先把引火帽装进缠于额头上的“眉纳”，“眉纳”通常用银线编制而成，有两指宽，骑手们的脖子上挂有极具地方色彩的花布带，布带上系有5只十几厘米长的被掏空的牛角管，管内装有火药。骑手们在起跑线前拿枪上马，当听到比赛号令时则策马持枪向前奔去，骑手们通常左手拿枪，右手装置火药，取装引火帽，最后射击靶物，在到达终点前，谁先连续射完五枪谁就是第一名，四枪是第二名，三枪是第三名，以此类推。骑手们一般会着传统节日的服饰，衣冠整洁，精神抖擞，赛马也是披红挂彩，比赛时一片喜庆气氛。获胜者为本庄争光，如果得了第一名，就是为庄子抓了“耳朵”（意思为争了光）。

6.抱腰

每逢农闲或休息之时，在田间地头常见保安族民众的“抱腰”比赛。保安族的青年或少年会在晒谷坪或空坪上铺上一层稻草或苞谷叶，大家围成一个圆圈，就成了比赛场地。要较量的双方先选定对手，双方同意后进行比试，然后双方站入场地中间，由一名裁判执裁。

保安族抱腰有两种规则：一种规则是双手直立抱腰，另一种为侧身屈身抱腰。双手直立抱腰要求双方身体相互侧身，一方双臂先抱住对方的下腰，另一方则抱住对方的上腰，当裁判发令开始，双方用力抱起对方，使对方双脚离开地面，双手直立抱腰采取三局两胜制，每完成一局，双方更换方向，前一局双手在对方下腰部的一方在下一局则双手放在对方上腰部，双手在上腰部的一方在下一局则双手换到对方下腰部，通常双手在下腰部的稍占优势。侧身屈身抱腰相对直立抱腰来说，双方在互相抱腰时位置上没有优势、劣势之分，比赛要求双方身体向下屈，这时双方双手从对方后背部将对方腰抱住，抱腰位置由双方根据自身情况自由调整，同样采取三局两胜制。这种抱腰比赛要求双方牢牢站稳脚跟，一条腿要伸向对方双腿之间，身体重心降低呈半蹲姿势，在双方开始抱腰对抗时，一方要尽力下坐，同时还要伺机提起对方。当对抗到相持不下时，双方采用扭动的战术使对方失去重心，这时猛力向上拔，不失时机、一鼓作气地将对方拔地而起，以取得最后胜利。这种活动考验人的毅力和耐久力。

7.压走骡

长期以来，由于甘肃保安族地处甘肃临夏积石山地区，与回族、东乡族、藏族等长期混居，保安族的压走骡等传统体育项目与回族的“赛走马”、东乡族的“走骡”“走驴”等项目，不论是形式上还是内容和规定上都非常相似，但也保留了保安族自身的特点。

保安族地处山麓交错之地，乡与乡多半处于山区，由于早期保安族居住地的交通不发达，主要的交通工具就是骡子，骡子是驴和马交配后产生的骡种，耐力高于马，体格大于驴，四肢较为健壮，运输力量较强且不易生病，所以，在一些交通不是很便利的偏远农村，独特的地理环境正是骡子大显身手的地方。

保安族人通常会将马和驴交配产下的骡子从小驯养，也有一部分保安族人在集市上进行买骡，这种买骡也叫选骡苗，一定要从周岁左右的骡驹中选苗子，要求必须是体态好、腿脚长、有灵性、有走势潜力的雄性骡子。在选好骡苗后，先将幼骡拴在柱子上进行驯养，使其适应环境和主人，待幼骡稍稍长大点，就开始让它驮物，当骡子有一定载物能力后，就要训练人骑骡子。最后就是训练骡子行走的步幅和步频，这两点对于骡子载人载物是至关重要的，这也就是保安族人所说的“压骡”。一匹好的走骡在崎岖的山路上行进，人要像坐轿一样平稳和舒适，没有明显的颠簸感。相传，骑手要看哪头骡子走得好，就要拿一碗水放在鞍轿上，让骡子疾步行走，不溢出一滴水的便是好走骡。训练好的骡子，也就是当地人说的压好的骡子，一般是抬头、碎步、高频高速前进。

在长期驯养骡子的过程中，保安族民众也逐渐形成了压走骡的赛事。当举行压走骡比赛时，驯骡者都会穿民族服饰，并给骡子披上羊毛垫，再配备华丽的鞍，戴上脖铃与串铃，披红挂绿之后进行比赛。比赛的距离一般为500～1000米，骡子的走姿则要求步伐大、重心平稳、四蹄交替、频率快，比赛时通常会在鞍上放一碗水，骡子走完比赛路程后，哪只骡子先到且碗中的水溢出较少，哪只骡子就获胜。

8.夺腰刀

夺腰刀是保安族极富特色的传统体育项目。保安腰刀可谓保安族人民的传统手工艺品，它与藏刀、蒙古刀并称为国内三大名刀，保安腰刀有着独特的文化内涵和绝美的造型，并且经久耐用，这些特点使得保安腰刀享誉中外。保安腰刀既是日常生活用品，又是别致的装饰品及礼品，具有很高的鉴赏性和收藏价值。2006年，保安腰刀的锻制技术被列入国家非物质文化保护遗产名录。

保安族的腰刀一般由三部分组成，分别为刀体、刀柄、刀鞘，规格多为5寸、7寸、10寸，保安腰刀的刀体由刀背、刀尖、刀槽组成，材质为加钢精铁，刀柄和刀鞘多由细腻光滑的铜片、铜条、黑白色牦牛角、透明柔软的有机玻璃、银焊、“赛璐珞”等材料叠合镶嵌。改良后的保安腰刀品种繁多，各具特色，比较有名的有：“什样锦”“什样锦双刀”“折花”“雅王其”“波日季”“一刀线”“双落”等。“波日季”“什样锦”“折花”是保安腰刀中具有代表性的精品。一把好的保安腰刀的制作工艺一般有下料、制作刀坯、熔钢、夹钢、淬火、打磨、煮刀等40多道工序。

在早期，腰刀一直是保安族人的防身用品，在农闲时，保安族青年通常会三五成群地凑在一起，互相摆开架势，比赛看谁能抢夺对方的腰刀。这项活动被视为勇敢与机智的象征，也有不少保安族姑娘观战，如果哪个小伙子获胜，多半都会受到姑娘们的青睐，小伙子会把夺得的腰刀赠予心仪的姑娘。随着保安族夺腰刀的不断传承与发展，现在的夺腰刀分为竞技夺腰刀和夺腰刀舞两种形式。

竞技夺腰刀：保安族民众通常身穿衬衫，外加一件长袍，当地语叫“柔拉”，腿穿大裆裤，裤腿较宽。他们腰挂保安腰刀，头戴大檐帽和“号帽”，足穿长筒皮靴等独具特色的民族服装参加夺腰刀比赛。夺腰刀一般采用三局两胜制，比赛过程分为展示腰刀、欣赏腰刀、选人及夺刀。首先，比赛选手会将自己携带的腰刀进行展示，互相欣赏后开始选人，人员选定后开始争夺腰刀。比赛场地为12平方米左右的空地，裁判一声令下，双方开始夺取对方的腰刀，双方不得出界。夺腰刀分为两部分——保腰刀和夺腰刀，比赛开始时，双方通常会互相观察，先观察对方腰刀的位置，然后开始试探，接下来开始采取一些抢夺的动作，如撕、拉、摸、摔等，最后以先夺到对方腰刀者为胜。一局结束后可以休息5分钟，在规定的时间里，双方都夺不到刀为平局。

夺腰刀舞：伴随着保安族的民族音乐，身穿鲜艳大襟花衣服、红色马甲、头戴绿色长盖头的保安族姑娘出场，她们手持带有长红穗的腰刀，呈十字形上下舞动，这时有十几个身穿白色衬衫外加一件长袍、头戴大檐帽、足穿长筒皮靴的保安族青年出场，一名保安族青年不断舞动着表现高超制作腰刀手艺的动作，其他青年围成一圈，跟随音乐进行呼喊、助威，圈中央的两个强壮小伙子激烈地抢夺着腰刀。手艺高超的年轻人又在夺腰刀的比赛中屡屡获胜，身着鲜艳大襟花衣服的保安族姑娘对其产生爱慕。保安族用这一独特的舞蹈形式，表现出腰刀和保安族的密切关系，同时也展示了保安族勤劳、勇敢、智慧的民族特质。

9.顶牛

顶牛是一项锻炼人的下肢角力及灵活力，为保安族青年所酷爱的传统体育活动。牛在当地是一种主要的生产劳动力，在农田里，牛和牛相互打架是常有的事。牛和牛争斗都是牛角互顶，保安族顶牛就是从人们模仿牛和牛相互争斗的姿势演变而来的，也因此而得名。每逢农闲或放牧闲暇时，保安族青少年都会互相较量一番，后来发展到每逢节假日，乡镇里但凡举行体育比赛，都会把这项有趣的比赛安排进去。保安族顶牛的规则为：选择一块直径为4～6米的圆形平地，比赛双方在这个圆形平地内以某条直径为界，四肢着地，采用右肩对右肩或左肩对左肩的方式做预备动作，当比赛号令一下，双方用力对抗，先把对方顶至圈外者为胜，一般采取五局三胜制。

10.拉屎孢牛

拉屎孢牛是一项力量对抗活动，相传源于牛拉犁时奋力向前的劳作过程，后来逐渐演变为当地的一项传统体育活动。拉屎孢牛是两个人进行角力的运动，通常将一条长麻绳的两头各挽一个圆形结扣，分别套于两人颈部（麻绳从两腿间穿过），长麻绳中间绑有一条红色丝带，丝带用于判定胜负。

比赛时，要求两人四肢着地并背向对方，向各自前进的方向用力。

该项目的场地要求比较简单，一般选用农闲空地，大体为长方形，一般宽2～3米、长8～9米。场地中间画有中线，在中线两端设有决胜线，决胜线与中线距离1米左右，待裁判开始口令一下，双方选手分别向各自前方用力拉，双手（双脚）不能离地，一方将红色丝带拉至自己一方的决胜线就算胜利，另一方为败。比赛一般采用三局两胜制。拉屎狍牛的技术包括压、拉、爬、蹬、滑等：（1）压：双方队员首先要降低重心，身体进行下压，这样才能保证自己不轻易被对方拉倒。（2）拉：依靠全身力量进行拉爬，手掌腕关节和手指作用于地面产生摩擦力，从而使身体向前移动。（3）爬：身体前倾趴在地面的同时，前脚掌蹬地面，使身体向前移动。（4）滑：双方选手在相互牵拉时，前进或后退中会出现脚步打滑的情况，力量过小会使身体被对方悬空拉起，这时就要降低身体中心，沉肩、低头、弯腰、屈膝。

拉屎狍牛对锻炼力量、速度、灵敏、耐力等身体素质起到了良好的作用，同时也培养人们勇敢、顽强、克服困难的作风。

11.皮筏竞渡

皮筏竞渡是保安族民众在生产生活中发展而来的一项民族传统体育运动，比赛中所使用的工具——皮筏，按材质划分可以分为羊皮筏子和牛皮筏子，羊皮筏子一般由4～8枚充气架木连接的皮囊构成，牛皮筏子类似于羊皮筏子，但每筏皮囊数量较少。

皮筏竞渡多为集体项目，由多人参加，选手包括掌舵人和划桨人，可载乘客。各队同时出发，以先到对岸者为胜出方。

12.民间舞蹈

保安族的民间舞蹈分为民间音乐和民间舞蹈。保安族民间音乐以民歌为主，大多采用汉语演唱，分为“花儿”与宴席曲两大类。在“花儿”中，保安族民众有自己特有的曲调——“保安令”，它在对回族、汉族“花儿”改造的基础上，吸收蒙古族、藏族民歌的艺术特点，从而形成了独特风格。保安令多属上下乐句结构，四句歌词需反复曲调一次，若是折断腰式，则在上下乐句间插入一个经过性乐节，节拍大都以三拍及其复拍为主，兼有少量混合拍和四拍。保安族民间舞蹈融合了蒙古族、藏族、汉族、回族等民族舞蹈的长处，又具有本民族舞蹈的独特风格，节奏明快，舞步轻盈。保安族民间舞蹈以简单的乐器进行伴奏，人们边歌边舞，表现了保安族人民乐观豪迈、热情开朗的性格。长期以来，保安族民间舞蹈一直是当地民众参与较多的传统体育项目，它既丰富了当地民众农闲文娱生活，又极大地促进了当地民众的健康水平。

第二节 甘肃省特有民族体育文化的传承与创新

一、甘肃省特有民族体育文化的传承

甘肃是一个多民族聚集的地区，各族群众在长期的生产、生活和宗教民俗活动中形成了具有各个民族特色和地域特色的民族体育项目。这些项目在节日或者人类劳动之暇丰富了各族群众的文化娱乐活动。改革开放之后，少数民族地区经济逐渐发展，促使广大农牧民对体育文化娱乐活动的需求愈来愈迫切。城镇化的快速推进，给甘肃民族地区各个方面的发展带来了新的机遇，为少数民族文化发展提供了新环境。

甘肃特有民族文化中，民族体育文化作为其文化“走出去”的典型范例，近年来取得了大众好评（东乡族的“拔棍”、保安族的“夺腰刀”、裕固族的“顶杠子”）。体育文化的传承模式一直以来多以传统模式为主，进入城镇化阶段以后，传统的模式一定程度上依然被延续着。这些民族体育文化传承模式分类大致有主体保护型、节庆习俗型和竞技比赛型。

（一）主体保护型

甘肃特有的民族有东乡族、保安族和裕固族。每个少数民族都有其自身独具特色的民俗、民风和民族体育活动。主体保护型分为个体作为民族体育项目传承人的保护和项目本身作为主体的保护。

1.对甘肃特有民族体育文化传承人的保护

此类模式依托非物质文化遗产路径，强调传承人在民族体育传承中的重要性，通过指定传承人和保障传承人社会需求，使得传承人能够将民族体育作为终身职业或事业来发展。这就要求政府出资管理，在保障传承人基本需求的基础上，定期检验或考察传承人对民族体育文化的传播和研习情况，重点在于培养传承人对民族体育文化的社会责任感。

2.对甘肃特有民族体育文化内容的保护

此类传承模式路径为资料型，即组织专家学者挖掘和整理那些濒临失传的少数民族体育项目，去其糟粕，留其精华，并使之系统化、理论化，将已成体系并成熟的文化内容整理出版成书或留下影像、视频资料，永久保存，并做好推广宣传工作。加大对民族体育文化的社会宣传力度，通过电视、广播、网络、报纸、期刊等平台进行宣传，提高社会影响力，使得大众对民族体育项目有所了解、熟知，并参与进来，加大对非少数民族聚集地区的普及和传播，使少数民族体育项目逐渐成为大众共享的运动项目。

（二）节庆习俗型

我国少数民族的共性就是能歌善舞，甘肃特有民族亦是如此。钟敬文在《民俗学概论》中认为，岁时节日的形成，有两项必不可少的要素：一是有相对固定的节期；二是节期中有特定的民俗活动。节庆习俗型传播模式是伴随着整个中华民族社会生活而来的。其中，民俗活动的大部分内容既是民族体育项目。

在民俗节日表演实践过程中，耳濡目染和心领神会，是上一辈将民族体育文化传递给下一代的主要方式。风俗传承没有固定的传承空间，主客体之间亦无明确传授意图和固定教授关系，民族体育文化传承是在潜移默化中获得，因此，是一种自然传承方式。

甘肃特有民族节日主要有两大类型，一类是宗教节日，一类是传统节日。其实，许多传统节日也带有一定的宗教色彩，由于历史的演变，有些节日已经变成了民族的传统节日。民族体育文化与宗教文化之间存在着内在的联系，宗教活动促进了体育活动的发展，丰富了各种民族体育项目。

甘肃特有民族体育文化的传承通过节庆活动得以实现，人们在节日里进行表演或比赛，不仅丰富了节日活动，同时也提供了一个相互交流的平台，体育文化传承在这个平台上得以实现。例如裕固族的“玛勒啊拉斯”是摔跤的意思，是裕固族传统的体育娱乐运动，它既是一种力量的角逐，更是技巧、智慧和毅力的较量。

（三）竞技比赛型

民族体育文化主要承载的是中华民族的传统文化，与西方的竞技体育的代表奥林匹克运动会“更高、更快、更强”的理念是有本质区别的。简而言之，我国的民族体育主要是“弱竞技化”的体育文化形态，但只要是比赛就会有竞争，无法抛弃竞赛项目固有的竞技性，丢失了竞技性，其体育特征也将丢失。所以，一味地强调“弱竞技化”是不符合运动项目规律的。

在国家的大力支持和倡导下，我国的少数民族运动会取得了良好的发展，民族运动会是推进我国传统体育传承发展的有效方式，能够进入民族运动会的体育项目基本上是传统体育中仍在开展的项目，鼓励这些现存的传统体育项目参与到民族运动会中，既有利于这些传统体育项目的保存发展，又可以广泛地促进我国传统体育文化的传承与发展。民族运动会是将传统民族体育引入文化共同体的向导，是连接中国各民族以及中华民族与世界体育的桥梁，是展示我国民族传统体育文化的舞台，是培育竞技体育人才的沃土。

甘肃省民族运动会的发展可以适当借鉴和学习西方竞技体育的发展模式，即西方竞技体育借助奥林匹克运动会这个广阔平台，被人们所熟知。所以，可以针对一些竞技性较强、与现代竞技体育类似的项目，借鉴现代竞技体育技术、训练方式，不断吸收现代体育优秀的元素，对自身进行适当改造与整合。

二、甘肃省特有民族体育文化的创新

在体育全球化趋势明显加速的今天，现代体育对我国各民族传统体育的冲击已是一个不争的事实，民族传统体育文化已不是一种单一的文化，而是各种文化交融构成的复合体，因其存在环境的变迁，也必然会产生其文化本体的变迁。在竞技运动日盛一日的今天，人们对民族传统体育的前途和命运无不表示关注。努力推进我国民族传统体育文化实现现代化转型，使之成为繁荣新时代健身娱乐文化、增强国家认同感的有效手段，在国内广泛开展的基础上，积极将部分发展成熟的项目推向世界，参与构建多元一体的世界体育文化新体系，是全球化条件下中华民族的历史责任。

在城镇化演进的历程中，民族体育文化尚未完全融入或者正在融入城镇环境，这种民族体育文化的城镇化传承模式以脱离原本土地、牧场为主要手段，让民族传统体育文化在新的城镇环境立足安家，这就使得群众生活方式完全发生转变，原本以农业、畜牧业为主要生产方式的经济生产逐渐淡出了大众视野，取而代之的是全新的城镇环境，这里没有大量的土地，没有牧场，但多了商业化的市场环境。由农村居民到城镇居民的转变，一个重要的前提就是解决限制城乡居民发展的“二元”户籍结构的约束。城镇化首先要解决的是人口经济来源的问题，即由第一产业（农业）向第三产业（服务业）的转变，不仅要解放思想，更要实事求是地解决民众的实际困难，如此才能在城镇化进程中实现良好优质发展，才能为甘肃特有民族体育文化城镇化演进创造良好的社会环境。

创新是指人们为了发展的需要，运用已知的信息，不断突破常规，发现或产生某种新颖、独特的有社会价值或个人价值的新事物、新思想的活动。创新的本质是突破，即突破旧的思维定式、旧的常规戒律。创新是人类特有的认识能力和实践能力，是人类主观能动性的高级表现形式，是推动民族进步和社会发展的不竭动力。甘肃特有民族体育文化演进模式创新，并非完全脱离了传统传承模式，而是在传统模式的基础上，结合当下社会环境和现代化快速发展带来的各种机遇，解放思想，充分发挥主体主观能动性来进行模式创新。创新模式包括民族体育文化创新和民族体育产业创新。

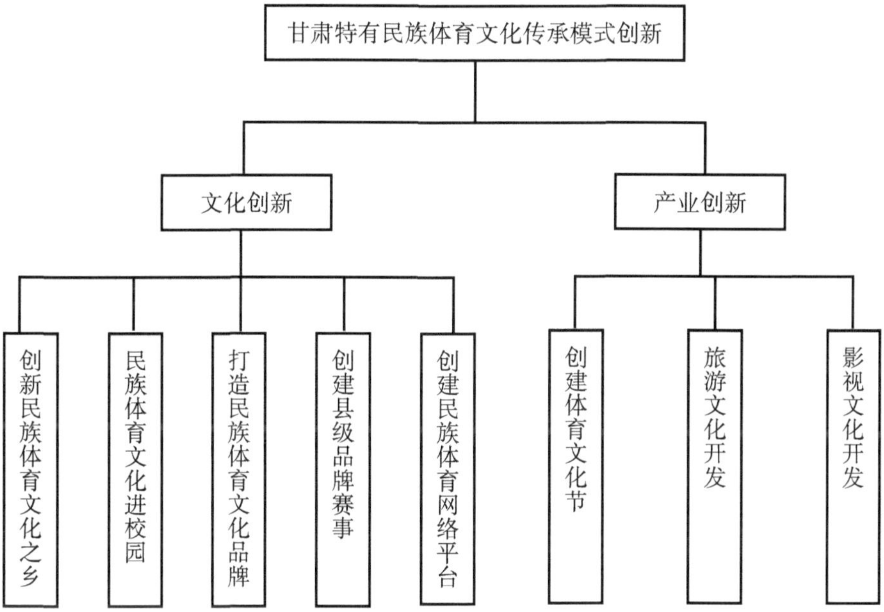

图 3–1　甘肃特有民族体育文化传承模式创新

（一）文化创新

首先，文化创新即继承传统，推陈出新。着眼于文化的继承，“取其精华，去其糟粕”，“推陈出新，革故鼎新”，这是文化创新必然要经历的过程。

一方面，不能离开传统，空谈文化创新，任何时代的文化，都离不开传统文化的继承；另一方面，体现时代精神是文化创新的重要追求，文化创新表现在为传统文化注入时代精神的努力之中。

其次，面向世界，博采众长。不同民族文化之间的交流、借鉴与融合，也是文化创新必然要经历的过程。实现文化创新，需要博采众长。博采众长就是文化的交流、借鉴与融合，学习和吸收各民族优秀文化成果，以发展本民族文化的过程。

最后，不同民族文化之间相互借鉴，“取长补短”。在文化交流与文化借鉴的基础上，要推出融汇多种文化特质的新文化。通过文化研究得出甘肃特有民族体育传承模式之文化创新包括：创建民族体育文化之乡、民族体育文化进校园、打造民族体育文化品牌、创建县级品牌赛事、创建民族体育文化网络平台。

1.创建民族体育文化之乡

借鉴中国“武术之乡”发展模式，创建民族体育文化之乡。在经过了九届全国少数民族传统体育运动会之后，少数民族体育项目的发展得到了科学化的规范和竞技体育模式的组织管理与训练保障，现如今，民族体育的发展已经有了很大提升。因此，创建国家少数民族体育文化之乡是完全能够行得通的，可以由体育局对这些被命名的地区、单位及个人实行动态管理，定期复核一次，并给予资金支持，将其列入全国优秀民族民间传统体育资源信息库。结合民族体育文化设立体育文化保护传承示范区，为民族体育文化可持续发展奠定坚实的社会基础。

甘肃省参加的第四届至第九届全国少数民族传统体育运动会（简称民运会）中，临夏州东乡族的“拔棍”，保安族的“夺腰刀”，肃南裕固族的“顶杠子”和健身操，甘南州的藏族锅庄健身操，以及在第九届全国民运会新加入的“祁连欢歌”，都已成为甘肃代表团在全国民运会上的表演项目，并多次获奖。此外，甘肃省民运会已经举办了八届，积累了丰富的赛事经验和完善的运行模式。结合甘肃特有民族文化和体育文化，以及国家对少数民族地区的政策优惠与保障，完全可以创建甘肃特有民族体育文化之乡，将民族体育文化传承提升到省级文化竞争的政府政策层面。

具体实施以政府职能部门为主导，联合社会体育团体：一是训练与竞赛相结合，促使甘肃特有民族体育发展正规化、制度化、科学化。二是以竞技比赛为支点，建立完善、科学的训练体制，促使大量民间体育爱好者转变观念，使其成为职业民族体育者。三是完善民族体育组织与管理机构，优秀的团队必须要有优秀组织的约束和科学合理的保障体系做基础。

2.民族体育文化进校园

学校体育课是传承和发展民族体育文化的重要平台。《体育与健康课程标准》要求：大力开发具有地方特色的课程资源，把反映各地自然和风情、学生感兴趣的、带有民族特色的体育活动纳入课程中，以适应素质教育的要求。将甘肃特有民族体育活动融入当地学校体育课程之中，顺应了当代社会多元文化教育的需求。依据甘肃特有民族体育文化的特点，合理开发本民族体育校本教材，是实现甘肃特有民族体育文化传承的重要途径。从少数民族孩童抓起，进行本民族体育文化教育，从而进一步实现本民族传统文化的传承与延续。学校可以通过体育课堂、课外体育活动、校园体育文化节等多种形式，组织学生参与、采访和观看少数民族体育赛事。

在具体实施时，一是要选择符合青少年身心发育的课程资源；二是要考虑学校的实际情况和传统体育项目的特点，使教学内容与传统体育的民族特点相结合；三是发展创新，充分挖掘其教育、强身健体、趣味性等功能。例如，青少年喜爱滚铁环、打陀螺、打嘎嘎、打秋千、捉迷藏等运动，这些运动不仅有助于锻炼身体，提高奔跑的速度，更有助于保持身体的平衡，增强腰、腿、手部的肌肉力量，提高青少年的灵敏性和智力。

当地政府和学校对民族体育活动的开展要给予一定政策制度上的重视和支持，体育教师应进一步加深对民族体育文化的认识，并在实践教学中积极宣传、推广，有针对性地在运动项目的竞赛方法、比赛器材或比赛规则上加以改进或完善，使民族体育文化进入课堂，进入校园。

3.打造民族体育文化品牌

民族体育文化品牌创新，就是要打造甘肃特有民族体育文化力，主要从文化内涵、内容结构、价值功能等方面来着重打造。地域文化品牌是作为非对称竞争优势的主要手段，而甘肃特有民族体育文化作为甘肃文化的“代言人”，已经在历届全国民运会上充分展示了自己的魅力。但我们只是将其作为一种少数民族传统体育项目来看待，并未提升到文化发展战略的层面，这是未来需要重视且必须做的事情。由于其发展已经趋于成熟，经过第九届全国民运会和第八届甘肃省民运会的历练，甘肃省民族体育已经形成较为完善的发展体系，如果职能部门牵头实施，一定会创建出属于甘肃人民自己的体育文化品牌。

正如亚里士多德曾经指出的那样："人的一切努力的价值都在于其所追求的目的，而这些目的的价值又要由它们所进一步服务的目的来决定。如此推演下去，最后的目的只能理解为生活本身有内在质量的，与人相称的，更为文明化的生活。"这实际上也说出了文化的价值内涵与最终目的，即为了更好地延续人类文明。积极开发和创造机会传承和发展民族体育文化，要做到集中推广和随机推广相结合，常态项目与大型活动相配合。集中推广，意味着各个地区或区域可以根据自身的传统体育创办特色传统体育文化节、传统体育文化庙会等；随机推广则可利用社会上各种活动，如群众集会、其他文化节日开幕式、大型商业会展等，进行传统体育文化的表演。

4.创建县级品牌赛事

民运会赛事分为全国和省级，有些省份也有市级民运会。由于少数民族分布较为分散，县级民运会基本没有举办。这就为县级品牌赛事提供了良好的机会，尤其是在甘肃特有民族地区。甘肃特有民族地区可以依托本地区民族体育文化优势，以各个体育俱乐部、团体、居住小区、学校、单位为基本参赛单元，组建民族体育运动队。如此，民族体育深入各个行业和层面，不仅丰富了民族体育文化发展的社会基础，也促进了民众身体素质的提高和参与运动、社会自我实现能力的提高。

此外，积极组织创办甘肃特有民族体育品牌赛事，能够使得大部分未能进入少数民族运动会的民族体育项目有展示的机会。我们可以发现，进入城市的民族、民间体育活动，多数产生了器械规范、规则细化、评判明确的倾向，减少了在乡村时代体育活动的随意性。[①]而通过竞赛规则和规程的规范化处理，又能促进甘肃特有民族体育项目的科学化和规范化，如此才能长久可持续发展。

5.创建民族体育网络平台

当今社会，以网络新媒体为代表的网络信息技术快速发展，网络已经日益深入社会各领域，成为各种思想文化交流、交融、交锋的新阵地。所谓文化信息网络平台，就是通过互联网、通信、多媒体、卫星宽带传输等现代信息技术，将各种文化信息资源进行传送、传播，实现基层群众文化信息资源

① 陈青：《武术资源城市化》，载《搏击·武术科学》2010年第4期，第2页。

在一定范围内的共建共享，以满足广大人民群众日益增长的文化需求，提高整体文化资源的利用率。

创建甘肃特有民族体育文化网站和网络互动平台，通过微信、微博等新媒体共同进行甘肃特有民族文化与民族体育文化的宣传、指导和普及工作，不但能够促进民族体育文化的宣传覆盖面，让更多的民众了解甘肃特有民族体育文化发展成就，还能够增加本民族民众对本民族体育文化的自豪感和归属感，让民众形成对民族体育文化共有的心理认知，让更多的人参与到民族体育文化活动中来。

这种网络平台对甘肃特有民族体育文化传承具有即时性。第一，网络平台使体育文化信息传播形式更加丰富。传统单一的文化传播主要为文字、图片等方式，新媒体能够更生动、直观地体现传统体育项目的魅力。第二，网络平台实现了互动与共享。新媒体技术鲜明的特点之一就是实现了双向互动、相互交流。第三，网络平台具有较强的开放性。新媒体信息渠道日趋广泛的同时，还表现出较高程度的开放共享、人人参与的特点。例如，利用智能手机进行微信平台的民族体育文化资源开发，由于智能手机已经成为民众日常生活中必不可少的工具，占据了民众大部分业余时间，所以直播平台等形式是甘肃特有民族体育文化传承模式创新的主要路径之一。

（二）产业创新

产业化不仅是体育文化传承的主要路径，更是民族体育文化传承与发展的必经之路。根据甘肃特有民族体育文化产业发展的特点、问题、机遇，探索出具有甘肃特有民族特色、符合特有民族地区实际的体育文化产业创新发展途径，即创建甘肃特有民族体育文化节、旅游文化开发和影视文化开发。

1.创建体育文化节

创建民族体育文化节就是要着力打造出具有甘肃特有民族特色的以体育文化为主体的文化节。这就包括了体育项目表演、竞赛、文化阐释和产业为一体的综合性活动，要求力争在传承和传播甘肃特有民族体育文化的基础上，加大民族体育产业开发。

以少林武术节为例，1994年举办第一届少林武术节时产生的经济成交额是15万元，第二届少林武术节时产生的经济成交额增至2.1亿元，第七届少林武术节时产生的经济成交额已经稳定在23亿元左右。[①]2014年10月19日，

①刘逢翔：《武术产业化思考》，载《体育文化导刊》2003年第10期，第45-46页。

第十届郑州国际少林武术节登封区各项活动圆满结束，在经贸洽谈活动上，60家知名企业签订合作协议，签约总额超500亿元。

体育产业发展首先是利用特有民族地区天然自然地理环境，打造特有民族体育文化产业园，设立不同项目展示区和体验区。其次是组建民族体育“经纪人”组织机构，根据市场需求，组建专门从事民族体育竞赛、表演联系及无形资产的开发经营。最后是开发甘肃特有民族体育文创商品，提高经济效益，例如保安腰刀、羊头、斗牛、骑马等造型的器具模型，使其具有艺术性、纪念性，以符合不同人群的需求。

2.旅游文化开发

近些年的旅游开发实践证明，开发民族体育旅游资源是实现保护与发展共赢、资源优势转化的有效途径之一。我国是统一的多民族国家，在长期的历史发展过程中，各个地区都形成了丰富的具有鲜明地方特色的民族传统体育文化。目前，我国发展民族体育旅游业的形式多种多样，有的借助旅游风景的自然资源优势，选取一些娱乐性、观赏性强的项目，在旅游区开展富有地方风情、民族特色的各式民族体育活动；有的在著名景点向游客展示当地民族体育文化的同时，邀请游客参加各种妙趣横生的少数民族体育活动。近年来，在云南、贵州、四川、广西等民族资源丰富的地方，相继开发出民族体育与旅游相结合的项目，对当地旅游发展有很大的促进作用。

甘肃特有民族地区不仅有独特的自然环境风貌，更有热情好客的民俗风情。以肃南裕固族自治县为例，其旅游业在近年来有了很大发展，原本以放牧为生的牧民转行开起了“农家乐”，“农家乐”的出现和增多从侧面反映出当地旅游业的飞速发展。甘肃特有民族地区旅游业的发展，应当对民族体育文化进行充分开发，借鉴云南、贵州等地区少数民族体育文化旅游化发展，大力建设体育文化产业园：一是将实物展示和文化阐释作为物质基础来建设；二是开发人力资源，设立游客体验区，使游客亲身参与到民族体育运动中来，体会民族体育带来的别样感受和异域情怀。

3.影视文化开发

影视文化指通过电影、电视等方式进行的文化创造。它具有可视性、传播性、及时性、直观性、广泛性等特征。它有五个方面的文化特征，即群众性、时代性、民族性、国际性、商业性。影视文化通过直观明了的方式对人们生活、思想进行再现。通过反映生活、记录事态、构造人类想象、再现历史等具体内容，让观众从直观化的视、听、说中得到真实原始的认识、感受和思考，并且借助高科技手段使影视文化成为人们生活的重要部分。文化的媒介经过纸质、音频、视频的发展，已经成为成熟的先进成果混同并整合发展后的多层次传播媒介。

以甘肃特有民族文化为素材，结合地域特色、民俗风情、历史文化背景以及生活方式，不断渗透民族体育文化，创作影视作品或微视频等，以这种大众喜闻乐见的文化艺术形式，深入挖掘民族文化特色和民族体育文化内涵，生动展示甘肃特有民族体育文化的魅力。

近年来，借助现代高科技传媒技术，影视文化取得了不菲的成绩。影视文化的发展为人们提供了消遣娱乐的更多选择，极大地丰富了人们的文化生活。在新兴文化传媒的带动下，影视文化呈现出的模拟感、新奇感、刺激感，使人们有了对生活更直观本真的感悟和思考，使人们能够身临其境地感受影视文化中所烘托出的炫丽、梦幻的感觉，也使人们在文艺与现实的比较中得到文化的熏陶、对艺术的体悟感知。

通过影视作品的传播，将甘肃特有民族体育文化以符号化和影像化处理，将其搬上荧幕，这样不仅能够直观展示自己的体育文化特色，而且能够获得相应的经济收入，产业价值前景可观。此外，还能够使得更多的民众了解特有民族传统体育文化和历史背景，引导民众对甘肃特有民族体育文化的向往和追求，由此促进民众对民族体育的正确认识，实现大众对民族传统体育的传承与传播。

主要参考文献

[1] 高永久，秦伟江.民族概念的演变［J］.南开学报（哲学社会科学版），2009（6）.

[2] 黄仲盈.中国特色民族定义的历史演化［J］.广西民族研究，2006（4）.

[3] 邸永君."民族"一词见于《南齐书》［J］.民族研究，2004（3）.

[4] 柴云梅.蔡元培体育教育观研究及其启示［J］.北京体育大学学报，2017（4）.

[5] 梁启超.饮冰室文集［M］.昆明：云南教育出版社，2001：1379-1384.

[6] 梁启超.梁任公近著（下卷）［M］.北京：商务印书馆，1923：43-44.

[7] 蔡元培.释仇满［M］//蔡元培.蔡元培选集.北京：中华书局，1903：2.

[8] 张枬，王忍之.辛亥革命前十年间时论选集［M］.上海：三联书店，1960.

[9] 金炳镐."民族"新证［J］.西南民族大学学报（人文社科版），2017（1）.

[10] 姜健，孟凡强.体育概念的辩证逻辑属性［J］.体育文化导刊，2007（1）.

[11] 胡小明.论中华民族传统体育的现代化［J］.武汉体育学院学报，2003（4）：1-4.

[12] 白晋湘.民族传统体育的现代化与现代化中的民族传统体育［J］.体育科学，2004（1）：65-67.

[13] 黄卓，周美芳.我国城市体育文化发展分析［J］.体育文化导刊，2014（3）：25-28.

[14] 魏宏森，曾国屏.系统论：统科学哲学［M］.北京：清华大学出版社，1995：185.

[15] 赵世林.论民族文化传承的本质［J］.北京大学学报，2002（3）：10-16.

[16] 吴增基，吴鹏森，苏振芳.现代社会学［M］.上海：上海人民出版社，2001：100-101.

[17] 吕树庭，刘德佩.体育社会学［M］.北京：人民教育出版社，2010.

[18] 任光耀.体育传播学［M］.北京：高等教育出版社，2004.

[19] 易剑东.体育文化学概论［M］.北京：文津出版社，1998：157.

[20] 颜天民，高健，汪流，等.体育文化模式初探［J］.首都体育学院学报，2004（2）：101.

[21] 卢元镇.体育社会学［M］.北京：高等教育出版社，2001.

[22] 陈青.武术资源城市化［J］.搏击·武术科学，2010（4）：2.

[23] 刘逢翔.武术产业化思考［J］.体育文化导刊，2003（10）：45-46.

[24] 中华人民共和国国家民族事务委员会.中国少数民族［J］.北京：民族出版社，2009.